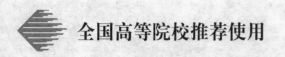 全国高等院校推荐使用

新编应用文写作教程

顾　　问：张福贵

主　　编：程芳银　范钦林　马启俊

编写人员：张春红　施正荣　张　进　刘　岩
　　　　　吉益民　陈斯金　徐　权　程芳银
　　　　　刘　易　陈　丽

外语教学与研究出版社
北京

图书在版编目(CIP)数据

新编应用文写作教程／程芳银，范钦林，马启俊主编 . — 北京：外语教学与研究出版社，2008.8
ISBN 978 – 7 – 5600 – 7749 – 9

Ⅰ. 新…　Ⅱ. ①程… ②范… ③马…　Ⅲ. 汉语—应用文—写作—教材　Ⅳ. H152.3

中国版本图书馆 CIP 数据核字 (2008) 第 130414 号

出 版 人：于春迟
责任编辑：王　琳
封面设计：孙莉明
版式设计：黄　蕊
出版发行：外语教学与研究出版社
社　　址：北京市西三环北路 19 号 (100089)
网　　址：http://www.fltrp.com
印　　刷：北京双青印刷厂
开　　本：787×1092　1/16
印　　张：18.75
版　　次：2008 年 8 月第 1 版　2008 年 8 月第 1 次印刷
书　　号：ISBN 978 – 7 – 5600 – 7749 – 9
定　　价：25.00 元

前　言

　　写作是人类表情达意的书面形式，也是人类认识和改造世界的工具。写作可分为文学写作（如小说、诗歌等）和应用写作（即应用文写作，如消息、通讯、公文等）两大类。随着科技的飞速发展，我们进入了信息社会，写作这个认识和改造社会的工具就更加重要了。特别是应用写作，可谓无处不需，无处不用。美国未来学家阿尔文·托夫勒指出，信息时代家庭工作的任务是"编制电脑程序"、"写作"和"远程监测生产过程"。这里的"写作"指的就是应用写作。

　　对大学生来说，应用写作的学习和训练尤为重要。我国著名教育家、作家叶圣陶先生早就说过"大学毕业生不一定要能写小说、诗歌，但一定要能写工作和生活中实用的文章，而且非写得既通顺又扎实不可"。目前，应用文写作能力与计算机应用能力、外语使用能力，已经被视为当代大学生必备的三大基本能力。现在，许多学校都开设了"应用文写作"课程，既传播写作理论知识，又着眼于指导学生进行写作实践，对培养学生实际写作能力起着重要作用。为配合教学，市场上涌现出多种应用文写作类教材，然而，在实际的教学中，我们这些身处教学一线的教师却常为找不到合适的教材而苦恼：有的教材只阐述理论、交代写法，而缺乏实践性，所以学习者即使对教材内容倒背如流，也难以在实践中进行使用；有的教材以格式加例文为内容，所谓的格式只是照葫芦画瓢，虽有其形却无其实；有的教材则内容过于繁杂，抓不住应用文写作的实质……于是，我们在外语教学与研究出版社的支持下，利用多年积累的教学经验，编写了这本《新编应用文写作教程》。

　　本教程涵盖应用文写作的行政公文、公关文书、事务文书、法律文书、财经文书、会议文书、科研文书、申论等八大类近六十种文体，所有文体都简明定义，指出要点，列出模式，选择新近的典型范例进行实例示范，对使用中的难点指点迷津，并附有练习案例和错例分析，还设有拓宽求深的知识链接以介绍与文体相关的网站。总之，力求从新的角度对应用文写作进行规律性的探讨，总结出通用、简明、易于操作的写法模式，是我们编这本教程的主旨。

　　本教程在编写中坚持理论联系实际，坚持透过现象抓本质，坚持以简驭繁，力求突出时代性、科学性、创新性、实践性和拓展性：

　　一、时代性。一方面尽量选取国家最新的标准规范公文作为例文，使之与当前的公文实践活动紧密联系，具有鲜明的时代气息；另一方面在阐述理论时吸取最新的应用文写作教学和研究成果，应和应用文写作知识更新的节奏，反映应用写作时代发展的现状。

二、科学性。应用文文体种类繁多，涉及范围广、内容杂、层次多。为科学编排，本教程主要突出那些使用频率高、实用性强的文体，通过对文体定义、特色的概述和知识要点的梳理，使学习者能够得心应手地使用。

三、创新性。书中所列应用文各文体的通用模式，是本教程的最大特点。编者根据多年的教学实践，总结出应用文的题目、单位（或个人）、正文、签名、日期等五个基本元素，设计成清晰直观的图表，学习者可直接套用。

四、实践性。为了使学习者能将写作知识转化为技能，真正解决"写"的问题，本教程各章知识的重点都侧重于对学习者写作能力的培养和提高。编者精心设计了练习案例、错例分析等板块，为读者指点迷津。

五、拓展性。编者在每一节结尾都附上了知识链接板块，内容是介绍与本节相关的网站，这样既拓展学习者的知识面，又能增强其学习兴趣，使学习者轻松学习应用文写作。

本教程读者对象十分广泛，既可用作大中专学校教材，也可供公务员、企事业单位文员、社会团体工作人员等作为应用文写作的自学读本。

江苏宿迁学院中文专业主任程芳银教授、江苏南通大学文学院副院长范钦林教授和安徽皖西学院中文系主任马启俊教授担任本书主编，共同讨论撰写出全书提纲，列出细目，并负责统稿和润色。撰写人员多是一线的教师，具体分工如下：

第一章绪论由张春红编写，第二章行政公文由施正荣编写，第三章公关文书由张进编写，第四章事务文书由刘岩编写，第五章法律文书由吉益民编写，第六章财经文书由陈斯金编写，第七章会议文书由徐权编写，第八章科研文书由程芳银编写。刘易、陈丽老师也参与了统稿，并负责部分章节的文字工作和绘图。

编者在编写过程中，借鉴了前辈的研究成果，大多都在文中注明，在此向他们表示感谢。书中选用的例文，因时间仓促，有些未能与原作者取得联系，敬请谅解，并请这些例文的作者及时与本书主编联系，以便支付稿酬。虽然我们作了种种努力，但由于水平所限，见识鄙陋，书中肯定有不少舛误，恳切地希望专家、同行和读者在使用中予以批评指正。

编者

2008年4月18日

目 录

第一章　应用文写作概说

第一节　应用文的性质和特点

所谓写作，就是人们在感受、认识客观事物的过程中，用语言符号把思维结果有选择地记录、表达出来的创造性的精神劳动。根据写作目的的不同，写作可以分为两大类：一类是为了陶冶情操、愉悦性情，以满足人们的审美需求的；另一类是为了记载物质生产知识，传播存储信息，实施管理指挥，进行交际交流，开展调查研究，反映情况、意见、观点与决策等，以满足人们的实用需要的。前者是以诗歌、散文、小说、剧本等为主的文学写作，后者是以各类实用文体为主的应用文写作，二者或间接或直接地服务于物质资料的生产，成为整个社会实践不可缺少的组成部分。本书所讲述的主要对象，就是以各类实用文体为主的应用文写作。

一、应用文的性质

何为应用文？应用文又叫实用文，是应"用"而写的文章。从广义上讲，任何文章都有一定的意图和功利，即使文艺作品也有"兴、观、群、怨"、"比、兴、美、刺"的作用，但我们并不能因此说所有的文章都可归入应用文的范畴。通常所说的应用文，是指国家机关、企事业单位、社会团体以及人民群众个人在日常的工作、学习、生产和生活中用以办理公务以及个人事务、传播信息、表述意愿时所使用的，具有直接实用价值和惯用体式的文章。它区别于对社会实践起间接作用的诗歌、小说、戏剧等文体而存在。

简言之，应用文具有惯用格式，具有特定的作者，具有特定的阅读对象；行文有实用目的性和一定的地域性、时间性和流向性。应用文是人们进行事务活动和社会交际的重要手段和工具。

二、应用文的特点

1. 实用性

实用性是应用文最本质的特点。应用文大都从本部门、本行业或本人的实际情况出发，为解决某一实际问题或达到某种目的而写，对象明确。这也是它区别于其他文体的主要标志。写一篇请示，是为了向上级请求指示或请求批准办理某一事项；写一篇民事诉状，是为了解决所发生的纠纷。而文学作品则不同，文学作品以审美为宗旨，关注的是人的精神与灵魂，内容上重创新，形式上不拘一格，多数文学作品都是超越功利性和实用性的。

2．真实性

应用文的实用性决定了它的真实性，真实性是应用文的生命。应用文绝对排斥虚构和杜撰。应用文收集的资料要客观存在，调查的事项要准确可靠，实验的数据要记录无误，反映的人与事要真实可信。

应用文为解决实际问题而写，强调的是方针政策的正确和客观事实的真实。一切从实际出发，按照客观规律行文，事实确凿可信，统计数据准确无误，结论有根有据，这是应用文对真实性的基本要求。而文学作品的真实是一种艺术的真实。文学作品源于生活，同时又高于生活。

3．针对性

应用文的针对性有两方面的含义：其一是说应用文的内容具有针对性。应用文都是针对实际生活、生产、学习、工作中遇到的问题而写作的，有的是针对个人的私事，有的是针对社会团体的公共事业，有的是针对国家或国际上的大事。写作目的都明确而具体。

其二是说应用文总是针对一定的读者而写的。比如，行政公文都针对特定的行文对象而制作，有一定的阅读范围；章程、条例等规范性的文书，都针对所辖的相关组织与相关人员而制定；一切书信，均有特定的收信人。应用文正是为解决一定范围内的一定问题而写的。

4．时效性

应用文的时效性与实用性有着直接的联系。由于应用文是针对实际工作中的具体事务而写作，是为了解决实际问题而运用的，而问题的解决又必须限定在一定的时间之内方才有效，因此应用文具有很强的时效性。

时效性主要体现在写作和使用两个方面：写作上，有不少公私事务必须在一定时间内快速处理，就应快写、快办、快发，不允许任意拖延，以免产生不良影响和严重后果。使用上，应用文都是在一定范围、一定时间内生效而发挥它的现实作用。超过时限，往往就失去了它的宣传和约束作用。无论是命令、决定、请示、批复等行政公文，还是礼仪应酬、求职应聘等所用的公关文书，一旦失去了时效性，也就失去了它的存在价值。

5．规范性

格式的规范性是应用文特有的属性之一。格式是在长期的写作实践中形成的，如果逐渐为大家所接受，约定俗成，就成为惯用格式；如果格式被法定固化，就成为规范格式。应用文书多数有惯用格式，其中行政公文具有规范格式。应用文格式的规范性，使不同的应用文种清晰醒目，便于写作、阅读、处理和解决相应的问题，有利于提高办文效率及分类、归档、保存和查询。文学作品一般没有固定的格式规定。

应用文的格式也不是一成不变的，随着时代和社会的不断发展，一些旧的、与现代社会不相适应的文体及格式不断被淘汰，而为时代所需的新的文体及格式不断形成。因此，对于应用文的规范格式，我们既要重视、遵守，尤其是对行政公文、司法文书等有统一规定的文体格式不能随意违反，又不能过分拘泥，写作时可以灵活掌握。

6. 平易性

平易性即内容简明扼要，表述清晰流畅，风格朴实平易，这是应用文的一个基本特征。因为应用文求实用，重实效，所以在书面语言的运用上，就要求简约有力，以最精炼的词、最恰切的语句把事情说清楚，不可含糊其词或晦涩难懂。

要把应用文写得简要清通、朴实平易，并不是一件很容易的事。"看似寻常最奇崛，成如容易却艰辛"（王安石《题张司业诗》）是文笔老练、成熟的表现。我们要使自己的文章达到这一境界，必须要勤于练笔、多多实践，以加强写作功力，同时还要继承和发扬前人优良的文风。

第二节 应用文写作的目的和意义

要学好一门学科，了解它的历史是必要的，熟知它的作用和意义也是十分重要的。

一、应用文的沿革与发展

文章之始，多缘实用。应用文和其他文学作品一样，伴随着人类的劳动而产生，又随着时代的前进而发展。

我国应用文的起源十分久远。据《周易·系辞》记载："上古结绳而治，后世圣人易之以书契，百官以治，万民以察。"这段文字说明，远在文字产生之前，人们就产生了对应用文的写作要求。可见，应用文从它诞生的那一刻起，就与"用"结下了不解之缘。河南殷墟出土的甲骨文是我国最古老的规范文字的物证，距今已有三千五百多年的历史。这些文字刻在龟甲兽骨上，主要记载当时殷商王朝的占卜内容，故称"卜辞"。受书写材料的限制，文字相对简短，一个甲骨片上最少的只有几个字，最多的有一百多个字。所记除干支数字以外，内容涉及世系、天象、食货、征伐、畋游等事项，文辞古朴简略，真实保留了当时社会的痕迹，其中有些可视为殷商王室的档案资料和处理国事的文书，这可以说是我们至今看到的最古老的应用文。

由于社会生产力的发展，书写材料也在起着变化，西周时冶炼技术发展很快，青铜器大量生产，上面铸有文字，被称为"铭文"。自此而后，一些有保存价值的内容常被铸鼎记载或公布，如周景王九年（公元前536年）郑国大夫子产把制定的刑法铸在鼎上公布，史称"刑书"，《左传》所载"郑人铸刑书"说的就是这件事，杜预注曰："铸刑书于鼎，以为国之常法。"后来晋大夫赵鞅和荀寅于周敬王七年（公元前513年）也把前执政者范宣子所制定的刑法铸在鼎上公布，史称"刑鼎"。

书写材料由甲骨而青铜，而后又竹石、布帛，再到纸张，不断丰富和发展。史载秦始皇每天要批阅 120 斤的简牍公文，应用文在管理国家事务中的作用可见一斑。加之印刷术的发明和发展，应用文的运用更为广泛，逐渐成为社会生活不可缺少的组成部分。

《尚书》是我国上古的历史文件和部分追述古代事迹的著作汇编，也可以说是我国第一部以应用文为主体的文章总集，其中多是虞、夏、商、周四代帝王所发的文告、誓词等，有些是当时史官的记录，有些则是根据史料追述写成的。唐人刘知几在《史通》中，把《尚书》中的文章分为典、谟、训、诰、誓、命六种。显然，这六种文章都可称为上古时代的应用文。

随着社会的发展和国家管理职能的强化，以及社会交往的频繁，应用文的种类不断增加，撰制也逐渐规范。在长期的奴隶社会、封建社会中，以官府公文为主的应用文有"诏"、"诰"、"命"、"制"、"旨"、"谕"、"敕"、"策"、"令"、"符"、"教"等下行文，有"章"、"奏"、"表"、"疏"、"启"、"状"、"笺"、"驳议"等上行文，还有"关"、"移"、"咨"、"刺"、"平牒"、"照会"等平行文。对于应用文的名称，古代也有不同的说法，如"书"、"简"、"策"、"文案"、"文簿"、"文牍"、"尺牍"等。到了清代，才正式提出"应用文"的概念。清代学者刘熙载在《艺概》中指出："辞命体，推之即可为一切应用之文。应用文有上行、有平行、有下行。重其辞乃所以重其实也。"这一概念自此一直延用至今，同时使用的还有"实用文"的概念。

历史上对政令的制作向来是十分郑重的，并逐渐建立起一套程序、制度来保证政令的严肃性。孔子在《论语》中说："为命，裨谌草创之，世叔讨论之，行人子羽修饰之，东里子产润色之。"一篇政令，从拟稿、讨论，到修改、润色，须经过多人之手通过几道程序才能完成。这里反映的是春秋战国时期政令制作的大致情况。秦汉时期，颁发诏令的秘书机构设在丞相府，"置御史大夫以贰于相"，"受公卿奏事"，掌天下文书，同时"举劾按章"监察百官（《后汉书》）。历魏晋、至唐宋，政令发布逐渐发展成严格的行政机构之间的职权分工和互相制约，实行"三省制"，即中书出令、门下审议、尚书执行，并有了制作、审勘、用印、监印、登记、送达等一整套严格制度。至此应用文书的发展到达成熟时期。

应用文的发展总是与社会政治、经济生活的发展相适应的。

20 世纪以来，我国的应用写作有过三次突破性的进展：第一次是辛亥革命后，废除了与君主专制统治相适应的封建官府公文，统一了公文程式，将公文文种简化为"令"、"咨"、"呈"、"示"、"状"五种，增加了民主成分。第二次是新中国成立后，公文等应用文以全新的面貌为新中国的社会主义革命和建设服务。1951 年 9 月，中央人民政府政务院发布了《公文处理暂行办法》，明确了公文的性质、地位、任务和价值，规定了新的公文文种及其用途、格式、行文关系等，标志着社会主义新公文的诞生。第三次是党的十一届三中全会以后，随着改革开放和经济建设的蓬勃发展，我国的应用文写作进入更加自觉和昌盛的发展时期。为使国家行政机关的公文处理工作规范化、制度化、科学化，我国 1994 年 1 月 1 日起开始实施《国家行政机关公文处理办法》，此办法后经过多次修改，到 2000 年 8 月又有了最新规定（见附录）。与此同时，其他种类的应用文随着时代发展的需要，在实际应用过程中也不断发展，臻于完善。

在总结丰富实践的基础上，从 20 世纪 80 年代初期起，应用文写作的理论也得到了发展。从已经出版的众多专门著述和刊载的有关论文看，人们从文学创作和应用文写作的比较研究中，寻找其共性与个性，从宏观、微观两方面研究其基本原理、发展历史、内在规律和写作特征，从理论和实践的结合上自觉地建立、健全和把握应用文写作学的体系，一门新兴的应用性学科已蓬勃地发展起来，而且在向专业化的纵深方向发展，派生出科技写作、财经写作、司法写作、新闻写作等课程。应用文的实用价值在社会活动中得到充分体现，文种迅速增多，现在应用文的主要种类有二百余种，使用广泛而频繁，尤其是经济、科技及相关方面的应用文，新增文种更多，这是历史上从未有过的繁荣景象，而且，其充满生机的现实和广阔的发展前景令人为之振奋。随着我国经济建设的快速发展和办公自动化水平的普及与提高，我国应用文的发展也将出现一个崭新的局面。

二、应用文的作用

应用文广泛用于社会实践，在社会生活中起着不容忽视的作用。

1. 经国大业

应用文是治国兴邦、实现管理职能的重要工具。

我国是文章大国，自古注重文章，曹丕《典论》称文章为"经国之大业，不朽之盛事"。这话未免包揽过宽，推崇过誉。真正能起到经国济世之用，能够解决现实社会重大问题的文章，乃是一些被有些人视为"雕虫小技"、"艺文之末"的优秀应用文。刘勰《文心雕龙》亦认为："章表奏议，经国之枢机。"在历史上，体现应用文重要作用的事件比比皆是：李斯的《谏逐客书》使九重之主秦始皇收回成命，改变用人制度，广揽贤才，为秦统一六国起了很大作用；诸葛亮的《出师表》规划了天下三分和发展蜀国的宏图大略；王安石的《上仁宗皇帝言事书》力陈政见，推行变法，为积贫积弱的宋朝积蓄了国力；毛泽东的《论持久战》和《新民主主义论》两篇论著，使人们看清了抗日战争的前途和新民主主义革命的发展方向，从而坚定了抗日的决心和争取民主革命胜利的信念……今天，应用文又是宣传、贯彻党和国家的方针、政策，促进现代化建设和经济发展的工具，在治国兴邦、经国济世中起着部署、指挥、组织、管理等重大作用。

2. 立言之具

应用文是研究规律、探索问题、进行科学研究的手段和表达其成果的载体。

人类社会是不断进步的，科学是不断发展的，人们对任何事物的认识，总有一个从实践到理论，从经验到科学的提高和深化过程。这一过程中的每一步进展，都离不开应用文写作活动。否则，就不能记载人们的实践经验，也无法揭示事物的发展规律，更无法使经验上升为理论，建立起科学的系统。尤其是蓬勃发展的各项管理科学、自然科学，离开应用文更是无法记载、无法传播、无法发展。所以说应用文是进行科学研究的有效手段。

应用文还是科研成果的载体。所谓"立言"就是把人们进行科学研究、探索规律的成果和经验教训总结成文章，变成社会的精神产品，由于文字记载可以打破时空限制，因此应用文可以使人们的研究成果"行远传后"，汇成文化的历史长河，造就科学的大厦。从现实角度看，人们又可以通过应用文获得科研信息，利于及时把科研成果转化为生产力，推动经济、科学、技术的发展，所以说，没有数以万计的应用文问世，科学的繁荣和经济的发展就是一句空话。而且，科学的形成和发展往往是若干代人共同奋斗的结果，没有应用文作为载体，其传递、继承和发展都成为实际问题。正是有了应用文的桥梁和沟通作用，我国的航天、铁路、电力、石油、机械、电子等工业经过几代人的相继努力，才得以形成今天的规模和水平。由此可见，撰写高质量的应用文，不仅是应用文自身发展规律的需求，也是科学、经济发展的需要。

3．交际之需

应用文是交流思想、信息，协调关系，联系业务的手段。

社会是一个充满活力的有机整体，没有人际的交流，社会就难以维持。人们在社会中，既需要表现自我或群体的意向，也需要接受、吸取他人的经验；既需要让他人了解自己，也需要了解他人。这种人际交流是客观需要，也是社会文明进步的表现。而人际间的交流是离不开应用文写作的。人们表达意愿、申述理由、反映情况、交流信息、上传下达、左右联系，时时处处都在使用应用文。新闻写作，科技写作，公文写作，以及司法文书，管理、事务文书的写作等，都从不同角度满足人们的交际之需，无数的应用文像四通八达的网络，把国家、集体、个人诸方面联系起来，使之互相配合，加强协作，共同实现预期目标。

随着改革开放的深入，不仅国内跨行业、跨地区、跨单位的横向联系越来越多，而且国际交往与日俱增。因此我们不但要学习了解国内常用的应用文，还要学习了解各国各地区的常用应用文及国际通用的应用文，以便适应跨世纪的、国际化的交际交流需要。

4．教育之用

应用文还具有宣传、教育群众，推动精神文明建设的作用。

我们的现代化建设事业是群众性事业，需要全国人民同心同德，共同努力才能完成。文当理切的应用文，可以在指导工作的同时，起统一思想，宣传、教育、动员群众的作用，使领导者的意志转化为普遍的群众行动。同时一些应用文，例如承载各项方针政策的应用文、各种法律法规、各种管理知识等，本身在规范人们行为的同时，又担负着教育、宣传的作用。还有一些应用文驳斥谬论、批评错误、褒扬先进，本身就具有宣传真理和推动精神文明建设的作用，所以说，应用文在物质文明与精神文明建设中有不容忽视的积极作用。

应用文的实用性和用途的广泛性是其他文章无法相比的，我们管理公共事务、处理日常杂务、应付平时生活都需要应用文。通过应用文的学习，我们能够获取更多的知识与信息，能处理一些问题与矛盾，能扩大交流与沟通，能提高文字的表达水平，能培养务实求真的工作作风。

第三节 如何提高应用文写作的能力

要提高应用文写作水平，就应该了解应用文写作的基本要求和写作过程，然后再去掌握应用文写作的学习方法。

一、应用文写作基本要求

1. 实事求是

应用文反映着社会生活各个方面的真实情况，作者必须忠实于客观实际，向读者传递真实可靠的信息。坚持实事求是，就是要深入现实生活，开展调查研究，在掌握第一手客观资料的基础上，再作出准确的判断。这样行文才不会歪曲偏移，才能被读者接受，从而有利于工作的开展。

2. 熟悉业务

应用文写作必然要涉及某一方面或某一项工作的业务，作者就应该熟悉本行业的业务知识、业务运行的规律以及与本行业有关的政策和工作要求。我们的许多部门，如外交、商贸、卫生、粮食等，其工作都是与国家利益和民众生活密切相关的，其工作人员如果不精通业务，略有疏忽就会造成不可估量的损失。

3. 掌握规范

应用文与其他文体的本质区别，就在于它有比较固定的惯用格式，有的为法定格式，有的为约定俗成格式，都具有相对的稳定性。作者只要对所运用的文种多加学习，就能了解它的功能、特点；多模仿练习，就能掌握写作的基本套路。我们只有理论联系实际，积极参加实践活动，勤于思考，善于观察，多读多练，才能写出规范的应用文来。

4. 周密简约

文学创造是用形象思维，应用文写作一般用抽象思维。因抽象思维具有确定性、一贯性，所以，在应用文写作实践中，必须进行周密思维。周密思维不仅体现在写作前要有充分的材料准备，而且还体现在写作过程中立意构思、谋篇布局、起草润饰等方面。哪一个环节思维不周密，都会影响行文质量和实施效果。

应用文在表达中有着直白的简约性，人们接受应用文，其实就是对语言的接受。语言追求简约，就能达到概念清楚、详略得当、轻重分明、叙事清晰、表白直率的写作目的，就能用最简洁的文字表达出让人明白的事。当然，也不可为简而简，影响应用文内容的正确表述。

二、应用文的写作过程

应用文写作过程是指应用文从下笔前的准备到起草后的修改、书写的过程。完成一篇应用文大致经历准备、构思、起草、修改、书写五个阶段。

1. 准备

中国书法、绘画与诗歌理论中有一个重要观点"意在笔先",就是写诗作画都要想成熟再动笔。《礼记》说:"凡事预则立,不预则废。"文学创作的动机是主观需要,随心吐露。而应用文的写作动机绝大多数是客观的需要,是为了用于生活,从事事务,许多写作是被动的。因此更应重视动笔之前的准备工作。

应用文写作的准备阶段包括确定目的、确定对象、分析读者、确定文种四个环节。分别解决四个问题:为什么写,写什么,写给谁看,怎么写。一般来说,应用文有固定的格式,这些内容在各章的文体写作中具体阐述。

2. 构思

刘勰在《文心雕龙》中指出作者在写作构思时"神与物游",使客观的物转化为主观的意;再经过作者构思剪裁,"窥意象而运斤",使主观的意再转化为物化的文字。

应用文的构思要根据文章的大小、行文的急慢等采取相应的构思方法。有的打腹稿,有的则要列提纲;有的急就,有的则要长时间酝酿。

列提纲的构思法是最为普遍的。提纲是一篇文章思路的基本框架和大致脉络。提纲要考虑到文章主要内容的次序、各部分内容的详略、其间的逻辑联系、必要的材料有哪些以及每一层次中的关键词等。在构思时要通观全局、多向思维,使最终确定的写作提纲整体感强、中心突出,逻辑性强、条理清晰,目的性强、要言不烦。所以,将构思系统化、纲目化,是文章起草的阶梯,也是一个应用文写作者应具备的素质和习惯。

3. 起草

起草就是将构思好的内容写出来形成文章的初稿。

虽有好的提纲,但如果文字表达能力不强同样写不好应用文。要表达好就应注意以下几点:

(1)要选择合适的表达方式。应用写作表达方式的选用主要取决于作者表现主题的需要,也受到文种的制约。不同的文种在表达方式的运用上有主次之分,叙述、说明、议论在不同的文章中各有侧重,也有的在一篇文章中综合运用多种表达方式。如诉状当事人和诉讼请求部分要求用说明,事实部分用叙述,理由部分用议论等。

(2)要注意每段的完整性和整篇的连贯性。文章是由字、词、句累积而成的,语句表达上就要自然、通顺。因构思时不可能细化到每个段落的内部,在起草时就要考虑到每一层次的主要意思、前后段落之间词语如何衔接、每一段上下文有何联系等。

分段有三个原则:单一、联系、匀称。单一就是段落的内容要围绕一个中心展开,不要枝节过多。联系就是每个段落内容既相对独立，和前后段内容有明确的界限，又要和上下文互相关联。通常可用一定的表示顺序的词语如"第一"、"第二"或"首先"、"其次"等来罗列，或者用"但是"或"综上所述"等表现前后段之间逻辑关系的关联词来显示。匀称就是规范段的字数相差不宜太悬殊。

（3）要选择合适的语体和准确的语言。应用文的语体特征比较明显，一是模式性，许多文种有固定的语言表达形式，如"根据……特……"、"现将有关事项……如下"、"特此……"等；二是专业性，不同文种的语言带有明显的专业化倾向，尤其是行业类应用文，专业术语多，行业色彩浓，如经济类、司法类、科技类的应用文等；三是明晰性，应用文的语言必须以应用性为准则，用最简洁的语言把事情交代得明明白白。

应用文语言应用中的第一要点就是准确。相对于文学作品和其他类别的文章，应用文的"准确"要求更高。所以，我们把长期从事应用文写作的同志称为"文字工作者"，以区别于"文学创作者"。应用文的文字语言不能含糊，如果用词不当，就会造成理解的歧义和错误，造成严重的影响，或闹出笑话来。常有人在合同中错一个字，损失几十万；也有人用错一个词，以致颠倒了长幼关系。

对于应用文写作能否使用网络词语，不能简单地肯定或否定。语言是复杂的社会现象，词汇永远在不断发展创新，新词语流行是通过社会选择、调节实现的，网络词汇走向媒体和口语，证明网络语言有其生命力强的一面。有些网络词语如"酷"、"美眉"等使用的频率越来越高，已逐渐被大多数人接受，融入汉语词汇海洋。应用写作尤其是一些与生活关系密切的文体如广告等，在网络词语达到一定普及程度的情况下应该是可以使用网络词语的。

4．修改

修改是文章的完善提高阶段。文章需要修改，但是修改必须得法。历史上因反复修改而成名的例子很多，但是越改越糟糕最后扔进废纸篓的也不少。应用文章的修改应着眼于主题的斟酌、材料的取舍、结构的调整、语言的润饰等。

文章既然要修改，则必然要注意修改的方法。应用文的修改方法主要有：

（1）十面受敌法。苏轼说自己见到好文章就反复阅读欣赏，阅读的时候每次只集中关注一个方面，如第一次关注观点是否正确深刻，第二次看论证逻辑是否合理，第三次看事例是否生动恰当，第四次看语言运用是否精当等。我们可以借鉴这种方法修改文章。这样有针对、有重点地反复修改，可以保持注意力集中，避免修改中顾此失彼，遗漏细微之处。

（2）提纲法。只看大标题或者写作提纲修改文章结构，关注文章的整体逻辑性。全文通读修改容易导致只见树木不见森林，看提纲修改便于发现思路和逻辑上的问题。

（3）朗读法。通过朗读，修改文章语句、词汇。朗读中的语感，比普通阅读更能发现语句不通、衔接松散、情感不相称、缺词漏字等毛病。

（4）口述法。文章的观点是否正确，论证是否具有说服力，自己往往难以发现。通过换一种表达方式讲给他人听，自己可能在讲述过程中发现逻辑混乱、论证不严谨的缺点；通过他人感受反映，更可以发现读者和作者在立场、观念、知识背景、理解能力方面的差异，从而根据需要适当调整内容，进行文字修改，以更好地实现交流目的，达到说服读者的效果。口述法征求意见时注意讲述不要中断，保持陈述的连贯，在听取意见时应态度诚恳，不能一味反驳，不要把征求意见变成辩论。

(5) 求教法。即把文章送给专家学者审阅，请他人提意见。对他人的意见要慎重分析，独立判断，作出取舍。

几种方法根据不同情况，可以结合起来运用。

5．书写

书写是写作的最后一道工序，尽管现代办公多采用自动化，许多文稿是打印出来的，但誊写环节依然重要。日常生活中有不少应用文非要誊写不可，对誊写后的文面有严格的要求。什么样的"文面"才能符合规范要求呢？

(1) 无错别字，用字规范；

(2) 标点符号占格，使用正确；

(3) 标题居中书写，每段开头一般空两格，格式中有称呼部分的要顶格写；

(4) 字迹工整，文面清洁，力求美观；

(5) 行文格式符合文种要求，布局合理。

三、应用文写作的学习方法

首先，要打好应用文写作的基本功，包括：学习和熟悉方针政策，提高思想水平；深入调查研究，注意搜集资料；了解和掌握文种格式，熟悉规范要求；精通业务知识，理论联系实际；行文严谨简明，反复修改练习，做足文字功夫。

其次，要掌握学习应用文写作的有效途径。一是从案例分析中学习。前人的成功案例，都是其冥思苦想、精心策划、反复磨砺的结果，我们要善于去欣赏、去借鉴、去比较、去发现。俗话说："熟读唐诗三百首，不会做诗也会吟。"我们了解的案例越多，视野就越开阔，应用起来思路就越清晰，写作就越自如。

二是从实际应用中学习。熟能生巧，只有经常练笔，才可能提高实际写作能力。除了在课堂、在学校练笔学习外，还应走出校门多与相关专业的行家里手交往，拜他们为师，与他们一起参加相关的社会、经济、文化活动，借此提高自己的实际应用能力。

三是在社会实践中学习。应用文写作不仅是一个人写作能力的体现，也是一个人观念、道德、情感、见解的综合体现，还是一个人政策水平和综合能力的体现。古人云："功夫在诗外。"只有通过多种途径练足了应用文写作的基本功，才可能达到"世事洞明皆学问，人情练达即文章"的境界。

四、应用文写作的基本模式

应用文的种类繁多，而且各种不同的文种在写作上又会有自己特定的要求，所以掌握起来非常麻烦。但正所谓万变不离其宗，应用文种在写作的格式上其实都离不开基本的模式，即题目、受文（主送）机关或个人、正文、发文机关或个人署名、日期这五个基本模式元素。具体写作时，作者可以根据不同文种自身的特点，对这五个模式元素作适当的调整或取舍。

为了清晰、直观地展示应用文的写作模式，我们特意设计了下面的这个模式表，供学习者借鉴和使用。

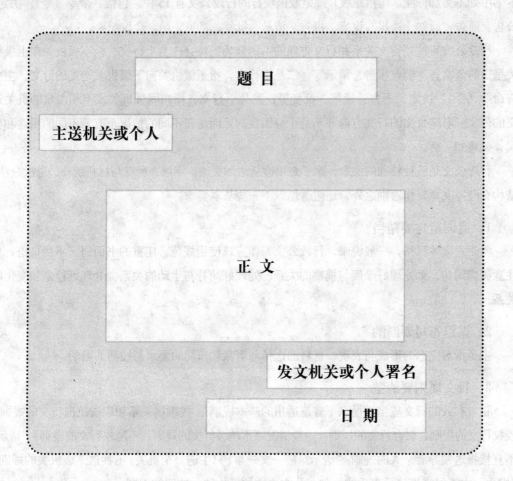

以上就是应用文写作用的基本模式。书中我们将结合模式，举出实例进行分析说明，为学习者指点迷津，便于大家掌握不同文种的写作要领。

第二章 行政公文

公文是公务文书的简称。公文指党政军机关、社会团体、企事业单位在处理各类公务活动时所使用的具有固定格式与法定效力的特定文书。

行政公文是指国家行政机关在公务活动中所使用的法定公文。

《国家行政机关公文处理办法》(修订版，2000年8月24日发布，2001年1月1日施行。本书中如不另加标注，均指此版)规定我国现行的行政公文有13种。包括：命令（令）、决定、公告、通告、通知、通报、议案、报告、请示、批复、意见、函、会议纪要。

行政公文可按照行文关系和行文方向的不同分为三类：一是上行文，指下级机关向上级机关呈送的公文，主要有报告、请示等；二是下行文，指上级机关向下级机关送发的公文，主要有命令（令）、决定、通告、通报、批复等；三是平行文，指向同级机关或不相隶属的机关送交的公文。有些公文的行文方向并不是十分固定的，而是在不同的情况下有着不同的用途和归属，如通知、函。

行政公文是一种特殊的文章，除了必须遵从诸如文通、字顺、观点与材料统一、层次分明、结构合理等文章写作通则之外，还应遵循以下一些基本要求：

1. 遣词造句要精当

要注意语体风格，一般说来，行政公文写作应该使用规范、庄重的书面语，不用口语；要注意锤炼词句，如处理好准确与模糊的关系、处理好简朴与生动的关系、处理好稳定和变化的关系。

2. 谋篇布局要斟酌

主要指对立意的形成与表现、材料的选择与剪裁和布局的要求与技巧的斟酌。

3. 行文规则要清楚

正常有效的行文应当遵循以下普遍适用的基本规则：按隶属关系和职责范围行文的规则；授权行文的规则；联合行文的规则；一般情况下不越级行文的规则；不越权行文的规则；"请示"不直接报送领导者个人的规则；"请示"应一文一事、只主送一个机关、不抄送下级机关的规则；"报告"中不得夹带请示事项的规则；公文由文秘机构统一处理的规则。

第一节 命令（令） 决定

一、命令（令）

（一）简要概述

命令（令）是国家行政机关及其领导人发布的指挥性和强制性的公文。《国家行政机关公文处理办法》对命令（令）的功能作了如下阐述：依照有关法律公布行政法规和规章；宣布实行重大强制性行政措施；嘉奖有关单位及人员。

"命令"和"令"曾被作为两种文种看待，实际上，从性质、功能和写作方法上看，并没有什么差别，是一种文种的两个名称而已。1987 年后，"命令"和"令"合并为一个文种。目前在写作实践中，两种名称仍然并存。如 1991 年 10 月 16 日发布的《国务院、中央军委关于授予钱学森同志"国家杰出贡献科学家"荣誉称号的命令》（国发〔1991〕51 号）使用了"命令"这一文体名称，而 1999 年 10 月 15 日建设部发布第 71 号《中华人民共和国建设部令》宣布实施《建筑工程施工许可管理办法》，使用的是"令"这一文体名称。两个名称的使用有这样的规律：如果标题中有主要内容这一项，一般用"命令"；如果标题中没有主要内容这一项，仅由发令机关加文种组成，一般用"令"。

命令（令）具有以下特点：

1. 内容具有强制性

命令（令）是所有公文中最具权威性和强制性的下行文种。命令一经发布，受令者必须无条件绝对服从，没有讨价还价的余地，在任何情况下都不得抵制、违抗或延误。所谓"军令如山倒"，说的就是命令（令）强大的支配力。通常所说的"令行禁止"，通过命令这种文种，也能得到最充分的体现。

2. 有极强的严肃性

一是不轻易使用命令；二是命令既出，就不能朝令夕改，更不能虚晃一枪，不落到实处，让受令者无所适从；三是语言庄严郑重，掷地有声，具有不可更改性。

3. 使用权限有严格的规定

命令（令）虽是行政公文的重要文体，但并不是所有行政机关都有权发布命令（令）。按照《中华人民共和国宪法》和《中华人民共和国各级人民代表大会和地方各级人民政府组织法》的有关规定，只有全国人民代表大会的常务委员会、委员长，国家主席，国务院和国务院总理，国务院各部委及其部长、主任，地方各级人民政府和各级人民代表大会，才有权力发布命令（令）。其他各种企事业单位、党团组织和社会团体，均无权发布命令（令）。党的领导机关可以和同级人民政府联合发布命令（令），但是要以行政公文的面目出现。

（二）写作要点

1．标题

(1) 发文机关＋事由＋文种，如《中华人民共和国国务院关于发行新版人民币的命令》。

(2) 发文机关＋文种，如《中华人民共和国主席令》、《中华人民共和国财政部令》等。

2．发文字号

(1) 由机关代字＋年份＋序号三部分组成，如"国发〔2006〕18 号"。

(2) 只标明令号，标在标题下面正中处，如"第 18 号"。

3．正文

按照《国家行政机关公文处理办法》对命令（令）功能的阐述，这种文体可大致分为三种基本类型：公布令、行政令、嘉奖令。

(1) 公布令。公布令是依照有关法律公布行政法规和规章的命令。公布令一般由四个方面的内容组成：发布对象（即所颁布的法律、法规名称）、发布依据（即所颁布的对象是由哪一级领导机关批准或经什么会议讨论通过）、发布决定（一般用"现予颁布"或"现予发布实施"之类文字表述）、执行要求（说明具体生效时间，并写上"望认真执行"之类的文字）。公布令篇幅短小，言无虚设，四个方面的内容并不各自独立成段，而是篇段合一。

(2) 嘉奖令。嘉奖令是为嘉奖有功人员而颁发的命令。嘉奖令可以分为缘由、事项、要求三个部分。缘由部分通常要写清楚以下几方面内容：一是被嘉奖对象的姓名、单位或受奖集体的名称；二是被嘉奖对象的主要事迹或突出贡献；三是对被嘉奖对象进行评价。事项部分主要任务是写清楚具体的奖励决定，即给受奖对象以什么样的奖励，是授予荣誉称号、颁发奖章，还是记功、晋级。要求部分一般交待两方面内容：一是对受奖者提出希望与勉励；二是号召大家向被嘉奖人学习。

(3) 行政令。行政令是宣布施行重大强制性行政措施的命令。行政令缘由部分主要包括两方面内容：一是与命令事项有关的现实情况、客观形势；二是发布此命令的目的与意义。事项部分主要写所采取的各项具体行政措施和规定。要求部分，通常由"生效日期"和"注意事项"两方面组成。

4．签发人

在正文右下方标注发文机关领导人的姓名，姓名前要冠以职务。以机关名义发布的命令，也可以不签领导人的姓名。

5．日期

有两种标志方法，一是写在标题下，一是写在文尾署名的下方。

（三）模式应用

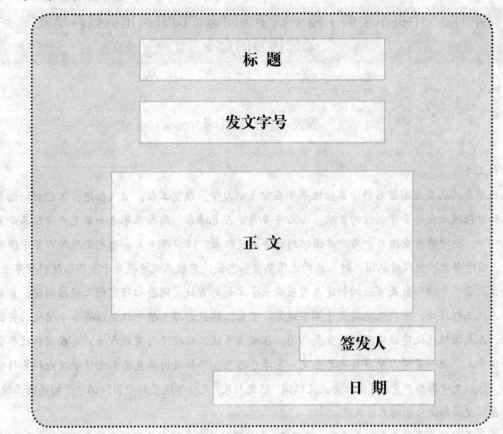

标 题

发文字号

正 文

签发人

日 期

（说明：本书因排版所限，"模式应用"与"实例示范"没有按《国家行政机关公文处理办法》规定使用标准字体、字号。）

（四）实例示范
例1

中华人民共和国主席令

第六十二号

《中华人民共和国物权法》已由中华人民共和国第十届全国人民代表大会第五次会议于2007年3月16日通过，现予公布，自2007年10月1日起施行。

中华人民共和国主席　胡锦涛

2007年3月16日

例2

国务院　中央军委关于授予钱学森同志"国家杰出贡献科学家"荣誉称号的命令

国发〔1991〕51 号

国防科工委:

钱学森同志是我国著名科学家。他早年在空气动力学、航空工程、喷气推进、工程控制论等技术科学领域做出许多开创性的贡献。1955 年 9 月,在毛泽东、周恩来等老一辈无产阶级革命家的关怀下,他冲破重重阻力,离开美国回到社会主义祖国。1959 年 8 月,他光荣地加入了中国共产党。数十年来,他以对祖国、对人民的无限热爱和忠诚,满腔热忱地投身于我国国防科研事业,为我国火箭、导弹和航天事业的创建与发展做出了卓越的贡献。他潜心研究的工程控制论,发展成为系统工程理论,并广泛地运用于军事运筹、农业、林业,乃至整个社会经济各个领域的实践活动,在我国现代化建设中发挥了重要作用。在发展系统工程理论与实践方面,是我国科技界公认的倡导人。他一贯努力学习马克思主义、毛泽东思想,坚持运用马克思主义哲学理论指导科学活动。他热爱中国共产党,热爱社会主义祖国,热爱人民,充分体现了新中国知识分子的高尚品德,他是我国爱国知识分子的杰出典范。

为了表彰钱学森同志全心全意为人民服务,为祖国科技事业的发展所做出的卓越贡献,国务院、中央军委决定,授予钱学森同志"国家杰出贡献科学家"的荣誉称号。

国务院、中央军委号召广大科技工作者向钱学森同志学习,学习他崇高的民族气节、严谨的科学态度、朴实的工作作风。像他那样忠于党、忠于社会主义祖国、忠于人民,像他那样坚持运用辩证唯物主义和历史唯物主义的科学世界观、方法论指导科研工作;像他那样勤勤恳恳,艰苦奋斗,顽强拼搏,无私奉献,为发展和繁荣我国科技事业,推进社会主义现代化建设,做出新的贡献。

科学技术是第一生产力,是推动经济和社会发展的强大力量。各级领导干部都要继续认真贯彻落实党的知识分子政策和发展科技的方针,以对党对人民高度负责的精神,关心爱护和大力培养科技队伍,造就更多的世界第一流的科学技术专家,为在全社会进一步形成尊重知识,尊重人才的良好风尚而努力奋斗。

国务院总理　李鹏

中央军委主席　江泽民

一九九一年十月十四日

二、决定

（一）简要概述

决定是上级领导机关对重要事项或者重大行动作出安排，奖惩有关单位及人员，变更或者撤销下级机关不适当的决定事项的公文。

决定具有以下特点：

1. 指示性

决定是议决性的下行公文，具有很强的指令性和约束力，上级的决定一经下达，下级必须贯彻执行。

2. 说理性

相当多的决定是上级提出的主张，为了阐明主张，常常要说明原因，讲清道理，使下级单位与人员充分理解决定的必要性与重要性，以利于更好地贯彻执行。

3. 明确性

决定中作出的决策、安排，在时间、目的、要求等诸方面必须明确，切不可模棱两可。

决定可分为处置性决定、发布性决定和部署性决定。

处置性决定就是处理、布置并告知具体事项的决定，其内容有表彰先进、处理问题、设置机构、安排人事等。这些决定有的是由机关发出的，有的是由会议发出的。

发布性决定就是由会议直接公布某个议案的具体内容的决定，或直接公布某一机构对某一问题的处理决定。

部署性决定就是对重大行动作出安排的决定。这些决定，有的是由机关直接发出的，有些特别重大的行动是由机关制文并要经会议讨论通过方可发出。

（二）写作要点

1. 标题

决定的标题应该使用完全式，即发文机关＋事由＋文种，如《国务院关于环境保护若干问题的决定》。会议通过的决定，应在标题下面说明，在括号内标识出"××会议×年×月×日通过"的字样。落款处的生效标识相应省略。

2. 主送机关

如果决定是在一定范围内发送的，要写主送机关。普发性决定一般不写主送机关。

3. 正文

决定的正文，一般由依据、事项、结语三个层次构成。

决定的依据要简明扼要地写明为什么要作出这一决定，说明目的意义、原因根据。写完后，一般以"特作如下决定"等习惯用语过渡到事项部分。

决定的事项部分应根据具体内容，使受文机关了解作出了什么样的决定。篇幅视内容可长可短。如内容比较复杂，可分成若干问题与方面，并列条目，甚至于可以列出小标题，逐一说明。

决定的结语一般是说明决定的执行要求。即说明怎样贯彻落实决定的事项，提出贯彻执行此决定的意见与要求，或发出执行号召，提出希望等。

4．发文单位

同"命令（令）"的格式。

5．日期

同"命令（令）"的格式。

（三）模式应用

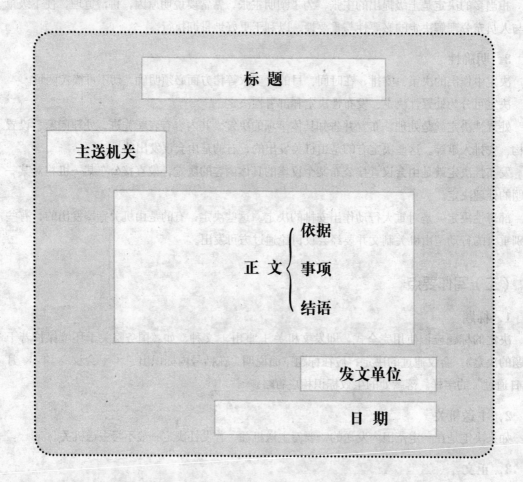

（四）实例示范

例1

教育部关于表彰全国优秀教师和全国优秀教育工作者的决定

教人〔2007〕8号

各省、自治区、直辖市教育厅（教委），新疆生产建设兵团教育局，解放军总政治部：

党的十六大以来，在以胡锦涛同志为总书记的党中央领导下，全国广大教师和教育工作者高举邓小平理论和"三个代表"重要思想伟大旗帜，深入贯彻落实科学发展观，以强烈的事业心、责任感和更加饱满的工作热情，全面贯彻党的教育方针，忠于职守，无私奉献，教书育人，开拓创新，在教育事业的改革和发展中取得了显著成绩，涌现出一大批优秀教师和优秀教育工作者。

为表彰他们对教育事业作出的重要贡献，弘扬他们的高尚师德和奉献精神，进一步激发广大教师和教育工作者的积极性、创造性，大力营造尊师重教的良好社会氛围，努力开创教育工作的新局面，在各省（区、市）认真推荐和严格评审的基础上，教育部决定授予万平等1810名同志"全国优秀教师"荣誉称号，授予张淑荣等194名同志"全国优秀教育工作者"荣誉称号。希望受到表彰的同志保持荣誉，继续努力，充分发挥先锋模范作用，在教育事业的改革和发展中取得更加优异的成绩。

受到表彰的全国优秀教师和全国优秀教育工作者是全国教师和教育工作者的优秀代表。他们在平凡的工作岗位上创造了不平凡的业绩，集中体现了新时期人民教师和教育工作者崇高的思想境界和良好的精神风貌。教育部号召教育战线广大教师和教育工作者以全国优秀教师和全国优秀教育工作者为榜样，深入学习贯彻胡锦涛总书记在全国优秀教师代表座谈会上的重要讲话精神，牢记使命，爱岗敬业，学为人师，行为世范，努力成为无愧于党和人民的人类灵魂工程师，为办好让人民满意的教育，实现全面建设小康社会的奋斗目标作出新的更大的贡献。

2007年全国优秀教师名单（略）

教育部

二〇〇七年九月四日

例2

国务院关于第四批取消和调整行政审批项目的决定

国发〔2007〕33号

各省、自治区、直辖市人民政府，国务院各部委、各直属机构：

2007年4月以来，按照国务院的统一部署和行政审批制度改革的要求，国务院行政审批制度改革工作领导小组依据行政许可法的规定，组织对国务院部门的行政审批项目进行了新一轮集中清理。经严格审核和论证，国务院决定第四批取消和调整186项行政审批项目。其中，取消的行政审批项目128项，调整的行政审批项目58项（下放管理层级29项、改变实施部门8项、合并同类事项21项）。另有7项拟取消或者调整的行政审批项目是由有关法律设立的，国务院将依照法定程序提请全国人大常委会审议修订相关法律规定。

各地区、各部门要认真做好取消和调整行政审批项目的落实和衔接工作，切实加强后续监管。要深入贯彻科学发展观，适应完善社会主义市场经济体制、加强和改善宏观调控以及转变政府职能的要求，继续深化行政审批制度改革，依法对行政审批项目实行动态管理，加强对行政审批权的监督制约，努力在规范审批行为、创新审批方式、完善配套制度、建立长效机制等方面取得新的进展。

附件：1. 国务院决定取消的行政审批项目目录（128项）
      2. 国务院决定调整的行政审批项目目录（58项）

国务院
二〇〇七年十月九日

 小结

（一）指点迷津

1. 命令（令）

从上文介绍我们知道，命令（令）分公布令、行政令、嘉奖令等，写作时注意事项各有不同：

公布令是颁布法律、法令和法规时使用的令文。公布令正文比较简短，文尾一般有"现予颁布（公布、发布）"、"现予公布施行"等；执行要求一般指公布的法规文件开始生效实施的时间要求。颁布令后面要附上所颁布的法规文件。

嘉奖令是上级对下级授予荣誉称号，表彰、奖励时使用的令文。撰写嘉奖令应注意：第一，嘉奖令并不常用，凡发令嘉奖的，必须是相当突出的英雄模范人物，其功绩显赫，影响甚大，足以效法、学习；第二，嘉奖令既要叙述事迹，又要议论意义，还要有号召力，这就要求注意语言的运用，要实事求是地概括，不能夸张渲染。

行政令是采取重大强制性行政措施时使用的令文。命令事项是命令的主体部分，也就是命令所要采取的重大的强制性措施。这一部分要分条款或分层次地写明规定事项、工作要求、方法步骤，文字要写得具体、肯定、简明、庄重，不作议论，使受令方一目了然，易于执行。

2. 决定

各类决定的写法也有不同：表彰决定这类知照性决定，它的内容比较单纯，主要是决定依据和决定事项，即使有号召或者鼓动性的结尾，也很简短。在写法上往往开门见山，直接陈述，篇段合一，语句简练、明快。处分决定的写法有所不同，应写受处分人的身份、错误事实、错误性质根源、本人对错误的态度、处分内容等。关于重大行动或重要事项的决定用于安排较大范围的重大行动或重要事项，一经发出，震动较大，如《国务院关于全面推进依法行政的决定》（国发〔1999〕23号）等。这类决定大都经过一定的会议讨论通过。它的写法更强调把道理说清楚、讲透彻，以便尽可能地统一认识，增强执行决定的自觉性。

（二）练习案例

1.《国家行政机关公文处理办法》对命令（令）使用作了规定，以下哪个是错的？（ ）

A. 嘉奖有关单位及人员　　　　　　　B. 依照法律规定发布行政法规和规章

C. 宣布施行重大强制性行政措施　　　D. 撤销下级机关不适当的决议

2. 对重要事项或重大行动作出安排应使用（ ）。

A. 决定　　　　　　B. 函　　　　　　C. 会议纪要　　　　　　D. 通告

3. ××市运动员在第十届××省运动会上表现突出，夺得金牌和团体总分第一，请代市政府拟一份表彰决定。

（三）错例分析

　　　　新的奖励暂行办法公布施行以后，大大调动了职工的生产积极性，体现了按劳分配、多劳多得的原则。但也有不少同志提出不同意见，思想一时不能统一。特决定此办法暂停执行。

[评析] 1. 缺乏逻辑性。办法既然很好，而且"大大调动了职工的生产积极性"，就应贯彻执行，但却因少数人提出不同意见就停止执行，是毫无道理的。2. 缺标题和发文单位、时间等。

（四）知识链接

1．《国家行政机关公文处理办法》辅导讲座（快乐阅读网）

　　http://www.zuowenw.com/gongwuyuan/gwyks/200705/253756.html

2．十三种行政公文写法示例之命令的写法（公文易网）

　　http://www.govyi.com/gongwenxiezuo/wenmijichu/200805/256194.shtml

3．2007国家公务员考试行政公文写作冲刺：决定（新浪网）

　　http://edu.sina.com.cn/exam/2006-11-20/134761721.html

第二节　公告　通告　通知　通报

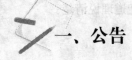

一、公告

（一）简要概述

公告是国家机关向国内外宣布重要事项或者法定事项时使用的一种正式公文。公告是一种庄重、严肃而又关系重大的公开文告，一般通过报纸、电台、电视台、政府网站发布。

公告具有下列特点：

1．内容的重要性

公告所宣布的内容是重要事项，即重大事件、重要决定、重要法规、重大要闻。

2．受众的广泛性

公告的发布范围是国内外，是一种周知性的公开文告。受众面在各类行政公文中最为广泛。

3．制发机关的特殊性

公告的制发者应该是国家领导机关，基层企事业单位和群众团体一般不能制发公告。

公告可分为宣布重要事项的公告、宣布法定事项的公告和人大公告三种类型。

宣布重要事项的公告主要用于省以上级别较高的国家行政机关，或经过授权的新闻机构，向国内外宣布重要事项，如公布国家领导人当选、出访，外国领导人来访，公布国家重要统计数据或重大科技成果，举行大规模军事演习等。

宣布法定事项的公告适用于国家机关、政府职能部门，依据国家法律、法规的有关规定，按照程序发布的法定事项，如商标公告、专利公告、税务文书送达公告、企业法人登记公告、公务员招考公告、房屋拆迁公告等。

人大公告适用于各级人民代表大会及其常务委员会宣布的重要事项，如颁布法律、法规，公布选举决定与选举结果等。

随着互联网的兴起，"电子公告服务"越来越为人们所熟悉，但我们要注意其中的"公告"

不属于行政公文中的公告范畴。"电子公告服务"是指在互联网上以电子布告牌、电子白板、电子论坛、网络聊天室、留言板等交互形式为上网用户提供信息，这里"公告"的内容不一定具备重要性、广泛性和特殊性的特征。

（二）写作要点

1. 标题

有以下三种格式：

（1）发文机关＋事由＋文种，如《中国人民银行关于严肃金融纪律，严禁非法提高利率的公告》。

（2）发文机关＋文种，如《国家税务总局公告》。

（3）只写"公告"作为标题。

如公告标题中的发文机关为授权机关，标题中必须有"授权"字样。

2. 发文字号

公告一般不用公文常规的发文字号，而是在标题正中下方标示"第 × 号"，有的就没有发文字号。

3. 正文

公告的正文主要由公告缘由、告知事项、结语三部分组成。公告缘由是对发布公告的原因或者依据作简要说明；告知事项是公告的具体内容，也是公告的核心，应以十分精当的语言准确陈述告知内容；公告的结语相对简单，通常以"现予公告"或"特此公告"作结。

4. 发文机关

写明发布公告单位的规范全称，位置在正文下三行。如果机关名称已在标题中出现，在落款处也可不写。

发文机关名称一般要用全称，属几个机关共同发文的，可用习惯的简称。

5. 日期

年月日一般在发布单位的下一行。某些特殊公告还会注明发布公告的地点。

（三）模式应用

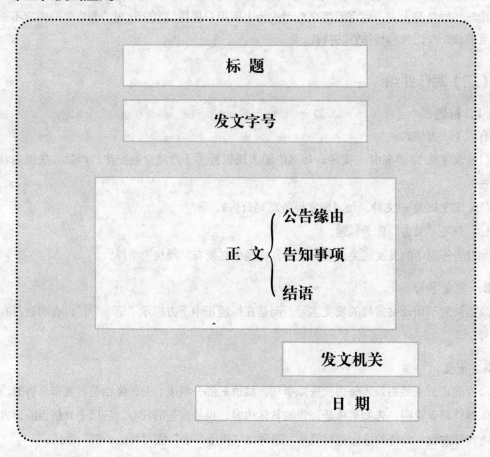

（四）实例示范

例1

国务院煤电油运和抢险抗灾应急指挥中心公告

第7号

关于加强电力需求侧管理实施有序用电的公告

当前正值电力需求旺季，部分地区极端灾害性天气还将延续，电力保障工作面临巨大压力。各地区要贯彻落实《国务院办公厅关于加强电力需求侧管理实施有序用电的紧急通知》精神，切实做好以下工作：

一、认真执行以煤定电。各地区要根据电厂的煤炭供应、库存情况，安排电力生产和使用，确保本地区电厂（含区域外直供本地电厂）煤炭库存不低于10天用量，尤其是全力保障电网结构中起骨干支撑作用的电厂用煤。低于10天用量的地区，应降低发、用电水平。

二、严格控制不合理用电。各地区要根据发电情况，以电定用，确保有序用电。电力供应紧张地区，首先要压缩高耗能、高排放企业和产能过剩行业用电，坚决停止不符合产业政策、违规建设和淘汰类企业的用电。电力供应相对宽松地区，也要从严控制、适当压缩高耗能、高排放企业和产能过剩行业用电，停止不符合产业政策、违规建设和淘汰类企业的用电。

三、确保重点用户需求。优先保障受阻人员疏散、铁路交通电信恢复、重要物资供应等用电需求；优先保障受灾地区用电需求；优先保障居民生活、医院、学校、铁路、交通枢纽、供水供热、广播、电信、金融、农业、石油天然气生产输送等涉及公众利益和国家安全的重要用户用电需求。要确保特殊行业安全生产用电需求，严禁对煤矿、化工企业等用户随意拉闸限电。

四、引导全社会节约用电。各级党政机关和国有大型企业要发挥表率作用，带头节约用电。严格控制景观照明用电，限制娱乐场所用电，杜绝"亮化"工程等浪费现象。工业企业要积极配合，做好错峰避峰用电。全社会要立即行动起来，自觉采取节约用电措施，形成节约用电的氛围。

五、切实加强组织领导。各省、区、市人民政府要加强对以煤定电、以电定用和有序用电工作的领导，健全电力生产供应及电煤运输的协调机制，加强对重点电厂的动态监测，及时协调解决实施有序用电、降低电力负荷引发的矛盾。发展改革委要做好煤电运的综合协调，指导各地搞好电力生产和供应工作；会同电监会加强监督检查，督促各地区、电网企业和电力生产企业落实各项措施，对有令不行、有禁不止的要严肃查处，确保电力生产供应。

应急指挥中心办公室

二〇〇八年二月四日

例2

国家安全生产监督管理总局公告

第1号

依据《矿山救护队资质认定管理规定》（国家安全监管总局令第2号）和国家安全监管总局《关于印发〈矿山救护队资质认定管理规定实施细则〉的通知》（安监总办字〔2005〕211号），经审核，内蒙古平庄煤业（集团）有限责任公司救护大队等7个单位取得矿山救护队一级资质，北京昊华能源股份有限公司矿山救护队等27个单位取得矿山救护队二级资质。现将名单予以公布。

附件：取得一级、二级资质矿山救护队名单

二〇〇八年一月二十二日

二、通告

（一）简要概述

通告是行政机关、社会团体、企事业单位在一定范围内向人民群众公布应当遵守或周知事项的公文。

通告具有以下特点：

1.内容的广泛性

内容的广泛性与公告只负责宣布国家大事与法定事项相比，通告内容更为广泛，大到国家的方针政策，涉及全国的专项工作，小到基层政府或单位、部门的具体事务，均可以用"通告"的形式发布。

2．使用的普遍性

从国家机关到地方政府、社会团体、企事业单位都可以使用。

3．贯彻的强制性

通告所告知的事项往往要求普遍遵守，对告知对象有一定程度的制约性，有的带有法律、法规性质。

通告一般分知照性通告和制约性通告两种。

知照性通告主要用于机关、企事业单位向一定范围内的机关单位、社会团体及人民群众公布需要周知的有关事项。此类通告在知照事项的同时，往往也提出要求，但是约束力并不强。

制约性通告往往是政策法规性文件的具体化，要求有关单位和个人严格遵守或遵照执行，具有较强的权威性与约束力。

（二）写作要点

1．标题

有以下四种格式：

（1）发文机关＋事由＋文种，如《中华人民共和国公安部、邮电部关于保护通信光缆线路的通告》。

（2）发文机关＋文种，如《国家工商管理总局通告》。

（3）事由＋文种，如《关于清理、取缔"三无"船舶的通告》。

（4）直接以"通告"二字作为标题。

2．正文

一般由发文缘由、告知事项、结语三部分组成。

（1）发文缘由。说明发布通告的目的、意义、事由以及法律、法规或政策依据，以精当语言交待发文背景。

（2）告知事项。这一部分是通告的核心部分，因此必须具体明确，应该尽量使用通俗易懂的语言，以便于广大人民群众了解与执行。如内容不多，可与"发文缘由"放在同一段；如果内容较多或者比较复杂，则应分条列项，逐一说明，同时要特别注意条目之间的内在联系。

（3）结语。可以提出希望与要求，发出号召，亦可说明执行期限与范围、有效时限，往往以"此告"或"特此通告"等习惯用语收尾。

3．发文单位

在正文后空一行靠右标明发文单位。如果标题中已出现发文单位，则仅标明发布时间。

4．日期

有的通告的发文日期写在标题之下。

（三）模式应用

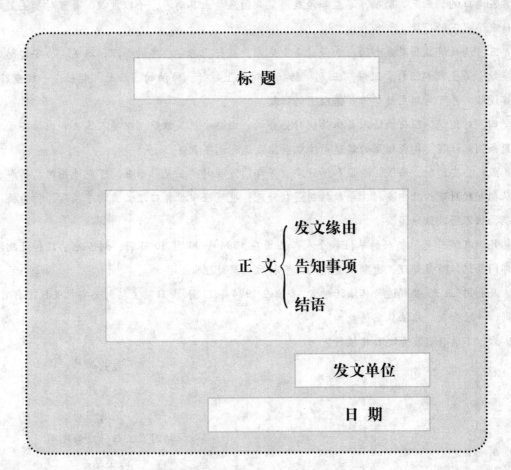

（四）实例示范

关于清理、取缔"三无"船舶的通告

近年来，在沿海一些地区，不法分子利用无船名船号、无船舶证书、无船籍港的"三无"船舶进行走私等违法犯罪活动，严重地危害了海上治安，妨碍生产、运输的正常进行。为打击违法犯罪活动，维护海上正常秩序，保护人民群众生命财产安全，必须坚决清理、取缔"三无"船舶。特通告如下：

一、凡未履行审批手续，非法建造、改装的船舶，由公安、渔政渔监和港监部门等港口、海上执法部门予以没收；对未履行审批手续擅自建造、改装船舶的造船厂，由工商行政管理机关处船价2倍以下的罚款，情节严重的，可依法吊销其营业执照；未经核准登记注册非法建造、改装船舶的厂、点，由工商行政管理机关依法予以取缔，并没收销货款和非法建造、改装的船舶。

二、港监和渔政渔监部门要在各自的职责范围内进一步加强对船舶进出港的签证管理。对停靠在港口的"三无"船舶，港监和渔政渔监部门应禁止其离港，予以没收，并可对船主处以船价2倍以下的罚款。

三、渔政渔监和港监部门应加强对海上生产、航行、治安秩序的管理，海关、公安边防部门应结合海上缉私工作，取缔"三无"船舶，对海上航行、停泊的"三无"船舶，一经查获，一律没收，并可对船主处船价2倍以下的罚款。

四、对拒绝、阻碍执法人员依法执行公务的，由公安机关依照《中华人民共和国治安管理处罚条例》处罚；构成犯罪的移送司法机关依法追究刑事责任。

五、公安边防、海关、港监和渔政渔监等部门没收的"三无"船舶，可就地拆解，拆解费用从船舶残料变价款中支付，余款按罚没款处理；也可经审批并办理必要的手续后，作为执法用船，但不得改做他用。

凡拥有"三无"船舶的单位和个人，必须在1994年11月30日前，到当地港监和渔政渔监部门登记，听候处理。逾期不登记的，查扣后从严处理。

凡利用"三无"船舶进行非法活动者，必须在1994年11月30日前主动到公安机关投案自首，否则，一经查获，依法从重惩处。

六、本通告自发布之日起执行。

农业部

公安部

交通部

国家工商行政管理局

海关总署

1994年11月1日

三、通知

（一）简要概述

通知是用来批转下级机关的公文，转发上级机关和不相隶属机关的公文，发布规章，传达上级机关要求下级机关办理、有关单位需要周知或共同执行的事项，任免和聘用干部时使用的文种。通知的种类很多，其使用频率很高，适用范围很广，据统计通知占日常下发公文的三分之一以上。

通知具有以下特点：

1．使用的广泛性

通知是一种使用最为广泛的"万能文种"。首先，通知的制发主体具有广泛性，通知的制发主体不受级别高低的限制，国家机关、社会团体、具体单位都可以制发；其次，通知的内容具有广泛性，不受限制，大到国家政策与规章、重要的人事任免，小到基层单位的具体事务，都可以用通知发布。

2．发文的时效性

通知往往是要求立即办理或者执行的事项，因此特别强调时效性。通知的制发主体应该有一定的提前量，以利于受文单位办理有关事项。急办事项，一般应以紧急通知的形式发文。

通知分为会议通知、工作通知和批转类通知（包括批转通知、转发通知、印发通知）。

（二）写作要点

1．标题

(1)"发文机关+事由+通知"。

(2)凡不作正式文件处理的简便通知，可直接用"通知"二字作标题。如果有两个或两个以上单位发文时，可在通知前加"联合"二字。

(3)如果通知内容特别重要或者特别紧急，则可在通知前加"重要"或"紧急"二字。如果后一个通知是对前一个通知的补充，就应该用"补充通知"字样作为标题。

2．通知对象

在通知标题下，正文前要顶格写上被通知的对象（单位或个人），如果是在一定范围内公布的普发性通知，亦可不写受文对象。有时受文对象还可以使用模糊语言如"各单位"、"各部门"等。

3．正文

按通知的三种类型（会议通知、工作通知、批转类通知），分述为下：

(1)会议通知

①小范围、内容单一的会议，只需写清时间、地点、参会人员、会议内容即可，如"经××会议研究，定于×月×日×时×分在××会议室召开××××会议，请各部门负责××工作的同志准时出席"。

②内容复杂、涉及面广、时间较长的会议，通知的起草就不能过于简单。要写清楚会议名称、内容与议题、主办单位、时间、地点、应准备的材料、参加人员等，甚至报到地点、时间、乘车路线、联系人姓名与电话、寄回执的地址与邮编、需要携带的物品、其它注意事项等都要写清楚。

③如果是大中型的代表会议，写通知时，除了上述内容外，还应该就代表的名额分配、各方面的比例、代表条件与产生办法等作专门交代。

（2）工作通知

①一般性通知。主要是起知照作用的通知，要求下级组织或成员办理或了解某件事情，如节日庆祝活动的安排、机构的设立或变动、新印章的启用、文件内容的更正等。这类通知应交代清楚通知的是什么事、应如何办理、有什么要求等等。

②指示性通知。要求下级机关或单位执行某种精神或办理某项工作，其内容不适宜用正式指示或命令的公文形式出现，往往用通知代替。这类通知应写明指示的内容，注意明确性。

③任免通知。即上级机关在任免下级机关的领导人或上级机关关于人事任免的事项需要下级机关知道时所发的通知。任免通知应注意写清楚任免时间、任免单位、任免原因或会议精神。

（3）批转类通知

①批转通知。上级机关批转下级机关的文件，有时不用批示，而以通知的形式下达。凡是关系到全局性的重大决策，上级机关在批转时，应对批转的意义作出论断，并可突出阐明对某些重大问题的态度，提出原则性的意见和要求。

②转发通知。根据工作需要，各机关可以转发上级机关、同级机关和不相隶属机关的重要文件。转发在行文时不受等级和系统的限制。转发时应针对公文的内容阐明转发的意图。

③印发通知。主要用于本系统内部。印发时注意保持原文的完整性。

批转类通知都是以批转、转发、印发的文件为主，通知本身只起载体和按语的作用。写作时应注意着重写出目的、意义，概述被批转、转发、印发文件的基本内容，并对其作肯定性评价。复述原文件内容应高度概括、简练，不要与所转文件的内容重复，对所转文件的评价要中肯、恰当。需要注意的是，在转发上级机关、同级机关和不相隶属机关的公文时不得提出批评，如需要变通执行这些文件时，应说明原因，必要时还要征得有关方面同意。要恰当使用"认真遵照执行"、"切实遵照执行"、"参照执行"等词语。此类通知都要以发布、转发或批转的文件作为附件。

4．署名单位或机关

5．日期

（三）模式应用

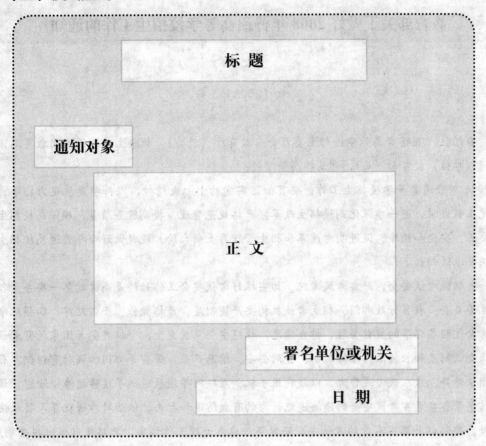

标 题

通知对象

正 文

署名单位或机关

日 期

（四）实例示范

例1

关于印发《江苏省国家税务局欠税公告》的通知

苏国税发〔2007〕183号

各省辖市、苏州工业园区国家税务局，常熟市、张家港保税区国家税务局，省局直属税务分局：

　　现将《江苏省国家税务局欠税公告（2007年第3号）》（以下简称《公告》）印发给你们，请及时对《公告》中的非正常户名单进行比对，积极落实清缴欠税的各项措施。

江苏省国家税务局

二〇〇七年十一月七日

例2

教育部关于做好 2008 年普通高等学校招生工作的通知

教学〔2008〕3 号

各省、自治区、直辖市高等学校招生委员会、教育厅（教委），新疆生产建设兵团教育局，有关部门（单位）教育司（局），部属各高等学校：

2008 年普通高等学校招生工作，要贯彻落实党的十七大精神，以科学发展观为指导，巩固阳光工程成果，进一步深化高校招生改革、严格规范管理、提高服务质量，确保高校招生公平、公正、安全和秩序，促进高考改革和招生管理再上新台阶。现就做好今年普通高校招生工作有关要求通知如下：

一、确保考试安全，严肃考风考纪。切实抓好考试安全工作始终是高考的第一要务。各省级招生委员会、教育行政部门、招生考试机构要严密制度、严格操作、严肃纪律，加强从命题到施考全过程各环节的监督管理，排查隐患，杜绝安全事故发生。坚持并完善国家教育考试部际联席会议制度和长效工作保障机制，会同公安、信息产业、保密等部门加强对有组织、有预谋的团伙舞弊、雇人代考或替考，以及利用手机、互联网等现代通讯手段传播涉嫌泄密、诈骗有害信息等各类危害考试安全的违法违纪行为的有效防范和打击，依法对涉嫌犯罪人员从快从严查处。要制订并落实有效的考试安全突发事件应急处理工作预案，严格执行值班报告制度。在具备条件或考务管理相对薄弱，以及考试违规事件多发的地区，所有考点要配置防范无线电信号干扰考试正常进行的相关设备及考场监控设备。针对个别考风考纪较差的省际交界地区，要加强省际协调、联合治理。加强高考报名信息采集及确认环节的管理、监督及信息公示，报名过程中基层招考部门、集体报名单位与当地公安机关等部门要加强合作，严格审查报名资格，考试期间要组织精干队伍，加大巡考、督考工作力度，采取有效措施强化对考生证件和考场管理，严防高级中等教育学校非应届毕业在校生和具有高等学历教育资格的高等学校在校生报名考试或替考。

二、实施阳光工程，全面规范招生考试管理。进一步完善公开透明的招生工作体系，全面推进阳光工程制度化、系统化、常态化，把阳光工程的精神、要求和内涵切实融入到高校招生日常管理和运作之中。进一步加大信息公开力度，完善"阳光高考"信息管理与服务平台，明确高校招生报名、考试、录取各个阶段信息公开的基本内容和要求，把学校的办学资格、招生计划、招生章程、录取规则、录取过程、录取结果、学费标准等及时、准确地向社会公开。进一步完善各种特殊类型招生办法，全面规范和细化各类各项资格、条件的公示时间、地点、形式、内容等具体要求，加强对保送生、艺术特长生、高水平运动员和自主选拔录取等考生资格及录取名单的规范化公示和有效监督。进一步加强招生考试规范化管理，建设国家、省两级考生高考诚信电子档案及查询网络平台；积极推进标准化考点建设和考务平台建设；制订完善网上评卷技术标准、质量标准和管理办法；在数据管理、设备管理、防范攻击和监督制约机制等方面进一步完善高校招生信息管理办法。

三、（略）

四、（略）

五、（略）

六、（略）

请各省级招办将本通知转发至本地区所有普通高等学校。

附件：2008年普通高等学校招生工作规定

教育部
二〇〇八年一月十一日

四、通报

（一）简要概述

通报是用来表彰先进、批评错误、传达重要指示精神或情况时使用的公文文种。

通报具有知晓性和指导性的作用，它对下级机关的指导作用重于指挥作用。通报被党政机关和企事业单位使用，既可下行，也可平行。有的通报还以登报、广播、张贴等形式出现。

按照通报的作用和使用范围的不同，可分为三类：

1. 表扬性通报

适用于宣传先进集体或个人的先进事迹。

2. 批评类通报

适用于处理事故及批评错误。

3. 信息性通报

适用于传达重要精神和情况。

（二）写作要点

1. 标题

(1) 公文式标题：同"命令（令）"、"决定"的标题格式。

(2) 新闻式双标题，多为正题加副题，也可是眉题加正题。

2. 主送机关

如果内容有所专指，要写明主送机关；普发性的通报则可不写主送机关，或在正文中、发至范围中注明。

3．正文

在写通报时，选材务求真实、准确，实事求是，对事实的评议要恰如其分，掌握好分寸。要选择典型而有普遍意义的事件或材料，这样针对性才强，对工作才具有指导意义，对群众才有教育作用。

4．发文单位

如标题中已含有发文单位，则可省略。

5．日期

（三）模式应用

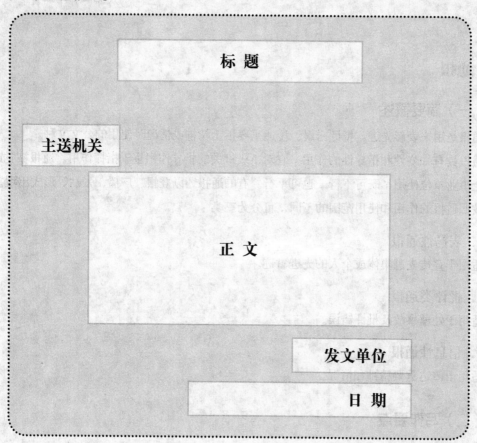

（四）实例示范

遂宁市人民政府关于授予
船山乡等 10 个乡镇市级特色文化乡镇称号的通报

各区、县人民政府，市府各部门：

近年来，各级政府坚持两个文明一起抓，在加快改革开放和经济建设的同时，努力推动了社会各项事业的协调发展。根据市委、市政府《关于在我市开展创建"四川省文化先进市"活动的通知》（遂委发 6 号）精神，全市以创建文明先进市为目标，广泛开展文化先进县、特色文化乡镇创建活动，文化工作取得了长足进步，涌现出了一批文化阵地巩固、文化队伍逐步壮大、文化活动经常开展、文化项目特色突出、文化经营成效显著的乡镇，为我市城乡精神文明建设作出了贡献。

为深入贯彻党的十四届六中全会精神，加快社会主义精神文明建设，使我市早日建成"文化先进市"，市政府研究，授予市中区船山乡、玉峰镇、桂花镇，射洪县太和镇、大榆镇、青岗镇、柳树镇，蓬溪县隆盛镇、蓬莱镇、文井镇"遂宁市特色文化乡镇"荣誉称号，予以通报表彰。

市政府希望全市各级政府要进一步加强对文化工作的领导，认真总结、学习市级特色文化乡镇的经验，推进两个文明建设。市级特色文化乡镇要巩固特色文化成果，发扬成绩，勇于开拓，为我市文化事业的繁荣作出新的贡献。市政府将适时组织对市级特色文化乡镇巩固成果情况进行复查验收，对复查验收不合格的，要取消市级特色文化乡镇称号，以确保特色文化项目质量，推动文化先进市创建工作深入开展。

一九九七年三月四日

 小结

（一）指点迷津

1．公告和通告的区别

公告和通告都具有公开、广泛、庄重的特点，其区别为：从所宣布告知事项的性质看，公告重于通告；从所公布的范围看，公告范围比通告广；从所发布的机关看，公告的发布机关级别高，党和国家的高级机关才用。

2．通报与通告的区别

（1）使用范围不同：通报一般都有收文机关，往往以文件形式发送；通告是普发性公文，没有确定的收文机关。

（2）承担功能与制发时间不同：通报用于表彰先进，批评错误，通报信息，在事情发生过程中或结束后制发；通告用于发布法规或告知，作用是防患于未然，因此必须在事前制发。

3．通报与通知的区别

（1）目的不同：通报主要是沟通信息，其主要作用是宣传教育，通知往往要有具体工作部署。

（2）行文对象不同：通报对象通常是全体下级机关与人员，通知往往下达给一个或多个具体单位。

（3）作用不同：通报可以用以奖惩，通知则无此功能。

（二）练习案例

1．按照公文的作用归类，通告、通知、通报、公告等属于（　　）。

A．规范性公文　　　　B．知照性公文　　　　C．报请性公文　　　　D．指挥性公文

2．××省经委召开全省经济工作会议，出席对象为各市分管经济的副市长、各市经委主任。请代该省经委拟写会议通知。

（三）错例分析

××市公安局市区有关道路交通管制的通告

[1999] 04号

本市各部门：

为了繁荣市场，保障交通安全，经市政府决定，从一九九九年三月一日起每日早九时至晚七时，都司街农贸市场包括南海正街，海子边修理服务市场，北起郭家巷西口，南至人民公园东门，除经批准许可车辆外，禁止各种机动车辆通行。

特此通知。

××市公安局

1999年2月28日

[评析] 1．标题不准确，可以修改为"××市公安局关于对市区有关道路实行交通管制的通告"。2．发文字号有三处错误，一是没有机关代字，二是年份括号错用，应用六角括号，三是顺序号前面加了"0"，可以修改为"公通字〔1999〕4号"。3．面向大众的事项不应有特指的受文单位。4．通告内容不明确，应该说明实行交通管制的具体的道路和管制的车辆种类。5．表述存在逻辑错误，即"除

经批准许可车辆"与"禁止各种机动车辆通行"矛盾。6. 标题为通告，结束语却是"特此通知"前后矛盾。

（四）知识链接

1. 机关公文助手（起点下载网）

   http://www.cncrk.com/downinfo/4438.html

2. 秘书资格认定指导：公告的写作格式（考试大网）

   http://www.examda.com/ms/zhidao/20060823/105414894.html

3. 通告的写作格式（百分文体资源网）

   http://www.100wtw.cn/article/3/40/2008/20080426332.html

4. 通知的写作和例文（人民网）

   http://edu.people.com.cn/GB/8216/120158/120169/7184378.html

5. 通报写作要点（百考试题网）

   http://www.100test.com/html/201/S-BB-F9-B4-A1-D6-AA-CA-B6-A3-BA-201755.html

第三节　议案　请示　批复　报告

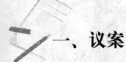

一、议案

（一）简要概述

议案是指国务院和地方各级人民政府按照法定程序，向同级人民代表大会或者人民代表大会常务委员会提请审议属于该人民代表大会或其常务委员会职权范围内有关事项的公务文书。

议案具有以下特点：

1. 制作主体的法定性

议案适合于各级人民政府按照法律程序向同级人民代表大会或其常务委员会提起审议事项。

2. 内容的特定性

根据我国的宪法和人民代表大会及各级人民政府组织法的规定，人民政府所提议案的内容必须是属于人民代表大会或其常务委员会职权范围内的事项。

3. 规定的时效性

各级人民政府的议案，应当而且必须在同级人民代表大会或其常务委员会举行会议期间提出，否则不能列为议案。

议案包括立法案、任免案、辞职案、质询案、撤换代表案等。

（二）写作要点

1．标题

通常由会议全称和"议案"一词组成，标明提议案人的身份和文体种类。

2．议案送达机关

3．正文

写明提议案的原因、目的、意义以及具体内容。

4．议案提议人

写明议案提议人（包括职务）。

5．日期

（三）模式应用

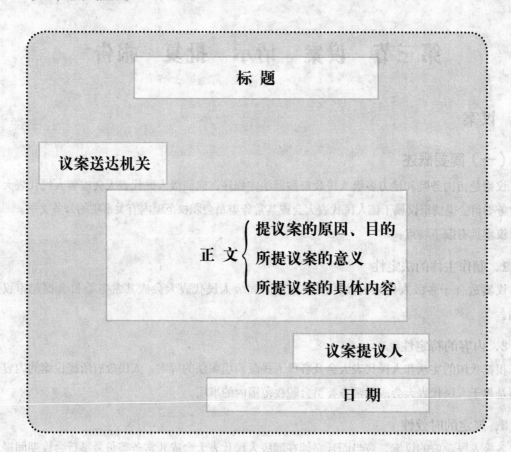

（四）实例示范

国务院关于提请审议《中华人民共和国农业基本法（草案）》的议案

国函〔1993〕9 号

全国人民代表大会常务委员会：

农业是我国经济发展、社会安定、国家自立的基础，农业的稳定增长是国民经济稳定增长的前提。为了巩固和发展农村经济改革的成果，保障农业在国民经济中的基础地位，发展农村社会主义市场经济，维护农业劳动者的合法权益，促进农业的持续、稳定、协调发展，实现农业现代化，农业部等部门经过广泛调查研究，反复修改，草拟了《中华人民共和国农业基本法（草案）》。这个草案业经国务院常务会议讨论通过，现提请全国人大常委会审议决定提请八届全国人大一次会议审议。

国务院总理 李鹏

1993 年 2 月 3 日

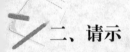

二、请示

（一）简要概述

请示是用于向上级机关请求指示、批准的一种上行公文。

请示具有以下特点：

1. 一般时间性较强

请示的事项一般都是急需明确和解决的，否则会影响正常工作，因此时间性强。

2. 一事一请示

3. 一般主送一个机关，不多头主送

如需同时送其他机关，应当用抄送形式，不得在请示的同时又抄送下级机关。

4. 应按隶属关系逐级请示

一般情况不得越级请示，如确需越级请示，应同时抄报直接主管部门。

根据请示的不同内容和写作意图分为请求指示的请示、请求批准的请示和请求批转的请示。

请求指示的请示一般是政策性请示，是下级机关需要上级机关对原有政策规定作出明确解释，对变通处理的问题作出审查认定，对如何处理突发事件或新情况、新问题作出明确指示的

请示。

请求批准的请示是下级机关针对某些具体事宜向上级机关请求批准的请示，主要目的是为了解决某些实际困难和具体问题。

下级机关就某一涉及面广的事项提出处理意见和办法，需各有关方面协同办理，但按规定又不能指令平级机关或不相隶属部门办理，需上级机关审定后批转执行，这样的请示就属于请求批转的请示。

（二）写作要点

1．标题

（1）完全式，发文机关＋事由＋文种，如《××中学关于新建图书馆的请示》。

（2）缺省式，事由＋文种，如《关于加强酒店管理的请示》。

2．主送机关

请示只能有一个主送机关；只能送上级机关，不能送领导个人；不得越级请示。

3．正文

请示的正文，主要由请示的原因、内容、要求三部分组成。请示时应将理由陈述充分，提出的解决方案应具体，切实可行。结束语有一些固定的套语，如"以上请示，请予批复"、"妥（当）否，请批示"等，不能用"速答复"之类的命令口吻。

4．发文机关

5．日期

草拟请示时除要注意前述特点之外，还应注意请示与报告的区别，切忌用报告代请示行文；请求的内容若涉及其他部门或地区时，在正常情况下应事先进行协商，必要时还可联合行文，如有关方面意见不一致，应如实在请示中反映出来。另外，请求拨款的应附预算表；请求批准规章制度的，应附规章制度的内容；请示处理问题的，本单位应先明确表态；正式印发请示送上级机关时，应在文头注明签发人姓名。

（三）模式应用

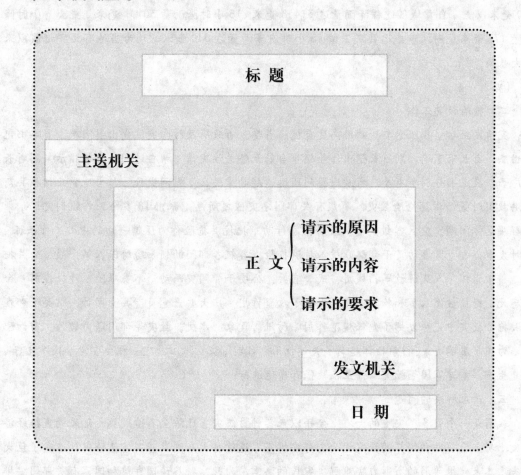

（四）实例示范

关于我省遭受特大暴雨洪灾请求解决
救灾资金、物资的请示

国务院：

　　6 月 26 日至 27 日和 7 月 3 日至 4 日，受高原切变线和高空冷空气平流的共同影响，我省西南部先后出现区域性降雨天气过程，自贡、内江、乐山、成都、宜宾、德阳、泸州、绵阳、雅安、凉山、阿坝等 11 个市、地、州的 36 个县（市、区）遭受暴雨洪灾和山地灾害的袭击，给工农业生产和人民群众生命财产带来严重损失。

　　一、灾情及损失情况

　　强降雨天气过程主要集中在自贡、德阳北部、成都东部、内江西部，即沱江中上游及其支流釜溪河、岷江中上游。其中：自贡市的自流井、贡井、大安、沿滩 4 个区 15 小时内降雨量

300毫米以上，自贡城区过程降雨量达314.8毫米，15小时降雨量301.1毫米，最大6小时降雨量177毫米；内江市威远县庆卫镇15小时内降雨量达340毫米，均为当地有文字记载以来最大暴雨。

（略）

二、抢险救灾工作

灾情发生后，各级党委、政府高度重视。省委、省政府及时向灾区发出慰问电，省委书记谢世杰、省长宋宝瑞、副省长张中伟等领导自始至终关注灾情，亲自过问、具体指示。副省长邹广严、敬正书分别率省委、省政府慰问团迅速赶赴重灾区，慰问灾民，与当地党政领导共商抗洪救灾对策，指挥抢险救灾。省级有关部门急灾区之所急，派出10多个工作组到灾区，帮助解决具体问题。灾区各级党委、政府紧急行动，把抗洪抢险作为压倒一切的中心工作来抓，及时发布公告，紧急动员干部群众投入抗洪抢险。各级各部门的领导纷纷深入第一线，分片把关，科学指挥；人民解放军指战员、武警官兵、公安干警闻灾而动，不畏艰险，冲锋在前，舍身忘死，抢救被困人员和物资，充分发挥了攻坚作用；广大共产党员、共青团员、机关干部在抗洪抢险救灾中充分发挥了先锋模范作用；防汛、气象、水文、救灾等部门通力协作、密切配合，为领导正确决策、科学指挥起到了关键作用。目前，灾区人心稳定，社会安定，秩序良好，恢复生产、重建家园等救灾工作正在紧张有序地进行。

三、请求解决的问题

我省是一个灾多、灾重的大省，今年以来各种自然灾害已给全省造成几十亿元的直接经济损失，省上已将年初预算的救灾资金全部安排完，连续特大暴雨洪涝灾害又给灾区造成了巨大损失，本来就很薄弱的省财力实难解决灾民的急需。为此，特恳请国务院和国家有关部门安排给我省特大自然灾害救济补助费2000万元，特大防汛经费2000万元，农业生产救灾资金600万元，水毁公路抢修资金800万元，教育救灾资金500万元，监狱救灾资金100万元，灾后防病治病资金及消毒灭菌经费500万元，工业生产救灾资金800万元，工业企业恢复生产贷款2亿元，救灾化肥1万标吨，救灾柴油1万吨，以帮助灾区恢复生产、重建家园、夺取抗灾救灾的全面胜利。

特此请示，盼复。

四川省人民政府
一九九七年七月三日

三、批复

（一）简要概述

批复是上级机关对下级机关的请示事项给予答复的一种公文文种。

批复具有以下特点：

1. 被动性

批复必须依赖请示而存在。先有请示，后有批复。任何一份批复都是针对请示而作出的。

2. 针对性

批复的内容是由请示的内容来决定的，且批复的主送单位只能是请示的单位，涉及的有关单位必要时可以抄送，但范围必须有一定限制。

3. 权威性

下级机关必须执行上级机关的批复意见。

批复按其适用范围分，有只复请示机关的批复，其发送对象唯有请示机关；有在复请示机关的同时抄送有关机关的批复，其所批复事项具普遍性，除请示机关外，还需各有关机关知道。

（二）写作要点

1. 标题

如在行文中不同意下级机关请求的事项，标题可委婉表达，例如《关于不同意拨款修建办公楼的批复》就宜写为《关于 × 局申请拨款修建办公楼一事的批复》。

2. 请示的机关

3. 正文

对同一事项有多个请示问题的，要逐条答复，切忌用"基本同意"、"部分同意"等笼统语言，更不能答非所问，有时可简要讲请这样答复的理由，但一般不加议论。

4. 批复的机关

5. 日期

（三）模式应用

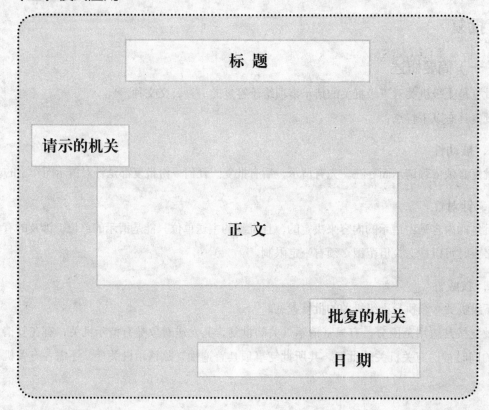

（四）实例示范

国家税务总局
关于纳税人加工和销售珠宝玉石征收增值税问题的批复

国税函〔2007〕1286 号

云南省国家税务局：

你局《关于珠宝玉石企业认定为增值税一般纳税人后增值税适用税率的紧急请示》（云国税发〔2007〕126 号）收悉。经研究，批复如下：

对于加工、销售珠宝玉石的纳税人应按现行有关增值税一般纳税人认定管理规定办理认定手续。凡认定为一般纳税人的，应依照适用税率征收增值税，不得实行简易征收办法征收增值税。

国家税务总局
二〇〇七年十二月二十三日

抄送：各省、自治区、直辖市和计划单列市国家税务局。

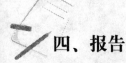

四、报告

（一）简要概述

报告是用于向上级机关汇报工作、反映情况、提出意见或者建议、答复上级机关询问的一种上行公文。

报告具有以下特点：

1．陈述性

报告的主要功能是向上级反映情况。在表达方式的选择上，以说明与叙述为主。

2．汇报性

作为下级机关向上级机关或业务主管部门汇报工作的文种，汇报性是报告的一大特色。

根据报告的不同用途，报告可分为：汇报工作的工作报告，反映情况的情况报告，答复上级询问的答复报告，向上级提出意见和建议的建议报告。

（二）写作要点

1．标题

(1) 事由＋文种，如《关于改革城市交通工作的报告》。

(2) 发文机关＋事由＋文种，如《财政部关于控制行政费问题的报告》。

2．主送机关（单位）

在标题下正文前顶格书写受文对象，一般是上级机关或业务主管部门。

3．正文

不同种类的报告，其正文的写法不尽一致，但有一些格式是共同的：开头一般都说明报告的目的；目的写完以后，用"现将有关情况报告如下"之类的惯用语过渡到报告的内容；报告内容包括主要情况、存在问题、经验教训、今后打算等，不同种类的报告，在以上四方面各有所侧重；报告正文的结束语，呈报性报告用"特此报告"、"以上报告当否，请审核"等。

4．发文单位或机关

5．日期

（三）模式应用

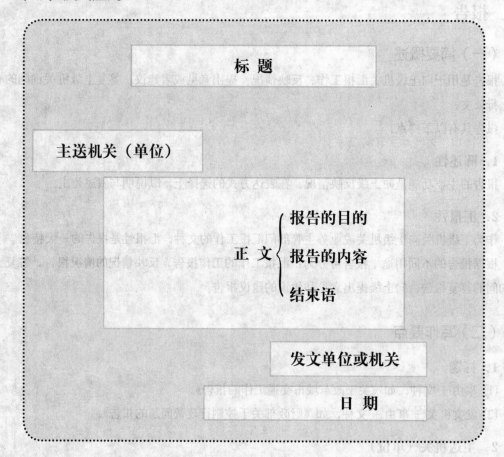

（四）实例示范

关于控制行政费问题的报告

国务院：

近几年来，行政费增长很快。一九八五年全国行政费支出150.2亿元（不含外交支出，下同），比一九八〇年的64.4亿元增加94%，"六五"期间平均每年增长14%。如扣出原包括在行政费中的武警、干部训练、海关等经费支出，按同口径比较，一九八五年则比一九八〇年增加67亿元，平均每年增长16%，超过了同期财政收入增长水平。一九八六年行政费继续增长，达到142亿元，比上年增长21%以上。"七五"后4年如无有效措施，行政费过快增长的势头将难以控制。

近几年行政费增长过快，有合理的因素，主要是安置军队转业干部、充实和加强政法部门、建设乡政权、增设必要的机构以及行政单位调整工资、发放副食品补贴等。但是，机构过分膨胀，人员无限增加，讲排场、摆阔气、请客送礼之风盛行，自行提高补贴和福利待遇标准等等，这些不合理的因素，也是行政费增长过快的重要原因。这不仅影响国家资金的合理安排，而且助长官僚主义，败坏社会风气，影响党和政府同人民群众的关系，必须引起高度重视，认真加以解决。

控制行政费开支，重点要解决机构膨胀、人员费用增加过猛问题。对公用费用，总的原则是从严从紧安排，使行政费的增长不超过财政支出增长的速度。一九八七年行政费预算，要按照一月省长会议关于压缩支出 10% 的要求安排，除人员工资等必不可少的支出外，其他各项都要认真压缩。为了切实抓好节减行政费工作，提出以下意见：

一、清理和精简机构，控制人员编制。这是节减行政费的关键。我们建议，在机构未全面改革前，原则上不得增设机构和扩大编制，不准搞机构升格。有特殊情况必须新设机构的，要严格按规定的审批程序办理，增加的人员编制，主要在现有人员编制中调剂解决，或从军队转业干部中选调。凡必须增加编制的，一律先经编制部门审核，由主管编制工作的领导同志"一支笔"审批。对非常设机构，要按照一九八六年十月三十日《国务院关于清理非常设机构的通知》认真清理，该撤销的要尽快撤销，上级业务部门不得以任何理由进行干预。今后，未经专项报告批准，各部门在报告、会议纪要中夹带的有关增加机构、编制的意见，不得作为执行的依据。编制、人事和财政部门要紧密配合，严格按编制配备人员，按编制内人员核拨行政费。

二、进一步整顿行政费开支范围。目前行政费的开支范围庞杂，应加以整顿。如离退休费用，随着离退休人员增多，开支越来越大。建议在全国未统筹解决之前，从一九八八年起，行政机关人员离退休费用从行政费划出，单设科目反映。对新设机构和扩编单位，应由计划部门落实基建投资，解决办公用房问题。如有特殊情况确需暂时租房的，应报经人民政府批准，在一定期限内支付租金。超过期限的，财政部门不予拨款。

三、整顿内部宾馆、饭店、招待所的收费标准。近几年来，一些内部宾馆、饭店、招待所收费上升幅度过大，伙食标准也不断提高，致使会议费、差旅费迅速增加。财政部、物价局制定的《关于加强对内部宾馆、饭店和招待所收费管理的意见》，已经国务院批准，各地区、各部门要认真贯彻执行。

四、（略）

五、（略）

六、（略）

七、（略）

八、（略）

九、（略）

以上报告如无不妥，请批转各地区、各部门贯彻执行。

财政部

一九八七年三月十日

小结

（一）指点迷津

1．通报和决定的区别

（1）发文机关和对象的关系不同：通报的发文机关是被表扬或被批评的人员、单位的直接上级机关；决定的发文机关是被表扬或被批评的人员、单位的上级机关的上级机关。

（2）写法不同：通报结尾要提出希望要求，以发挥教育警戒作用；决定侧重于把结果公布于众，结尾不一定提出希望和要求。

2．请示和报告的区别

（1）行文目的不同：请示需要上级机关作出明确答复，具有呈请性；报告不需要答复，具有呈报性。

（2）行文时间不同：请示在工作行动之前行文；报告在工作结束或进程中，以及情况发生之后行文。

（3）结尾写作不同：请示一般为"当否，请批复"，不可用"请批转各地执行"；报告可用"以上意见如无不妥，请批转各地执行"。

（4）写作结构不同：请示先说明请示原因，再写请示事项；报告一般先概括基本情况，然后再写主要成绩、经验、教训、存在问题、解决问题的对策、今后的计划安排；报告不能夹带请示内容，请示可以带有报告内容。

（二）练习案例

1．批复是答复下级请示的文件，是（　　）。

A．被动发文　　　　　B．主动发文

C．是对报告的批件　　D．下级没有请示，用来指导工作的

2．××研究所筹建生物工程实验室，但资金尚缺 100 万元，拟向××省科委请示拨款，请代该研究所拟定这份请示，再代该省科委拟写同意该研究所拨款请示的批复。

（三）错例分析

关于调拨水泥、钢材建造水闸的请示

××县人民政府：

××县水利局：

我乡遵照县人民政府所发出的大力兴建小型水利，发展农业生产的指示，通过多次讨论，作出了一项决定：

本着自力更生、勤俭节约的原则，我们自己动手筹集金钱和劳力，在沿江四个村各建小型水闸一座。建闸所需的黄沙、石料由我们就地取材，自行解决；但水泥、钢材都没有，请县里批准同意调拨我乡水泥80吨、钢材10吨。我们等着使用，务请尽快解决为要！

××县建新乡政府
1997年11月6日

[评析] 1. 主送机关不对，请示不能同时送两个或以上机关；2. 语气生硬，很不礼貌，像"（我乡）作出了一项决定"、"务请尽快解决为要"等语言，不像是下级给上级的请示，倒像是上级给下级的命令或决定；3. 用语不得体，存在口语化现象，如"但水泥、钢材都没有"，"我们等着使用"等语言都过于口语化，不符合公文写作的语言要求；4. 请示的原因交待不清楚；5. 没有结束语，如"特此请示，请批复"等。

（四）知识链接

1. 公务员实用文书写作大全（贵州学习网）

   http://www.gzu521.com/campus/article/servant/200608/69166.htm

2. 请示的写作（都乐网）

   http://www.doule.net/teacher/jsyyw/gwws/xzgw/200510/20384.html

3. 批复的写作（文秘家园网）

   http://xzc.2000y.net/mb/1/ReadNews.asp?NewsID=247966

4. 请示报告类公文的写作方法（word 文档）

   http://www.jlcyedu.com/show/wordfile/20070613-4.doc

第四节　意见　函

一、意见

（一）简要概述

意见是一种适用于对重要问题提出见解和处理办法的公文文种。

意见最大的特点是行文方向的多向性。意见可以用于上行文、下行文和平行文。

作为上行文，应按请示性公文的程序和要求办理，须经上级批转。所提意见如涉及其他部门职权范围内的事项，主办部门应当主动与有关部门协商，取得一致意见后方可行文；如有分歧，主办部门的主要负责人应当出面协调，仍不能取得一致意见时，主办部门可以列明各方理据，提出建设性意见，并与有关部门会签报请上级机关决定。上级机关应对下级机关报送的意见作出处理或给予答复。

作为下行文，文中对贯彻执行有明确要求的，下级机关应遵照执行；无明确要求的，下级机关可参照执行。

作为平行文，提出的意见供对方参考。

意见一般分为直发性意见和建议性意见两种：

1．直发性意见

一般用于下行文。法定组织与机关依据其权限直接下发要求下级单位参照执行的见解或办法，如《教育部关于进一步加强高等学校体育工作的意见》。

2．建议性意见

一般用于上行文或平行文。适用于下级机关（单位）向上级机关或平级机关及不相隶属机关提出工作建议。如《关于将××学院列为江苏省省属高校的意见》。

（二）写作要点

1．标题

一般采用"发文机关＋事由＋文种"的模式，如《中共中央国务院关于做好2001年农业和农村工作的意见》。

2．送达机关

3．正文

（1）发文缘由。主要说明"为什么提意见"，讲明发布意见的背景和根据、目的意义。一般以"提出如下意见"等习惯用语过渡到下文。

（2）建议事由。这是意见的核心部分，主要说明"提什么意见"，这一部分里要说清楚对具体工作或某个问题的见解与建议，并提出规范性、指导性的解决办法。

（3）发文要求。写清楚提意见者的要求与希望。

4. 发文机关

5. 日期

有的意见将发文机关和发文时间置于标题之下，落款处不再重复出现。

（三）模式应用

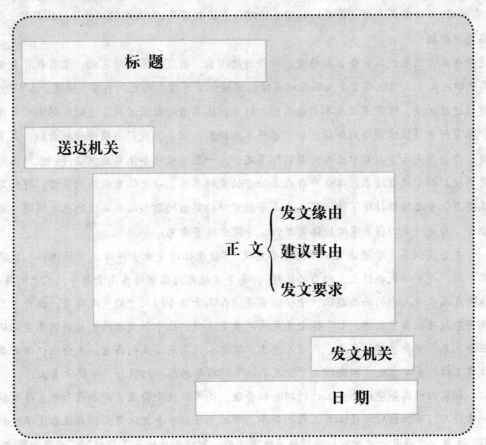

（四）实例示范

例1

教育部关于进一步加强高等学校体育工作的意见

教体艺〔2005〕4号

各省、自治区、直辖市教育厅（教委），新疆生产建设兵团教育局，有关部门（单位）教育司（局），部属各高等学校：

近些年来，随着我国社会长期稳定，经济持续增长，教育改革不断深化，素质教育全面推进，高等学校体育工作取得了令人瞩目的成绩。学校体育管理工作更加科学、规范，体育场馆、设施建设速度加快，体育课程改革全面推进，群众性体育活动日益活跃，运动训练水平大幅度提高，体育师资队伍建设得到加强，科研水平不断提高。但是，我们必须清醒地看到，高等学校体育工作仍然是高等教育中最为薄弱的环节之一。一些学校领导体育意识淡薄；生均体育资源随着高校扩招出现负增长；学生中存在着怕苦怕累的思想，缺乏体育锻炼的习惯，特别是学生的某些身体素质指标持续下降，已成为高等教育中的突出问题和社会关注的热点问题。面对新的形势，为进一步加强高等学校体育工作，特提出以下意见：

一、充分认识高等学校体育工作的重要意义。"健康体魄是青少年学生为祖国和人民服务的基本前提，是中华民族旺盛生命力的体现"。高等学校是为国家培养高素质专门人才的阵地，健康体魄是高素质人才的物质载体，学校体育是培养高素质专门人才的重要环节。教育行政部门和高等学校要认真贯彻德、智、体全面发展的教育方针，从中华民族伟大复兴的高度，从实践"三个代表"重要思想的高度，从以人为本、促进人的全面发展的高度，充分认识做好高等学校体育工作的重要意义，牢固树立"健康第一"的指导思想，切实加强学校体育工作。

二、切实加强高等学校体育工作的领导和管理。高等学校主要负责同志作为学生体质健康的第一责任人，要加强对学校体育工作的领导。学校领导班子要把体育工作真正摆上学校的议事日程，每年至少召开一次会议，专题研究体育工作，制订年度体育工作计划，采取切实措施，解决体育工作中存在的实际问题。教育行政部门和高等学校应把学生的体质健康状况作为衡量学校教育质量的评价指标，把体育工作的质量作为衡量学校办学水平的评价指标。

三、大力推进体育课程改革。高等学校要认真落实《全国普通高等学校体育课程教学指导纲要》，进一步加大体育教学改革的力度，探索实现教学目标的科学方法和途径。要积极创造条件，努力实现以学生为本的"自主选择教师、自主选择项目、自主选择上课时间"的三自主教学形式，营造生动、活泼、主动的教学氛围；要进一步完善体育课程评价体系，使学生通过体育课程的学习，至少掌握两项运动技能，养成良好的体育锻炼习惯，有效增强体质、增进健康。

四、（略）

五、（略）

六、（略）

七、（略）

八、（略）

九、（略）

请将此文件转发所属高等学校。

二〇〇五年四月二十五日

例2

关于城镇居民基本医疗保险医疗服务管理的意见

劳社部发〔2007〕40号

各省、自治区、直辖市劳动和社会保障厅（局）、发展改革委、财政厅（局）、卫生厅（局）、食品药品监督管理局、中医药管理局：

根据《国务院关于开展城镇居民基本医疗保险试点的指导意见》（国发〔2007〕20号）精神，为做好城镇居民基本医疗保险试点工作，现就城镇居民基本医疗保险医疗服务管理的有关问题提出如下意见：

一、城镇居民基本医疗保险医疗服务管理的基本要求

（一）建立以大病统筹为主的城镇居民基本医疗保险，是落实以人为本的科学发展观和构建社会主义和谐社会的重要举措。加强和完善医疗服务管理，对保障参保居民合理的医疗权益，规范医疗服务行为，控制医疗费用支出，提高医疗保险基金的使用效率，保证制度的平稳运行，具有重要意义。各级各相关部门要密切配合，在城镇居民基本医疗保险试点工作中，强化城镇居民基本医疗保险医疗服务管理，切实保障广大参保居民的基本医疗需求。

（二）城镇居民基本医疗保险医疗服务管理包括医疗服务的范围管理、医疗服务的定点管理和医药费用的结算管理。城镇居民基本医疗保险坚持从低水平起步。要根据城镇居民基本医疗保险筹资水平和基金保障能力，考虑城镇居民的经济承受能力，按照重点保障住院和门诊大病、有条件的地区兼顾一般门诊医疗费用的原则，合理确定城镇居民基本医疗保险基金支付的医疗服务范围、水平，以及医疗费用的结算办法及标准。

（三）参照城镇职工基本医疗保险医疗服务管理的有关规定，结合城镇居民的特点，完善基本医疗保险医疗服务管理的相关政策。城镇居民基本医疗保险与新型农村合作医疗实行一体化管理的，也可以参照新型农村合作医疗有关医疗服务管理的规定执行。各地应按照国家有关规定和本意见精神，因地制宜，积极探索加强城镇居民基本医疗保险医疗服务管理的具体措施。

二、合理确定医疗服务范围

（四）城镇居民基本医疗保险医疗服务范围包括用药、诊疗项目和医疗服务设施范围。城镇居民基本医疗保险医疗服务范围，由相关部门按照有关程序和权限，在城镇职工基本医疗保险医疗服务范围的基础上进行适当调整。具体范围由劳动保障部门会同有关部门按照相关规定，在认真组织专家评审、充分听取有关方面意见的基础上研究确定。

（五）城镇居民基本医疗保险用药范围在国家和省（区、市）《基本医疗保险和工伤保险药品目录》的基础上，进行适当调整、合理确定。要把国家《基本医疗保险和工伤保险药品目录》甲类目录药品全部纳入城镇居民基本医疗保险基金的支付范围。国家根据儿童用药的特点，按照"临床必需、安全有效、价格合理、使用方便、兼顾中西药"的原则，适当增加儿童用药的品种及剂型。

（六）城镇居民基本医疗保险诊疗项目范围、医疗服务设施范围，原则上执行当地城镇职工基本医疗保险的诊疗项目、医疗服务设施范围。各地也可根据本地实际适当增加孕产妇、婴幼儿必需的诊疗项目和医疗服务设施及中医药诊疗项目和医疗服务设施。新增诊疗项目和医疗服务设施暂由各省（区、市）负责制定。

（七）各地要完善基本医疗保险用药、诊疗项目和医疗服务设施管理，加强对高价药品、新增诊疗项目、大型医用设备检查及高值医用耗材的准入和使用管理，控制医疗费用支出，提高城镇居民基本医疗保险基金的使用效率，减轻城镇居民基本医疗保险基金和参保人员的费用负担。

三、加强定点管理

（八）城镇居民基本医疗保险实行定点医疗机构和定点零售药店管理。具体管理办法按照城镇职工基本医疗保险定点医疗机构和定点零售药店管理的有关规定执行。要根据城镇居民的就医特点和需要，进一步细化和完善定点医疗服务协议管理，充分发挥基本医疗保险对医疗服务的约束作用。要根据各项医疗保障制度协调发展的需要，统筹确定各类医疗保障人群医疗服务定点管理的办法和措施。

（九）合理确定定点医疗机构和零售药店的范围和数量，具体由各地劳动保障部门会同卫生、中医药行政部门和食品药品监管部门确定。参保居民在定点医疗机构和零售药店就医购药所发生的费用，由医疗保险基金按规定予以支付。各地要根据参保居民的医疗需求，将符合条件的妇产医院、妇幼保健院、儿童医院和社区卫生服务机构等纳入定点范围。

（十）要探索促进参保居民合理利用医疗服务资源的管理机制，引导参保居民充分利用社区卫生服务机构、基层医疗机构提供的医疗服务及中医药服务，探索建立双向转诊机制。对纳入基金支付的门诊大病和实行医疗费用统筹的普通门诊医疗服务项目，要制定有效利用社区和基层医疗服务的就医管理办法和医疗费用结算办法。对参保居民在定点社区卫生服务机构和基层医疗机构就医的费用，可适当提高基金的支付比例。

四、完善费用结算管理

（十一）要根据医疗服务范围和筹资水平，建立和完善基本医疗保险费用结算方式，合理确定医疗费用结算标准，并纳入协议管理。对符合规定的医疗费用，要按协议及时结算并足额支付，不符合规定的医疗费用不予支付。

（十二）积极探索由医疗保险经办机构与定点医疗机构协商确定医疗服务的付费方式及标准。积极探索按病种付费、按总额预付等结算方式，调动定点医疗机构主动参与管理、降低医疗服务成本的积极性。

各级各相关部门要在当地政府的统一领导下，积极配合，共同做好城镇居民基本医疗保险的医疗服务管理工作。要通过实践探索，不断总结管理经验，遇有重大问题及时上报。

劳动和社会保障部

发展改革委

财政部

卫生部

食品药品监管局

中医药局

二○○七年十月十日

二、函

（一）简要概述

函是适用于不相隶属机关之间相互商洽工作、询问和答复问题使用的一种公文文种。

函具有以下特点：

1．使用范围广

机关之间的日常公务联系，不便使用其他公文文种时往往都可用函行文。

2．格式灵活，使用简便

除了正式公函较为郑重外，人们在纯事务性工作联系时使用公务便函，这类便函不太受公文规定的严格限制，可用机关信笺缮写，也可不编列发文字号，使用起来极为简便，使用过后自行失效。

按照函的行文方向划分，可分为去函和复函；按文面格式划分，可分为公函和便函；按其内容和用途划分，可分为商洽性函、询问性函、请求批准性函。

商洽性函在平行机关或不相隶属机关之间相互协商或联系工作时使用，如商调函、联系参观学习的函、查询有关人或事的函、洽谈业务来往的函等。

询问性函即向去函机关询问有关问题或简述某一涉及对方机关权限范围事项的处理意见，需对方机关给予答复时使用的函。

请求批准性函是向平级或不相隶属的有关业务主管部门请求批准时使用的函。

答复性函在答复对方来文所询问的问题和事项时使用，上级机关对下级机关的一般性请示，往往也用答复性函，也叫复函。

（二）写作要点

1．标题
便函可不用标题。去函标题可只标明"……函"，复函则应写明"复函"。

2．主送机关

3．正文
函的正文要以其用途来确定写法。商洽性函和询问性函的正文，应把商洽或询问的问题（事由）等，写得清楚简明，以便得到对方的支持帮助。请求批准性函和答复性函正文与请示、批复的写法大致相同。请求批准性函结尾可写上"请批准"、"请予审批"、"请予支持为荷"等。答复性函结尾可写上"特此函复"、"特此批复"、"此复"等，有的也可不用结束语。

4．发文机关

5．日期
由于便函使用起来方便，很多单位不注意留存，所以应注意底稿存档。

（三）模式应用

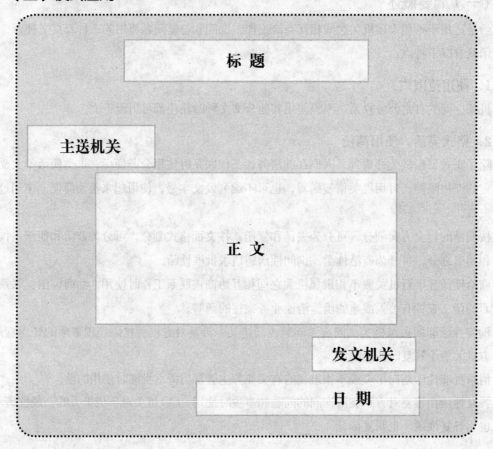

（四）实例示范

国家安全生产监督管理总局
关于危险化学品经营许可证发放中有关问题的复函

内蒙古自治区安全生产监督管理局：

你局《关于危险化学品经营许可证发放中有关问题的请示》（内安监管危化字〔2006〕54号）收悉，经研究，现函复如下：

按照《汽车加油加气站设计与施工规范》（GB50156-2002）中的表5.0.8规定："液化石油气罐"分为"地上罐和埋地罐"，而"汽、柴油罐"只有"埋地罐"，所以第9.0.10条中的"地上罐"是指"液化石油气罐"，而非"汽、柴油罐"。

危险化学品经营许可工作应严格执行《危险化学品安全管理条例》及《危险化学品经营许可证管理办法》等法规、规章的规定。

二〇〇六年四月十二日

 小结

（一）指点迷津

1. 意见

意见是《国家行政机关公文处理办法》中新增加的文种。主要用于对重要问题提出见解和处理办法。从行文方向看可以是上行文，也可以是下行文。作为上行文，可用于向上级机关报请批转或转发有关事项。作为下行文，可用于领导机关对某些重要问题提出的处理方针、原则和措施、办法。

2. 函

函"适用于不相隶属机关之间商洽工作，询问和答复问题，请求批准和答复审批事项"。函的应用范围比较广泛，在上下级机关之间、平级机关之间或不相隶属的机关单位之间，涉及各方面的公务联系，都可使用。

不相隶属机关之间相互行文，对涉及某一重要问题所提的见解和处理办法，如属供对方参考而不需要回复时，应用意见；反之，则要用函。

（二）练习案例

1.《××县文化广播电视局关于向××县土地局申请划拨建设电视转播台用地的请示》，

该标题主要的错误是（　　）。

  A．违反报告不得夹带请示的规定   B．违反应协商同意后再发文的规定

  C．错误使用文种，应使用函   D．错误使用文种，应使用报告

  2．中国人民银行建议调整存款，贷款利率，向国务院行文，应用（　　）。

  A．报告   B．请示   C．函   D．通报

  3．根据以下素材，代××市公安局起草一份函。

  ××市公安局需进一批大专毕业生，用公函与南京森林公安专科学校联系，提出需要十名专科毕业生，并提出具体的要求以及办理方法。

（三）错例分析

关于批准办公楼建设用地的请示

市国土资源局：

  为了改善办公条件，更好地开展工作，我局拟在开发区新建一幢办公大楼，经测算，楼体加上附属设施以及道路、绿化等，需要用地共22亩，请予批准。

  特此请示，请批复。

××市工商管理局

2007年3月3日

  [评析] 1．文种选择错误。市国土局与市工商局是同级机关，请求批准某一事项时，应该用函，这里用了请示。这种情况在现实生活中比较常见，企业向银行贷款，单位向土管局申请用地等等，因为担心不批准，往往改函为请示，目的是让对方看了心里舒坦。这种情况是文风不正、行风不正在公文写作中的表现。2．建设办公楼的具体位置本应该说明，上文却没有说明（可以用附件标明位置与占地面积）。

（四）知识链接

1．意见的范文（我的范文网）

http://www.gzu521.com/essay/article/govermental/list_18_/htm

2．公文写作当中如何认识和运用函（资网）

http://www.ziw8.com/Article/2006/200612/20061215120749.html

第三章　公关文书

我们把在实际交往中用于交流思想、抒发情感、增进友情等反映一定礼节和仪式的一类文章称之为公关文书。

与其它应用文相比，公关文书有其自身独有的两个特点：一是礼节性。公关场合要十分注意礼节，一旦失礼或施礼不当，往往会导致不良的后果。在交际场合，要相互问候、致意、致谢、慰问等，用的就是公关文书。如客人来访，我们要致欢迎词，以示欢迎；当客人离去时我们致欢送词，以示主人对客人的留恋和对客人良好的祝愿。二是规范性。没有规矩不成方圆，没有规范就不成体统。公关文书的撰写虽然不像行政公文的撰写那么严格，但也有其约定俗成的格式和特定的语言文字表达要求。从语言表达方式来讲，有的趋于典雅，有的崇尚朴实，撰写时要按照特定的格式与要求行文，不可随意标新立异。

公关文书种类较多，常用的文种有邀请信、感谢信、慰问信、悼词、讣告、唁函、碑文、证明信、介绍信、请假条、留言条、推荐信、求职信等，撰写这些文种时一定要根据实际情况，既要显示出各种文种的不同特点，又要体现公关文书的共同特色。

第一节　邀请信　感谢信　慰问信　请柬

一、邀请信

（一）简要概述

邀请信是国家机关、社会团体、单位、个人邀请对方前来参加某项活动或与对方相约会面或聘请对方担任某个职务时发出的书信。

（二）写作要点

1．标题

(1) 只写文种的三个字，即"邀请信"。

(2) 在文种前加定语，说明是写给什么人的，如"致××××的邀请信"。

2．对被邀请单位或个人的称呼

另起行，顶格写收信单位的名称或个人的姓名。个人姓名之前可加"敬爱的"、"尊敬的"等字样，之后可加"同志"、"先生"等，以示尊重。

3. 正文

邀请信正文主要说明邀请的原因和活动的内容，介绍活动安排的细节，并提出邀请。

4. 邀请单位（人）

签署邀请单位的名称或者个人的姓名。

5. 日期

另起一行写明具体发信日期。

（三）模式应用

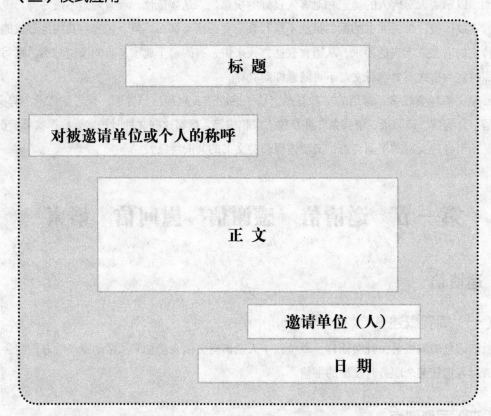

（四）实例示范

国内招标邀请通知书

×××（单位名称）：

×××大桥工程是我省×年养路费计划安排的项目，经请示省交通厅同意采取招标的方式进行发包。

你单位多年来从事公路建设，施工任务完成得很好，我处深表赞赏，故特邀请贵单位参加施工投标。随函邮寄"桥梁工程施工招标启事"1份。接函后，如同意，望于×年×月×

日上午 × 时到省交通厅食宿站（建筑街副 1 号，火车站前）领取"投标文件"（包括施工图设计），并请按规定日期参加工程投标。

××省交通厅生产综合处

× 年 × 月 × 日

二、感谢信

（一）简要概述

感谢信是向帮助、关心和支持过自己的集体（党政机关、企事业单位、社会团体等）或个人表示感谢的专用书信，有感谢和表扬双重意思。写感谢信既要表达出真切的谢意，又要起到表扬先进、弘扬正气的作用。它广泛应用于个人与个人之间、个人与组织之间、组织与组织之间，用以向给予自己帮助、关心和支持的对方表示感谢。

（二）写作要点

感谢信的写作格式与邀请信基本相同。

（三）模式应用

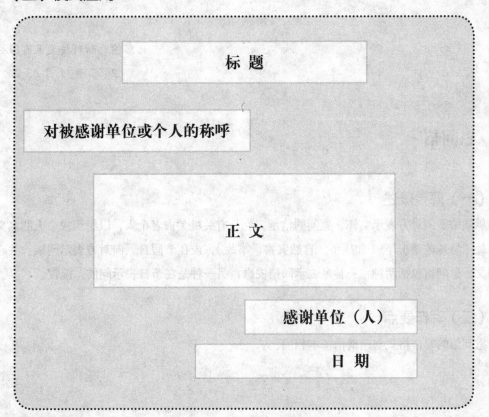

（四）实例示范

感谢信

尊敬的×××领导：

您好！

我公司员工×××10月25日在兰雅公寓的东北菜馆里吃饭，离开时不慎将手提包遗落在饭桌上，包里有近万元现金和钱包、信用卡、公司印章、材料等重要物品。事后我们很着急，往返几次，都没有找到。下午4点左右，在准备将公司印章挂失时，公司接到电话，得知手提包被兰州理工大学的一名学生捡到，他通过公司材料中的电话号码告知了公司。很快，我公司员工和该同学取得联系并拿回失物，包里的东西一样都不少。为表谢意，公司拿出1000元钱表示感谢，但被这名同学拒绝了，在我们再三询问下，得知这名同学叫陈实，是兰州理工大学设计艺术学院大一的学生。在此，我公司对陈实同学急人所急、想人所想、拾金不昧的崇高风尚，深表敬意和感谢，并在公司例会上，号召全体员工向陈实同学学习。同时，我们对贵校表示真心感谢，感谢贵校对学生综合素质的培养，相信贵校培养出来的学生一定德智双全，必将成为国家的栋梁之材。

最后，我公司全体员工对贵校和陈实同学再次表示最诚挚的感谢！

此致

敬礼

北京翰北新科技发展有限公司

2005年11月25日

三、慰问信

（一）简要概述

慰问信是向对方表示关怀、慰问的信函。它是有关机关或者个人，以组织或个人的名义在他人处于特殊的情况下（如战争、自然灾害、事故），或在节假日，向对方表示问候、关心的应用文。慰问信包括两种：一种是表示同情安慰；另一种是在节日表示问候、祝贺。

（二）写作要点

慰问信的写作格式与邀请信基本相同。

（三）模式应用

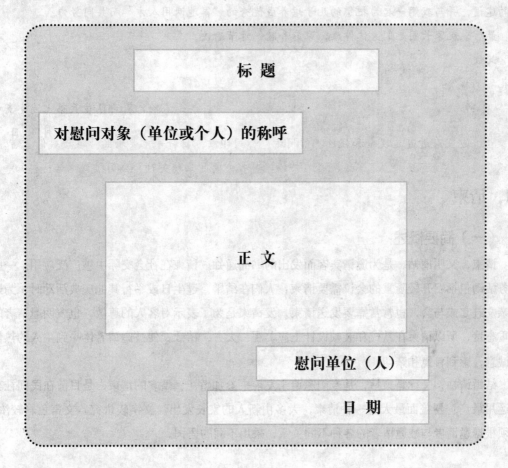

（四）实例示范

慰问信

尊敬的家长：

在我国人民的传统节日春节即将来临之际，我们全连官兵向辛勤工作在各行各业的家长同志们表示亲切的慰问并致以崇高的敬意。

过去的一年，我们在以胡锦涛同志为核心的党中央领导下，我国社会主义事业蓬勃发展，经济建设成就辉煌。军队建设在邓小平同志新时期军队建设思想的指导下，按照胡锦涛同志的要求得到全面加强，军队的革命化、现代化、正规化建设水平不断提高。我们连队在上级机关和各级首长的领导帮助下，圆满完成了各项工作任务，连队建设又迈上了新的台阶，被军、师、团评为军事训练先进单位；连队党支部也被师、团评为先进党支部。这些成绩的取得与您的儿子——×××和全连官兵的共同努力是分不开的，他们为连队建设跨入先进行列作出了积极的贡献。同时，在我们所取得的成绩中，也包含着每位家长同志的支持和贡献。

在此，我们向尊敬的家长同志们表示诚挚的感谢，希望家长同志们继续支持、关心我们连队的建设，并与我们一起为把您的儿子培养成优秀的"军地两用人才"而共同努力。

最后，祝家长同志们身体健康，家庭和睦，春节愉快。

此致

敬礼

×××部队步兵第七连党支部

×年×月×日

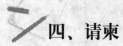

四、请柬

（一）简要概述

请柬，又叫请帖，是为邀请宾客而发出的书面通知。请柬在社会交际中被广泛应用。一些公务活动包括召开较隆重的会议需要请柬；人们在结婚、过生日或举行其他庆典活动时，为邀请亲友赴宴或与会，也常常需要发送请柬。发请柬是为了表示对客人的尊敬，也表明邀请者的郑重态度，所以请柬在款式和装帧设计上应美观、大方、精致，使被邀请者体味到主人的热情与诚意，感到喜悦和亲切。

结婚请帖，又称婚柬帖，是专门邀请亲友前来参加婚礼、婚宴的请柬，是目前在民间社交中运用最广、覆盖面最大的一种请柬，大多由新人的家长发出。文字较讲究，文言色彩较浓，且须根据邀请者与被邀请者的各种不同关系，采用不同的语词。

（二）写作要点

请柬具体写作要点如下：

1．标题

如果是单面请柬，一般在其上方居中，用大于正文的字号写"请柬"二字。如果是双面请柬，"请柬"二字写在封面上。

2．对被邀请人的称呼

顶格写清被邀请单位名称或个人姓名，其后加冒号。个人姓名后要注明职务或职称表示尊重，一般用"×× 先生"、"×× 女士"即可。

3．正文

另起行，前空两格，写明活动的内容、时间、地点及其他应知事项。

4．敬语

一般以"敬请（恭请）光临"等作结。

5．邀请单位（人）

6．日期

（三）模式应用

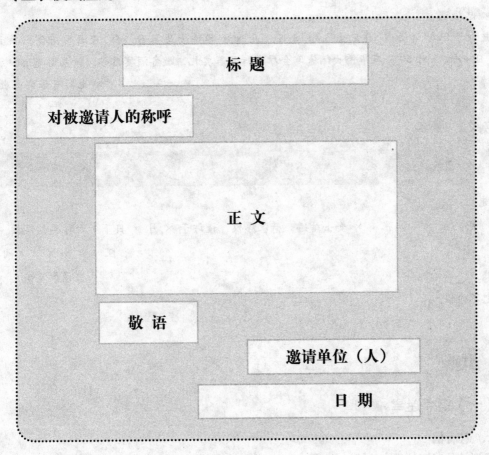

标 题

对被邀请人的称呼

正 文

敬 语

邀请单位（人）

日 期

（四）实例示范

例 1

请　柬

×××总经理：

　　兹订于 2008 年 8 月 10 日至 8 月 18 日，在××华侨大厦召开××名酒展销会，并于 8 月 10 日中午 11 时 30 分在华侨大酒家宴会厅举行开幕典礼，敬备酒宴恭候。请届时光临。

××电器有限公司敬约
×年×月×日

例 2

婚　柬

××先生：

　　小儿王××与张××女士结婚，荷蒙厚仪，谨订于×月×日下午六时喜酌候教。

王××暨男××鞠躬
席设聚宝饭店

恕不介催

 小结

（一）指点迷津

1．邀请信

　　发邀请信时要诚恳、热情，使对方感受到邀请者的诚意而愉快地接受邀请。为了表示郑重和诚意，邀请信一般用手写。

2．感谢信

　　感谢信以感谢为主。用语应真诚、朴素，要符合实际，说到做到。同时要考虑到感谢对象的身份、年龄、性别、学历修养等情况，以使用语得体，恰到好处。

　　感谢信在语言上的要求是精炼、简洁，不可过分雕饰、华丽多彩，否则会给人一种不实虚伪之感。在篇幅上切记不可太长，所谓话不在多，点到为止。写慰问信时要明确写清慰问信的对象。只有对象明确了，慰问信的内容才好安排。

3．慰问信

　　慰问信一般都应包括两方面内容：一是写慰问信的原因，具体陈述被慰问者所取得的成绩、所遭遇的困难以及所欢度的节日等；二是希望与感受，具体表明对慰问对象的希望、问候、鼓励以及关切等。

写慰问信前要看资料，要了解对方的情况，对象目的不同写法就不一样。同样给灾区写信，如果是写给灾区人民和干部的，应该对他们的损失表示同情、安慰，如果是写给灾区抢险救灾的解放军指战员的，应该对他们那种奋不顾身地抢救灾区群众生命财产的行为进行颂扬，同时应表示向他们学习。

4．请柬

请柬中涉及的时间、地点、人名等一些关键性词语，一定要核准、查实。

书写请柬时注意：

被邀请者的姓名应写全，不应写绰号或别名；在两个姓名之间应该写上"暨"或"和"，不用顿号或逗号；写明活动的具体日期、时间（几月几日，星期几、几时）；写明活动的地点。

（二）练习案例

1．×公司谨定于2007年×月×日下午3点，在××楼三楼会议室，举行离退休老干部新年茶话会。请你以公司人事部的名义写一份邀请信。

2．请你根据以下材料以张丽的名义给××学院写一份感谢信。事迹如下：

张丽是一名正在读初一的学生，家住××县××镇××村。去年，一场大洪水冲垮了她的家园、她的学校，她不得不到亲戚所在的××镇第一中学继续读书。后来，洪水虽然退了，但是家里却没有钱让她继续读书了。听了她的事情以后，一位大哥哥前来安慰，并掏出三百元钱给她交学费，但他始终不愿透露自己的姓名。今年一个偶然的机会，张丽才得知他的名字叫李晓，是××学院九八级的学生。

3．请你以××学院党支部的名义给父母在外地打工的留守儿童写一份慰问信。

4．某学院大学生摄影协会要举行四周年庆典活动，请你拟写一份请柬，请你们的指导老师参加。

（三）错例分析

例1

邀请信

×××：

　　2007年×月×日下午，举行教师座谈会。

　　敬请光临

教务处

×年×月×日

  [评析] 1．没有称呼；2．未写明具体时间和地点。

例2

××领导：

　　我在去年得到贵单位××同志的援助，使我恢复了生活的信心，希望贵单位给予表扬。

×××

[评析] 1.这封感谢信缺标题；2.称呼应该加上"尊敬的"；3.内容太简单，什么样的援助没有说清楚；4.没有结束语；5.落款缺日期。

例3

慰问信

××同胞：

　　您好！

今悉你受到的遭遇，深感同情，本人由于工作太忙无法亲自前往，特发了慰问信，希望能给一丝安慰。

××年×月×日

[评析] 1.正文开头应该空两格；2.内容过于简单，没有把有关情况说清楚，显得草率，感情不够真挚；3.应提出期望；4.最后应该署名。

例4

请　柬

　　谨定于×年×月×日下午×时在布里奇期酒家举行宴会，欢迎××能源研究所高级工程师×××先生及其夫人。

　　敬请

光临

迪肯林先生和夫人
××能源研究所所长
罗伯特·申斯通　谨订

[评析] 1."请柬"应居中；2.缺乏称呼；3.未写注意事项，如"如不能出席，请赐复为盼　电话：×××××××　衣着听便"等。

（四）知识链接

1．五种常见的英文邀请信（3edu 教育网）

http://e.3edu.net/xz/E_14727.html

2．感谢信（中国人才指南网）

http://www.cnrencai.com/yanjiang/huiyi/6271.html

3．慰问信（搜一百范文网）

http://www.so100.cn/html/moban/hedian/20060622717751529320225622.htm

4．用电脑软件制作请柬（洪恩在线）

http://www.hongen.com/pc/oa/wenmi/wenm0101.htm

第二节　悼词　讣告　唁函　碑文

一、悼词

（一）简要概述

悼词是对死者表示哀悼的讲话或文章。它有广义和狭义之分，广义的悼词指向死者表示哀悼、缅怀与敬意的一切形式的悼念性文章，狭义的悼词专指在追悼大会上对死者表示敬意与哀思的宣读式的专用哀悼的文体。

今天的悼词是从古代的诔辞、哀辞、吊文、祭文一步步演化而来的。诔辞作为我国哀悼文体的最古形式，最早是一种专门表彰死者功德的宣读性的哀悼文体。哀辞文体是诔辞的旁支。诔辞的对象主要是王公、贵族、士大夫，内容是以颂赞死者功德为主；而哀辞的对象主要是"童弱夭折，不以寿终者"，同时以抒发生者哀悼之情为主，吊文指凭吊性的文章，"吊"有慰问之意。吊文内容较诔辞、哀辞广泛，也较其庞杂。可以说吊文是我国古代群众性的哀悼文体。它不一定是歌颂功德的文字，也可以对具体的事物而言，成为一种咏怀性的文体。祭文是古时祭祀天地鬼神和死者时所诵读的文章。屈原的《九歌》是最早的祭文。祭文范围较广，只有祭奠死者的文章才属于哀悼文体的范畴。今天我们所说的悼词是"五四"新文化运动的产物，它反映出新时代的新变化，无论在形式还是在内容上，同古代的诔辞、哀辞、吊文、祭文均有实质性的不同。

悼词具有以下三个特征：

1．总结死者生平业绩，肯定其一生的贡献

现代性悼词是一种具有高度思想性和现实性的文体，人们以此既寄托哀思又通过死者的业绩激励后来者。如毛泽东同志的《为人民服务》就是他在张思德同志的追悼会上所作的演讲，

不知激励了多少为人民利益而勇于牺牲的革命志士，直至今天还具有很强的现实意义。

2．内容积极向上，情感基调昂扬健康

它不像古代哀悼文那样一味宣泄情绪，充满悲伤的情调，让人感到愁闷压抑。它应该排除一切感伤主义、悲观主义、虚无主义等消极内容。它不是面向过去，而是面向现在和将来，人们常说的"化悲痛为力量"就是说的这个意思。

3．表现形式和表现手法的多样性

悼词既可以写成记叙文或议论文，又可以写成优秀的散文作品；既能以叙事为主，也能以议论为主，还可以抒情为主。同时既有供宣读的形式，又有书面形式。概括来讲，充分肯定死者对社会的贡献，真诚表达生者对死者的悼念和敬意，以质朴无华的语言和多种多样的形式体现化悲痛为力量的积极内容，这就是现代悼词的基本特征。

（二）写作要点

1．标题

(1) 直接由文种名称承担标题，如《悼词》。

(2) 由死者姓名和文种名共同构成，如《在宋庆龄同志追悼会上的悼词》。

2．正文

悼词的正文通常由开头、主体、结尾三部分构成。

悼词主体通常包括以下几层意思：一是表示对死者的哀悼之意；二是介绍死者的职务、职称和称呼，接着简要地概述死者什么原因在何时何地逝世，终（享）年多少岁；三是介绍死者生平简历，包括籍贯、学历、生平业绩等；四是对死者一生作评价，肯定其优秀的品质和所作的贡献；五是评价死者的逝世给事业或工作带来的损失，号召人们化悲痛为力量，完成未竟事业。

结尾，另起一行用"××同志永垂不朽"或"××先生千古"等。

3．日期

悼词一般在开头就已介绍了参加追悼会的人员情况，所以最后落款一般只署上成文的日期即可。

（三）模式应用

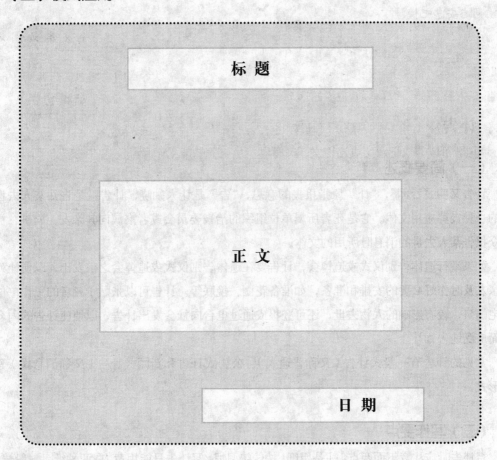

（四）实例示范

悼 词

今天，我们怀着十分沉痛的心情，悼念我们的好经理杨××同志！

杨××同志系中国共产党党员，××公司经理，因病多方治疗无效，于一九八四年二月五日晚八时五十分在县人民医院不幸逝世，终年五十七岁。杨××同志一九五一年三月参加革命，一九五二年六月参加中国共产党，历任百货公司营业员、采购员、会计、财务股副股长、百货公司经理等职。在长期的革命工作中，他大公无私，热爱集体，工作积极，勤勤恳恳，认真负责，任劳任怨，作风平易近人，谦虚谨慎，是党的好干部。他三十多年如一日地忠于党和人民的事业，为党的财贸事业做了大量的工作，作出了一定的贡献！

现在，杨××同志与世长辞了，使我们党失去了一个好党员，我们财贸战线失去了一个好干部，我们感到无限悲痛！

我们悼念杨××同志，要化悲痛为力量，学习杨××同志勇往直前的革命精神和大公无私的高贵品质，在党的领导下，为建设我们伟大的祖国，为实现四个现代化而努力奋斗！杨××同志安息吧！

×年×月×日

二、讣告

（一）简要概述

讣告又叫"讣闻"，"讣"原指报丧的意思，"告"是让人知晓，讣告就是告知某人去世消息的一种丧葬应用文体。它是死者所属单位组织的治丧委员会或者家属向其亲友、同事、社会公众报告某人去世的消息时所用的文体。

如果举行遗体告别仪式或追悼会，讣告要在遗体告别仪式或追悼会之前发出，以便让死者的亲友及时作好必要的安排和准备，如准备花圈、挽联等。讣告可以张贴于死者的工作单位或住宅门口，较有影响的人物去世，还可登报或通过电台向社会发出讣告，以便使讣告的内容迅速而广泛地告知社会。

常见的讣告有一般式讣告（又称普通式）、公告式讣告和新闻式讣告（又称消息式）等三种形式。

（二）写作要点

写讣告时应注意下面两点：一是用纸，按传统习惯，写讣告只能用黄、白两种纸。一般情况，长辈之丧用白色纸，幼辈之丧用黄色纸。二是语言，讣告的语言要求简明、严肃、郑重，以体现对死者的哀悼。讣告的写作要点如下：

1. 标题
写"讣告"二字，或冠以逝者名字"×××讣告"，字体应大于正文。宜用楷、隶书体。

2. 正文
写明逝者姓名、身份、民族、因何逝世、逝世的日期、地点、终年岁数。接着简介逝者生平，主要写其生前重要事迹、具有代表性的经历。最后写吊唁、遗体告别仪式或开追悼会的时间、地点。

3. 落款
署明发讣告的个人、团体名称及发讣告的时间。

（三）模式应用

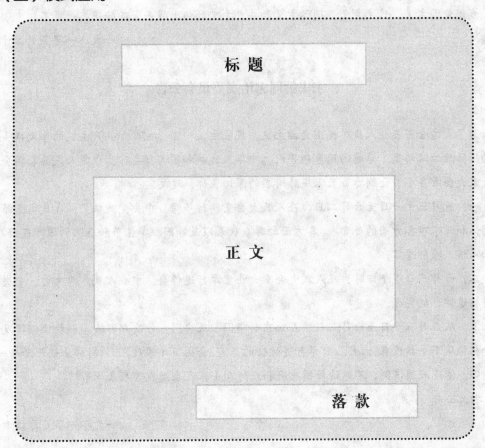

标 题

正 文

落 款

（四）实例示范

中国共产党中央委员会
中华人民共和国全国人民代表大会常务委员会
中华人民共和国国务院
公告

中国共产党中央委员会、中华人民共和国全国人民代表大会常务委员会、中华人民共和国国务院以极其沉痛的心情宣告：

我国爱国主义、民主主义、国际主义和共产主义的伟大战士、杰出的国际政治活动家、卓越的国家领导人、中华人民共和国名誉主席、中华人民共和国全国人民代表大会常务委员会副委员长宋庆龄同志因患慢性淋巴细胞白血病，于 1981 年 5 月 29 日 20 时 18 分在北京逝世，享年 90 岁。

宋庆龄同志的逝世，是我们国家和全国人民的损失，决定为宋庆龄同志举行国葬，以表达我国各族人民的沉痛悼念。

宋庆龄同志治丧委员会已经成立。

我国爱国主义、民主主义、国际主义和共产主义的伟大战士宋庆龄同志永垂不朽！

一九八一年五月二十九日

宋庆龄同志治丧委员会公告

为了表达全国各族人民对我国爱国主义、民主主义、国际主义和共产主义的伟大战士、杰出的国际政治活动家、卓越的国家领导人、中华人民共和国名誉主席、中华人民共和国全国人民代表大会常务委员会副委员长宋庆龄同志的深切哀悼，现决定：

一、五月三十一日至六月二日，在人民大会堂举行吊唁。中央党政机关、各民主党派、人民团体和北京市各方面的负责人、各方面的群众代表以及外国驻华使节和在京的国际友好人士，参加吊唁，瞻仰遗容。

二、六月三日下午四时，在人民大会堂大礼堂举行追悼会。中央人民广播电台、中央电视台转播追悼会的实况。

三、从五月三十日至六月三日，在北京新华门、天安门、外交部和我国驻外使领馆及其他驻外机构均下半旗致哀，六月三日举行追悼会的当天，全国下半旗致哀，同时停止娱乐活动一天。

四、依照我国惯例，不邀请外国政府和友好人士派代表团或代表来华吊唁。

特此公告

一九八一年五月二十九日

三、唁函

（一）简要概述

唁函是亲朋好友的家庭有丧事，因无法亲往吊唁而发去的唁慰函。唁函一般分为两种：一种是为自己亲属、亲戚发去的唁函；一种是为朋友、同事发去的唁函。

（二）写作要点

1．标题

2．对唁函接收人的称呼

对收唁函者的称呼，如系死者家属应写其姓名，并加"先生"、"同志"、"夫人"等称呼。

3．正文

空两格另起一行写起，内容可分段叙述，表示惊悉噩耗的悲痛心情，略述死者的美德、情操、业绩，表达化悲痛为力量的决心，最后表达向丧家诚挚的问候。

4. 署名及日期

另起一行，在右下方写发唁函者的姓名，再写日期。

（三）模式应用

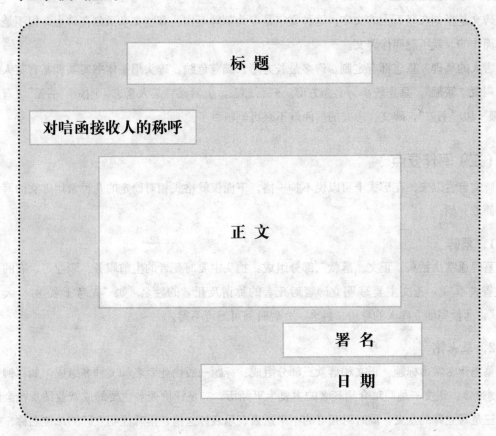

（四）实例示范

大江健三郎悼念巴金唁函

×××先生：

从今天早晨的报纸上惊悉巴金先生去世的噩耗，在感到深深悲哀的同时，对巴金先生再度产生了巨大的敬意。我以为，《家》、《春》、《秋》是亚洲最为宏大的三部曲。目前，我也完成了自己的三部曲，越发感受到先生的伟大。先生的《随想录》树立了一个永恒的典范——在时代的大潮中，作家、知识分子应当如何生活。我会对照这个典范来反观自身。

我还感受到另一个悲哀，那就是小泉首相参拜靖国神社。日本的政治家不断背叛广大中国人民的善意，我为日本政治家的这种卑劣行径感到羞耻。

大江健三郎（印鉴）

2005 年 10 月 18 日

四、碑文

（一）简要概述

碑文是指刻在竖石上的文字。这种文字是专为刻碑而作。有些文章虽刻在碑上，但不是为立碑而作的，就不能叫作碑文。

古人的墓碑、墓志都有定制。碑多是长方形，螭首龟趺。碑头用篆体书写某朝某官某人墓碑，叫做"篆额"。墓志较小，多为方形，刻石加盖，上写某官某人墓志，叫做"书盖"。有了"篆额"和"书盖"，碑文、志文的前面就不必再刻题目了。

（二）写作要点

碑文自古以来，在形式上可以说不拘一格，下面仅就格式相对稳定的几种常用碑文的写作作一简单介绍。

1．墓碑

墓碑通常由抬头、正文、落款三部分组成：抬头主要写死者的生前职务、职业等，有的也可以省去不写；正文主要写明立碑者对死者的称谓及死者的姓名，如"先考王君××大人之墓"；落款写明立碑人的身份、姓名。立碑时间可写可不写。

2．墓志铭

墓志铭常常由标题、正文和落款三部分组成：标题一般由死者名和文种名组成，如《柳子厚墓志铭》；正文一是简单介绍死者的主要生平经历，二是评价死者主要的成就业绩及社会价值，三是写立碑的意义，同时对死者的不幸逝去表示哀悼之情；落款注明立碑的单位名称、撰文者姓名，同时署上成文日期。需指出的是，有的墓志铭立碑单位名称或撰文者个人姓名已写在标题下，所以落款只注明成文日期即可。

3．功德碑

古代歌颂绩德的功德碑在今天已基本绝迹，但今天为了表彰一些先进的个人，比如捐资建校等也会立碑以纪念，这可以称作当代功德碑。这类功德碑通常也由标题、正文、落款三部分组成：标题通常由功德人姓名称谓和文种名称构成，如《某某先生捐资建校纪念碑》；正文叙述在何时、何地、为何原因、何人作了什么好事，同时正文也要阐明立碑单位或个人的感激之情；落款署上立碑者名称或姓名，并署明立碑日期。

（三）模式应用

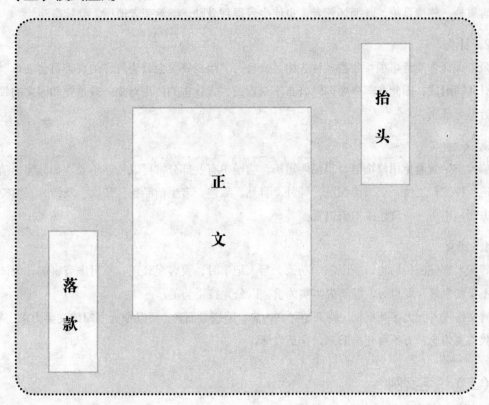

（四）实例示范

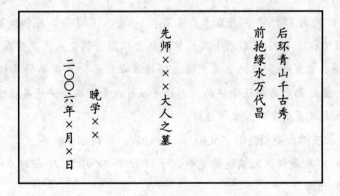

后环青山千古秀
前抱绿水万代昌

先师×××大人之墓

晚学××

二○○六年×月×日

 小结

（一）指点迷津

1．悼词

悼词常常是对死者一生的"盖棺定论"，所以要全面、真实地评价死者的一生，不夸大、不缩小、不粉饰、不歪曲，要客观总结、全面评价。这也是对死者家属最大的安慰。

悼词的主要特点是缅怀性和激励性，所以要把握好悼词的情感基调，不可太悲伤、太消极，要语言质朴、感情真挚，既缅怀死者，也使生者得到激励，继承死者遗愿，继续奋斗。

2. 讣告

公告式讣告注意事项：公告式讣告由"公告"、"治丧委员会公告"、"治丧委员会名单"等几部分共同组成，因此各部分要同时公布于众；公告式讣告的使用对象一般是党和国家的领导人，万不可乱用。

3. 唁函

唁函应尽量避免用修饰语，篇幅要短小。唁函中有些部分常可以省略不要，如标题。唁函要表达一种悲恸之情，要写得深沉、纯朴、自然。叙述死者生前品德、情操、功绩时，要突出本质方面，不可一一赘述或本末倒置。

4. 碑文

碑文大都能流传后世，所以歌颂功德、写人记事时，要客观公正，不可虚夸事实，流传谬语。不管褒也好，贬也好，以不失事实为贵，以公允持平为美。

碑文格式并无太多死框框，特别是碑文内容，因撰者而异，所以今天书写碑文要力求出新，以时代需要为念，万不可死拘旧制，作茧自缚。

（二）练习案例

1. 请你根据以下材料拟写一份悼词。

×××同志因病医治无效，于2006年6月15日晚9时15分在××市人民医院与世长辞，享年91岁。×××同志1925年4月生于广东省××县，1947年5月参加革命工作。在几十年的革命工作生涯中，×××同志忠于共产党，热爱祖国，热爱人民。虽在错误路线干扰下，受到极不公正待遇，蒙冤十多年仍坚贞无悔，坚持革命信念，其高尚的品格堪为后人楷模。

×××同志一生勤勤恳恳，任劳任怨。无论是在行政管理岗位，还是在企业管理岗位，他总是一心扑在工作上，敬业爱岗，廉洁自律。

2. 请以××教授治丧委员会的名义拟写一份讣告。材料如下：

著名语言学家××教授，因病医治无效，于2002年12月31日22时08分于北京协和医院不幸逝世，享年83岁。

××教授是××××院博士生导师。他一生从事语言学研究，在方言学、音韵学、语法学、词典学等诸多方面均取得突出成就，是享誉国内外的著名语言学家。

治丧委员会决定于2003年1月10日上午10时，在××公墓菊厅举行××教授遗体告别仪式。治丧办公室联系方式：地址：北京××大街×号。联系人：×××、××。电话：010-×××××××××。参加告别仪式者可在院内停车场乘车。发车时间：10日上午9点。

3. 请你以名城律师事务所名义拟写一份给死者孙×同志（事务所员工）亲属的唁函，以表示对其亲属的亲切慰问。

4．请你为一名普通的钢铁工人写一碑文，要求语言贴切，格式正确。

（三）错例分析

例1

今天，我们怀着十分沉痛的心情，悼念敬爱的××同志，××同志因病多方治疗无效，于前天逝世，终年46岁。他爱岗敬业，为社会主义事业做了大量的工作，作出了一定的贡献！

现在，××同志与世长辞了，我们感到无限悲痛！

××同志安息吧！

×年×月×日

[评析] 1．没有标题；2．逝世时间应该具体；3．对其事迹应该具体突出；4．在正文有决心之类的说法会更好。

例2

×××讣告

从市人民医院获悉，××同志，因病医治无效于昨天上午逝世，请亲朋好友前来治丧。

[评析] 1．逝世的具体时间未说清楚；2．享年多少岁也应说明。

例3

唁函

××女士：

惊悉老李同志不幸逝世，本人感到万分悲痛，向其表示沉痛哀悼，他是个好人，好人一路走好。

怀德

2006年10月9日

[评析] 1．称"老李同志"不对，应该用死者的全称；2．应对逝者作一个简要的业绩介绍；3．最后应该有个表态，缺少向死者亲属表示慰问的语句。

例4

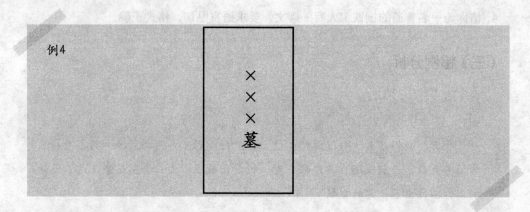

× × × 墓

[评析] 1. 正文没有写明立碑者对死者的称谓；2. 缺落款，没写明立碑人的身份、姓名。

（四）知识链接

1. 布莱尔为英国女王王太后去世致悼词（英文荟萃网）

   http://www.ywhc.net/article/info_Show.asp?ArticleID=1280

2. 讣告（中国共产党新闻网）

   http://cpc.people.com.cn/GB/64093/87393/

3. 悼函（中国翻译网）

   http://www.chinatranslation.org/asp/gb/garden/garden_readM.asp?key=15854

4. 碑文范文及碑文分类和写法（中国速记速录专家网）

   http://www.steno.com.cn/Secretary/Yjzc/Hszc/200703/36305.html

第三节　证明信　介绍信

一、证明信

（一）简要概述

证明信是以行政机关、社会团体、企事业单位或个人的名义凭借确凿的证据证明某人的身份、经历或某件事情的真实情况时所使用的一种专用书信。证明信一般也直接称作证明。证明信可分为组织证明信和个人证明信，前者又可分为普通书写证明信和印刷证明信。

以个人名义所发的证明信要写明写证明信者本人的政治面貌、工作情况等，以便使审阅证明信的人了解证明人的情况，从而鉴别证明材料的真伪与可信程度。

如果对证明信的内容写作者本人不太熟悉，应写"仅供参考"等提示性语言。因为证明信有时是作为作结论的证据的，所以要实事求是，严肃认真，要尽量言之有据。

对于随身携带的证明信，一般要求在证明信的结尾注明有效期限。

证明信的语言要十分准确，不可含糊其词。证明信不能用铅笔、圆珠笔或红色墨水书写，若有涂改，必须在涂改处加盖公章。

（二）写作要点

1. 标题

在第一行中间冠以"证明"或"证明信"字样，或写明"关于×××同志（同学）××情况（或问题）的证明"。

2. 称呼

另起一行顶格写上需要此证明的单位名称，之后加冒号。

3. 正文

另起一行空两格写明事项的全部事实。写完所证明之事项后，另起一行空两格写"特此证明"。

4. 证明单位（人）和日期

在正文右下方署上证明单位（或个人）名称（或姓名），写上证明的日期，并由证明单位或证明人盖公章或私章，才能生效。

（三）模式应用

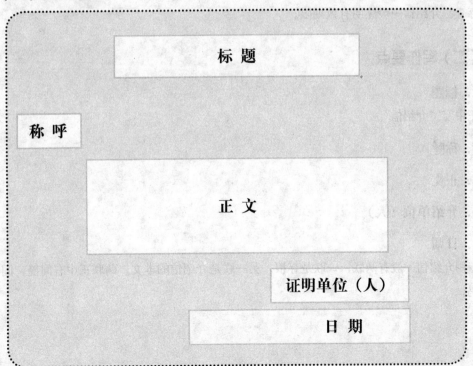

| 标 题 |
| 称 呼 |
| 正 文 |
| 证明单位（人） |
| 日 期 |

（四）实例示范

证　明

×× 民政局：

　　×× （性别，出生年月日，现住北京市 ×× 区）至 × 年 × 月 × 日未曾登记结婚。

特此证明

×× 单位（盖章）

× 年 × 月 × 日

二、介绍信

（一）简要概述

　　介绍信是介绍本单位人员到外单位参观学习、联系工作、了解情况或出席某种会议等所写的一种书信。介绍信具有介绍和证明的作用。使用介绍信是为了使对方了解自己的身份和目的，以便得到对方的信任和支持。

　　介绍信一般有书信式和填表式两种。

　　书信式介绍信一般用印有单位名称的信笺书写，格式与一般书信基本相同。填表式介绍信是一种印有固定格式的专用信纸，需根据要办的具体事项按格逐一填写。填表式介绍信有存根，便于存查。介绍信一般注明有效期限。

（二）写作要点

1．标题

正中写"介绍信"。

2．称呼

3．正文

4．介绍单位（人）

5．日期

专用介绍信一般有两联，一联是存根，另一联是介绍信的本文。两联正中有间缝，同时编有号码。

（三）模式应用

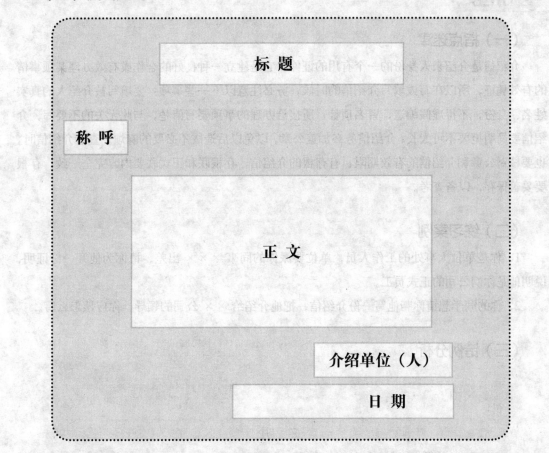

（四）实例示范

介绍信

×××：

　　兹介绍我公司×××同志等二人，前往贵处联系×××事宜，请接洽。

　　此致

敬礼

××公司（盖章）

×年×月×日

小结

（一）指点迷津

介绍信是介绍来人身份的一个有用的证件，它是建立一种良好的合作或有效办理某项事情的有效凭证，所以在写或填写介绍信的时候，务必注意以下一些事项：要填写被介绍人的真实姓名、身份，不得虚假编造，冒名顶替；所接洽办理的事项要写清楚，与此无关的不要写，介绍信要简明扼要不可太长；介绍信务必加盖公章，以免以后造成不必要的麻烦。查看介绍信时，也要核对公章和介绍信的有效期限；有存根的介绍信，存根联和正式联要内容完全一致，存根要妥善保存，以备查考。

（二）练习案例

1. 你是单位人事处的工作人员，单位要派你的同事×××出差，请你为他开一份证明，说明他是你们公司的正式员工。

2. 你的同学想请你帮他写一份介绍信，把他介绍给××公司的领导，你应该怎么写。

（三）错例分析

例1

证　明

××，2002年就读于××大学。

×××单位

[评析] 1. 被证明者应该注明性别、民族、出生日期；2. 格式中应该写上"特此证明"；3. 落款没有日期，也没有盖章，是一份无效的证明。

例2

介绍信

兹介绍我单位×××同志前往贵处，请务必接收。

××局（盖章）

×年×月×日

[评析] 1. "介绍信"三字应该居中；2. 正文中用词的语气应该是委婉客气，不应有强制口气；3. "前往贵处"后应说明干什么，如"联系工作"或"联系参加

业余培训事宜"；4."请务必接收"，用词不当，一般用"请予接洽"。

（四）知识链接

1．证明信样本（中国咨询频道网）

http://www.cccv.cn/Article/detail/2004/10/7281.asp

2．介绍信（中国人才指南网）

http://www.cnrencai.com/yanjiang/huiyi/6272.html

第四节　请假条　留言条

一、请假条

（一）简要概述

假如我们因为某种原因不能参加某项工作、学习、活动，就必须向老师、领导或单位说明情况，请求批准或同意，写出来的就是请假条。

（二）写作要点

1．标题

在第一行居中写上"请假条"字样。

2．称呼

像写信一样，开头顶格写，后面用冒号。

3．正文

先写请假原因，如有要交代的事项，也可在原因后一并写出。再写请假起止时间。最后写祝颂语，如"此致　敬礼"等。

4．请假人签名和时间

在右下方写上自己的名字和写假条的时间。根据情况有的时间要具体到几时几分。

此外，写请假条应注意：写给谁，什么事，谁写的，什么时候写的，都要清楚明白，不能有缺项；内容要真实，不能因请假而说假话；请假期限要具体，不能笼统说几天假。

（三）模式应用

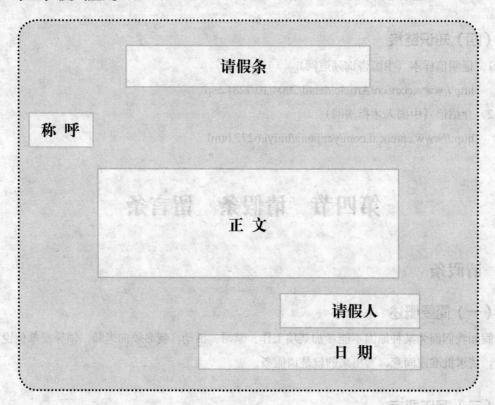

（四）实例示范

请假条

××培训中心：

因我行于 1 月 10 日晚举行员工大会，任何人不得缺席，所以本人 1 月 10 日晚不能回校参加培训。特此请假、恳望批准！

　　此致

敬礼

××银行海珠支行

营业部刘××

×年×月×日

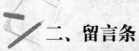

二、留言条

（一）简要概述

留言条是指找人没有找到，又没有时间等候，只能留给对方一个简短而明了的条据。

（二）写作要点

留言条的格式也分五部分：标题、称呼、正文、署名和日期。称呼要顶格写，条子留给谁就称呼谁。在称呼下一行空两格写正文，简单明了地把要给对方说的事情写清楚。 在正文下面写清楚谁留的条子，并在署名的下一行写清年、月、日，有时还要写上几时几分。

（三）模式应用

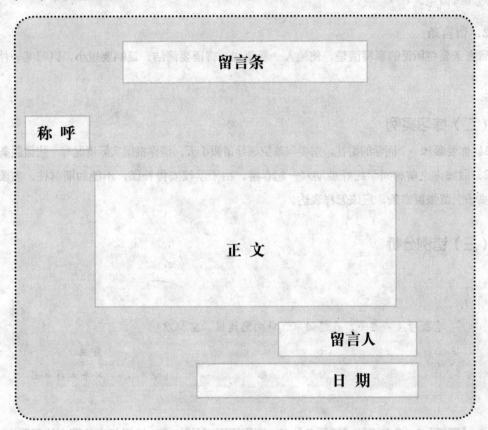

留言条

称 呼

正 文

留言人

日 期

（四）实例示范

留言条

刘磊同学：

原定星期日的春游改在星期六了。原因是气象台预报星期日有中雨。上午 8 点在校门口集合，请你准时参加。

同学：王明

×年×月×日

小结

（一）指点迷津

1．请假条

写请假条一定写明请假的具体时间，理由要清楚明了。假期结束后要及时销假，如需续假，应写续假条。

2．留言条

留言条要将所说的事写清楚，使他人一看便知。言语要简洁，篇幅要短小，以写某一件事为主。

（二）练习案例

1．你要参加一个同学的婚礼，需要向单位领导请假1天。请你根据实际情况写一张请假条。

2．假如你之前和同学约好星期六一起春游，由于学校安排补课，不能如期前往，需要在他的桌子上留张留言条，应该怎样表达。

（三）错例分析

例1

　　尊敬的××老师，我想回家，特向您请假，望批准！

　　　　　　　　　　　　　　　　　　　　　　学生××

　　　　　　　　　　　　　　　　　　　　　　×年×月×日

[评析] 1．没有标题"请假条"；2．请假原因不具体；3．请假起止日期应该写明。

例2

王××同志：

　　下午我过来你不在。

　　　　　　　　　　　　　　　　　　　　　　××

　　　　　　　　　　　　　　　　　　　　　　×年×月×日

[评析] 1．没有要说清楚留言的事由；2．应写清楚下午到访的具体时间。

特此推荐，如蒙聘用，不胜感激。

此致

敬礼

×× 学院教育系

× 年 × 月 × 日

二、求职信

（一）简要概述

求职信是向有关单位和个人推荐自己的专用书信，是目前毕业生求职择业的一种比较常用的也是非常重要的手段。因为用人单位一般出于节约人力、物力和时间的考虑，多数不采用大面积直接面试的形式，而是要求求职者先寄送自我介绍材料，由他们进行比较、筛选，然后才通知求职者是否参加面试。

（二）写作要点

求职信与推荐信格式基本一致，下面重点介绍正文的写法、如何避免写出失败的求职信及求职信的文字技巧。

1. 正文的写法

首先，在正文中简明扼要介绍自己（包括姓名、就读学校、专业、学历、写信的缘由与目的），重点是介绍自己与应聘岗位的有关学历水平、经历、成就等，让招聘单位从一开始就对你产生兴趣。

其次，说明应聘岗位和能胜任工作的各种能力。这是求职自荐信的核心部分，主要是向对方表明自己有本专业知识和工作经验，有本专业技能和成就，有与本工作要求相符的特长、兴趣、性格和有关能力。总之，要让对方感到你能胜任这个工作。

再次，介绍自己的潜力，比如，向对方介绍自己曾经做过的各种社会工作，所得的成绩，这样预示着你有潜在的管理和组织才能，有发展和培养的前途。

最后，表示希望得到答复面试的机会。在信的结尾，最好表示出希望对方给予一次面试的机会，表明自己希望早日成为其中一员的热切心情，并认真地写明自己的详细联系方式。

正文部分写作时应实事求是、恰如其分地介绍自己的能力和特长；重点突出，有条理、有针对性，篇幅以一页以内为好，不宜太长；文笔要流畅，表达要准确，如果你写得一手好字，就要认真地写，并在署名后注明"亲笔敬上"等字样；精心选择照片，以便招聘单位目测，无论是免冠半身照，还是全照，都要近期的，图像清晰、柔美、不失真；学会用多种文字书写求职自荐信，比如中、英文对照，既表明你的外语能力，又表示你对招聘单位的尊重。

2．如何避免写出失败的求职信

（1）给对方规定义务的求职自荐信，必定要失败。如"本人谨以最诚挚的心情，应聘贵公司的会计一职，希望得到贵公司的尊重、考虑和录用"，这种写法，事实上是在强迫对方，因为这句话实际含义是："你如果不录用我，就是对我不尊重，所以，你必须录用我，才能体现你对我的尊重。"实际上，是对招聘方的不尊重，当然就不可能给招聘方留下好的印象。

（2）用以上压下的口气写的求职自荐信，必定要失败。比如"贵公司的××总经理先生要我直接写信给您"等，这种求职自荐信，让收信人看后很反感。

（3）"吊起来卖"式的求职自荐信，必定要失败。如"现已有多家公司欲聘我了，请贵公司从速答复"，这样往往会激怒对方，导致求职自荐失败。

避免以上现象发生的办法，一是要谦虚谨慎，实事求是；二是要态度诚恳，语气谦和；三是要把自己放在一个正确位置上。

3．求职信的文字技巧

（1）语气自然：语言和句子要简单明了，不要听上去像别人的话，特别是用一些你从未用过的令人费解的词语和句子时（你也许会在写作中误用），也许你本来是想加深印象，但是结果却是令人难懂。写信就像你说话一样，语气要正式但不能僵硬，语言要直截了当。

（2）通俗易懂：写作要考虑读者对象的知识背景。人事经理不是你这个专业的行家，所以，你不能用太过专业的字眼，一来人事经理会对自己看不懂的东西失去兴趣，二来未免有卖弄之嫌。切记不要使用生僻词语、专业术语。

（3）言简意赅，切忌面面俱到：公司负责招聘的工作人员多半工作量大，时间宝贵，不可能花太多时间在你冗长的简历上，面面俱到反而会增加招聘人的反感。所以，求职自荐信应在重点突出、内容完整的前提下，尽可能简明扼要，不要陷入无关紧要的说明，多用短句，每段只表达一个意思。

（三）模式应用

```
┌─────────────────────────────────────────────┐
│              ┌──────────────────────────┐    │
│              │          求职信          │    │
│   ┌───────┐  └──────────────────────────┘    │
│   │ 称 呼 │                                   │
│   └───────┘  ┌──────────────────────────┐    │
│              │                          │    │
│              │          正 文           │    │
│              │                          │    │
│              └──────────────────────────┘    │
│   ┌───────┐                                  │
│   │祝颂语 │                                   │
│   └───────┘      ┌──────────────────────┐    │
│                  │          求职人      │    │
│              ┌───┴──────────────────────┤    │
│              │              日 期       │    │
│              └──────────────────────────┘    │
└─────────────────────────────────────────────┘
```

（四）实例示范

求职信

尊敬的××校领导：

我是××大学××系毕业生。在这四年里，我深知知识就是力量，所以努力钻研专业知识，不敢懈怠，要为以后的教学打下坚实的理论基础。现在是新的世纪、新的起点、新的挑战，发展愈来愈快的社会要求素质愈来愈高的人才。因此除了专业课外，我还参加了英语高级口语培训班，提高自己的外语水平，为加强和完善能力，我积极参加各种活动，磨练自己。

"勤奋创新，为人师表"，作为一名师范院校的学生，我牢记这一校训。在今年九月份开始的为期四十多天的教育实习中，我刻苦钻研教材，反复思考各种教学方法，以灵活的方式和通俗流畅的语言，调动学生们的学习积极性，成功地完成了教学任务，深受老师和学生们的好评。在那里，我出色地完成了由学生向老师角色转换的第一步。

久闻贵校师资力量雄厚，桃李满天下，我非常渴望能成为贵校教师队伍中的一员。这个愿望如能实现，将是我一生的荣誉。虽然，我是一个即将毕业的教学新手，但我相信，有你们的栽培和熏陶，我也会和你们一样，做得比别人更好。我将用我出色的表现证明我的能力，证明您无悔的选择！我随时恭候在您方便的时候前去面试，最后真诚地谢谢您的阅读。

此致

敬礼

求职人：××

××年×月×日

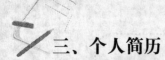

三、个人简历

（一）简要概述

个人简历也称作个人履历，是求职者在求职应聘时向用人单位提供个人情况的一种应用文。它的主要内容是对求职者的学历背景、技能专长、以往工作经验和工作业绩及其他个人情况的简洁概括，其写作目的是把自己介绍给用人单位，供用人单位选聘时参考。

（二）写作要点

1．标题

标题可以直接写"简历"二字，也可以在简历之前冠以姓名和称谓。

2．个人基本信息

这里指对个人的基本情况作简要介绍，包括姓名、年龄（出生年、月、日）、性别、籍贯、民族、学历、学位、政治面貌、职务、职称等。一般来说，一项内容要素用一两个关键词简明扼要地概括说明一下就可以了。

3．学习经历

学习经历介绍求职人的受教育程度，如毕业的学校、专业和时间。可按时间顺序来写自己的学习过程，主要以大学的学习经历为主。列出大学阶段的主修、辅修及选修课的科目和成绩，尤其是要体现与所谋求的职位有关的教育科目、专业知识。

4．实践经历

工作经历是最重要的部分。初出校门的大学生，工作经历可改为社会实践和实习经历，包括在学校、班级所担任的社会工作、职务，参加过哪些勤工助学及课外活动、义务工作，参加过哪些团体组织，具有哪些兼职工作经验和培训、实习经历及实习单位的评价，以及专业认证、兴趣特长等。已出校门的大学生，主要写参加工作之后各阶段的情况，要注意突出主要才能、贡献、成果以及学习、工作、生活中有典型意义的事迹等。突出自己在原先岗位上的业绩也是非常重要的，要写明自己得过哪些奖项及具备的技能水平。

5．求职意向和自我评价

求职意向要写得一目了然。求职者要表明本人对哪些行业、岗位感兴趣，要对自己的能力和作风作出评价。

6．所获得的各种奖励和荣誉

这部分内容主要包括在出版物上发表的论文、社团成员资格、计算机技能、语言技能、获得的许可证书和资格证书等。个人的兴趣爱好也可以列上两三项，让用人单位了解求职者的更多情况。

7. 联系方式

联系方式包括详细通信地址、邮政编码、电话号码、电子邮箱地址等。

8. 证明材料

简历的最后一部分一般是列举有关的证明人及附加性参考材料。附加性材料包括学历证明、获奖证书、专业技术职务证书、专家教授推荐信、所发表的论文著作等。

（三）模式应用

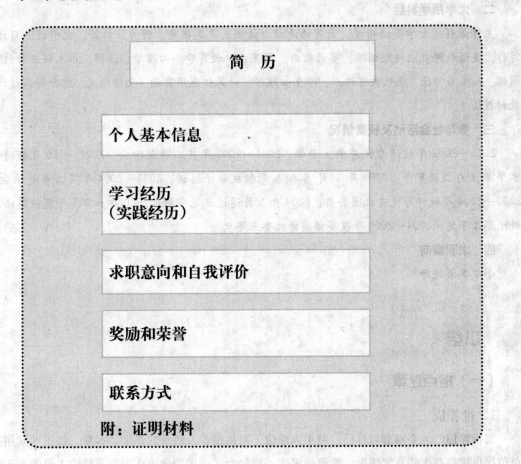

简　历

个人基本信息

学习经历
（实践经历）

求职意向和自我评价

奖励和荣誉

联系方式

附：证明材料

（四）实例示范

简 历

一 个人基本信息

姓名：张×× 性别：女 出生日期：1985.10.16 生源地：陕西西安

民族：汉族 政治面貌：共青团员 专业：英语教育 学历：专科

学制：3年 培养方向：非定向 毕业学校：××大学 毕业时间：2005.06.30

主修外语：英语 外语级别：六级 微机水平：无 普通话：二级甲等

二 大学所学科目

主修课程：大学英语精读、大英语泛读、语法、英美概论、听力、口语、视听说、日语、写作、英语教师职业技能训练、英语歌曲、简笔画、教育学、心理学、法律、班主任工作技能训练、人生与师德、现代教育技术、学生心理学、计算机应用基础、大学语文、综合实践设计、教材教法

三 参与社会活动及获奖情况

2001—2002年被评为优秀学生干部；2001—2002年获二等奖学金；2002年10月普通话水平测试为二级甲等；2002年11月参加入党积极分子培训；2003—2004年获二等奖学金；2003—2004年被评为优秀社团会员；2004年5月通过三笔字测试；2004—2005年获校英语演讲比赛二等奖；2004—2005年获英语演讲比赛三等奖

四 求职意向

小学英语教师

 小结

（一）指点迷津

1．推荐信

写推荐信的人要本着对自己、对用人单位、对被推荐人负责的态度，客观、公正地向用人单位提供被推荐人的真实情况。推荐信里面一般包含了请求的意思，写推荐信的人目的在于能推荐成功，所以语言要简洁明快，文明有礼，不可以用命令、指示的口气讲话，以免于事无益。

2．求职信

求职信应该给对方留下良好的第一印象。有人认为没必要花太多精力写求职信，因为根本没人会读它们。的确，人力资源部门的招聘人员或猎头公司工作人员没时间既读简历又读求职信，所以他们直奔简历。另一些招聘人员对无聊的求职信不感兴趣，大感头痛，不想再读。然

而，许多雇主仍把求职信看作是求职人员素质的第一反映。求职信显示的一是你与人沟通的能力；二是你的简要经历和资历；三是你的职业化能力、你的性格要素；四是你是否注重细节（求职信中有无写、印或其他错误）。为了给招聘方留下一个最好的第一印象，你必须了解写求职信的要旨，哪些要写，哪些不要写，掌握写求职信的主要规则和技巧。

3．个人简历

个人简历和求职信是有区别的：求职信的写作目的是吸引用人单位招聘负责人去看后边的简历，使其更具体地了解自己的情况；个人简历相当于推销自己的广告文稿，其作用像产品那样，把自己优秀的一面突出地展示给对方，目的在于引起用人单位对自己的浓厚兴趣，最终选聘自己。

（二）练习案例

1．本校 2004 届学生即将毕业，请你以大学毕业生就业部的名义向 ×× 公司推荐三名优秀学生，拟写一份推荐信。

2．张师傅工作 20 年，是一名高级技工，单位已破产，为了生计，向某单位求职。请你为张师傅代写一封求职信。

3．假定你今年毕业，请写一份个人简历。

（三）错例分析

例1

推荐信

学生会：

  获悉你们要新录用一批新生作为学生会干部，特向你们推荐×× 同学到你们秘书处工作，望接洽！

  特此推荐

××班班长

2007年10月13日

 [评析] 1．称呼不对，应写全称，如"校学生会"、"×× 系学生会"；2．正文中应简要介绍被推荐者的基本情况和优点；3．语气应该要缓和。

例2

求职信

××公司董事长：

打扰了。

我叫××，29岁，是××大学××学院企业管理专业毕业生。

贵公司是闻名遐迩的中外合资企业，董事长知人善用，我慕名已久。当看到贵公司的"招聘启事"，更鼓舞了我的求职信心，我渴望能为贵公司服务，为董事长效力。

本人在校学习期间，注意思想品德修养，严格要求自己，积极参加社会实践活动，学习成绩优秀，3次获得优秀学生奖学金。我系统学习过企业管理、工业管理、商业管理、旅游管理、营销管理、市场调查、秘书学、市场学、公关实务、公文处理等课程，热爱写作，熟悉公文处理知识。学习过电脑操作技术，能适应现代化办公的工作需要。

本人性格开朗，热情诚实，通晓英语，去年已通过国家四级英语考试。我爱好广泛，喜欢文娱、体育活动，多次参加文艺演出，曾获省大学生征文比赛二等奖；代表学校参加省大学生演讲比赛获得优秀奖。我历任副班长、团支部委员、学生会宣传部长等职。我工作热情肯干，作风深入，还利用假期搞社会调查和兼职工作，积累了一些社会工作经验。我特别喜欢文秘和宣传工作。有多篇文章在《××日报》、《××周刊》、《××文选》、《××文萃》等报纸、杂志上发表。我是本市户口，未婚，无负担，如被贵公司录用，即可上班。在公司的栽培下，我一定会做好工作。

敬请函告或电话约见，谨候回音。

应聘人：×××

×年×月×日

[评析] 1. 第二行开头应该空两格；2. 最后缺少结束语如"此致、敬礼"。

例3

个人简历

姓　　名：王××

联系地址：山东省济南市××区××路××号

联系电话：(略)

求职目标：经营部、营销部、广告部、管理部

资格能力：毕业于××商学院商业管理系，获学士学位。选修课程有：零售企业管理、消费者行为和计算机原理与应用等。在校期间学习成绩一直优秀，撰写的毕业论文曾受到奖励，并在全国多家报刊上发表。

工作经历：2003年5月至今皆在××百货公司负责市场营销及有关管理工作。

社会活动：求学期间曾担任××协会主席，曾在××营销管理论坛上代表协会发表演讲，并在该论坛2002年3月举行的会议上当选为年度"明月之星"。

其他情况：19××年生，未婚，能熟练运用各种现代办公设备，英语会话能力强，书写能力稍差。爱好旅游、打网球、摄影。

【评析】 1. 求职目标不明确，没有突出自己在工作上的特长；2. 缺本人基本情况，如性别、民族等；3. 缺大学毕业时间等信息。

（四）知识链接

1. 推荐信（无忧雅思）

   http://www.51ielts.com/list.asp?news_class=0902

2. 求职信（南方资源人才网）

   http://www.southhr.com/HRtutor/letter/

3. 个人简历（中国求职简历网）

   http://www.jianli-sky.com/person/

第四章　事务文书

　　事务文书是国家行政机关、企事业单位、社会团体或个人在处理日常事务时用来推行政务、沟通信息、安排工作、总结经验、通报情况、研究问题的常用文种。行政公文和事务文书是各类组织管理的左膀右臂，实际应用中为了使事务文书具有某种行政效力，往往用行政公文作为主件代组织作权威性的立言，事务文书作为附件随文下发。事务文书是行政公文之外处理组织日常事务不可或缺的文件种类。因其使用范围极广，使用频率极高，又被称为常用文书。本章事务文书主要介绍计划、总结、调查报告、规章制度。

　　这类事务文书具有以下特点：

1．内容针对性较强

　　各类事务文书都是为解决实际问题，处理具体事务而撰写的，其内容要求有较强的针对性，不可泛泛而谈。

2．格式相对固定

　　事务文书的格式虽不像行政公文那样有着非常严格的规定，但在长期的写作实践中，各种事务文书也大都形成了相对固定的惯用格式。事务文书的构成要素以及各要素的写法，通常是有一定规则的。在写作中遵循这些规则，写出的文本才能符合规范，也才能更好地发挥其实用价值。

3．语言准确、简练、庄重

　　事务文书的实用性要求其在语言表述上必须准确、简练、庄重。唯有如此方能发挥其实用价值。

4．有一定的时限性

　　事务文书非常讲究时效。一项工作的完成，一个问题的解决，都有一定的期限要求，事务文书只有在一定的时间期限内完成才能发挥其效用。

第一节　计划

一、计划

（一）简要概述

　　计划是国家行政机关、企事业单位、社会团体或个人对预计在一定时期内所要做的工作或所要完成的任务加以书面化、条理化和具体化而形成的事务性文书。

计划是计划类文书的统称。因为计划涉及内容和期限的不同，计划文书还有不同的叫法，如"规划"、"方案"、"安排"等。

计划具有以下特点：

1．预期性

计划是对即将从事的工作或完成的任务所作的预想，所要解决的是做什么、怎么做、何时做完的问题。

2．执行性

计划是组织为完成某个时期组织目标而制订的执行文件，是对未来的工作和任务的指南，在制订时一定要考虑到如何执行。

3．可行性

所谓可行性是指计划中确定的组织目标要行得通。可行性是工作能否顺利实施的保障，一个有实用价值的计划应该是实施者通过一定的努力能够完成和实现的"蓝图"。

4．灵活性

俗话说"计划赶不上变化"。在现实工作中还存在着一些我们无法预料的事情，也就是说我们制订计划时所作的预想还带有一定的主观性。制订计划要留有余地，充分考虑到我们无法预料的种种因素，以免发生意外情况时手足无措。

计划的种类很多，从不同的角度可以进行不同的分类。按内容分有工作计划、生产计划、教学计划、科研计划、学习计划等；按范围分有单位计划、部门计划、个人计划等；按时间分有长期计划、中期计划和短期计划等；按作用分有指令性计划和指导性计划等；按性质分有综合性计划和专题性计划；按形式分有条文式计划、表格式计划、条文表格结合式计划和文件式计划。

（二）写作要点

1．标题

标题是计划的名称，通常由制订执行单位、适用期限、计划内容范围和文种构成，如《××学院2006年教学工作计划》。一般说来制订执行单位要用全称或规范化简称，适用期限可用阿拉伯数字表示，季度、阶段可用汉字表示，如《××学院十一五规划》。有的标题略去单位名称和适用期限，如《实验实习考核计划》。计划制订完，如没有经过正式讨论通过，或未经上级批准，还须在标题下用括号加注"草案"、"初稿"或"征求意见稿"等字样。

2．正文

正文可分为前言、主体两大部分。

前言部分要交代清楚制订计划的指导思想、目的、依据、理由等问题。要求文字简练、简明扼要。末尾常用"特制订如下计划"之类过渡性语句，以承上启下，自然衔接。

主体部分是计划的核心部分，要回答清楚"做什么"、"怎么做"、"什么时候做"这三个问题。主体可大致分为目标和任务、措施和方法、步骤和安排。

目标和任务：制订任何计划都要有明确的目标和任务，目标和任务的提出要切合实际、明确具体、分清主次，同时说明数量和质量上的要求。

措施和方法：措施和方法是完成任务的具体保证。这部分要写明完成任务、实现目标所采取的各种办法，要明确具体，具有可操作性。

步骤和安排：步骤和安排是任务落实的时限要求。排出的日程一定要充分考虑到工作的轻重缓急，要符合科学规律，否则不利于任务的具体分解、步步落实。

3．制订计划的单位（人）

位于正文的右下方。如果是上报或下发的计划还要加盖制订单位公章。

4．日期

（三）模式应用

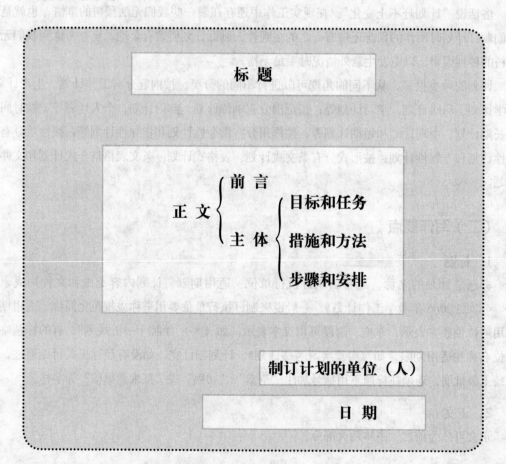

（四）实例示范

教育部 2007 年工作计划

2007 年教育工作的总体要求是：以邓小平理论和"三个代表"重要思想为指导，全面落实科学发展观，坚持教育优先发展，全面贯彻党的教育方针，进一步加强素质教育，提高教育质量，深化教育改革，促进教育公平，推动教育持续、协调、健康发展，努力办好让人民群众满意的教育，以优异成绩迎接党的十七大胜利召开。

一、深入学习贯彻党的十六大和十六届三中、四中、五中、六中全会精神，推动教育持续、协调、健康发展

（略）

二、把社会主义核心价值体系融入国民教育全过程，进一步加强素质教育

（略）

三、贯彻实施《义务教育法》，普及和巩固九年义务教育

（略）

四、重点支持中等职业教育，加快发展城乡职业教育和培训网络

（略）

五、切实把重点放在提高质量上，进一步提升高等学校人才培养质量和自主创新能力

（略）

六、把教师队伍建设放在更加突出的战略地位，提高师资特别是农村师资水平

（略）

七、深入推进教育改革开放，进一步提高教育管理水平

（略）

八、认真解决人民群众关心的教育问题，努力创建和谐校园

（略）

教育部

× 年 × 月 × 日

 小结

（一）指点迷津

计划写作的注意事项：

第一，要符合政策。制订计划必须贯彻执行党和国家的有关方针、政策及上级指示精神，不能与之相背离，否则计划就毫无意义，甚至会起相反作用。

第二，要从实际出发。制订计划要把全局的需要同本单位的实际情况结合起来，不能说假话、空话。计划的制订从某种意义上说是人的主观行为，但必须充分考虑到客观实际，绝不能单纯从主观意愿出发，仅凭个人意志办事。

第三，要具体明确。计划一经制订，便具有指导和约束作用，要求人们在预定的期限内完成。在内容上一定要做到具体明确，便于人们遵照实施，也便于检查落实。

第四，要留有余地。制订计划时要留有余地，以免发生意外情况使计划不能如期完成。

（二）练习案例

某学院为了丰富教职工的生活，定于 2008 年 6 月，举办群众性系列文体活动。请你拟写一份活动计划。

（三）错例分析

计划书

本公司四季度销售目标如下：

(一)销售额目标：本市星级酒店（解决本公司团购问题）

1.部门全体：×××元以上；

2.每一员工/每月：×××元以上。

基本方针：

(一)本公司的业务机构，必须一直到所有人员都能精通其业务、人心安定、能有危机意识、有效地活动时，业务机构才不再作任何变革；

(二)贯彻少数精锐主义，不论精神或体力都须全力投入工作，使工作朝高效率、高收益、高分配(高薪资)的方向发展；

(三)为加强机能的敏捷、迅速化，本公司将大幅委让权限，使人员得以果断速决，始具实现上述目标的原则；

(四)为达到责任目的及确立责任体制，本公司将贯彻重赏重罚政策；

(五)为使规定及规则完备，本公司将加强各种业务管理；

(六)××公司与本公司在交易上订有书面协定，彼此遵守责任与义务。基于此立场，本公司应致力达成预算目标；

(七)为促进酒店的销售，应设立销售方式体制，将原有购买者的市场转移为销售者的市场，使本公司能握有主导代理店、星级酒店的权利；

(八)将出击目标放在星级酒店上，并致力培训、指导其促销方式，借此进一步刺激需求的增大；

(九)提高销售人员的责任意识，为使销售人员了解本公司的商品，增强其销售意愿，应加强下列各项实施要点：

1.奖金激励对策：销售人员每售出本公司商品达到××瓶时，即赠奖金给本人以激励其销售意识。

2．人员的辅导：

(1)负责人员可在访问时进行教育指导说明，借此提高销售人员的销售技术及加强其对商品的知识。

(2)销售负责人员要亲自站在销售一线，示范销售要领或进行技术说明，让销售人员从中获得直接的指导。

3．确实的广告计划：

(1)在新销售方式体制确立之前，暂时先以人员的访问活动为主，把广告宣传活动作为未来所进行的活动。

(2)针对广告媒体，再次进行检查，务必使广告计划达到以最小的费用创造出最大的成果的目标。

(3)为达成前述两项目标，应针对广告、宣传技术作充分的研究。

[评析] 1.虽有标题，但无定语，如"××公司产品销售"；2.应该有经费预算，如"针对本部门的新销售方针及计划，提出预算，并根据实际额的统计、比较及分析等确立对策"；3.语言表达不够严谨，多处搭配不当。

(四)知识链接

1．计划（3edu 教育网）

http://www.3edu.net/Article/Index.asp

2．计划的写作（华中综合教育网）

http://www.999edu.cn/web/20060512/999edu/html/news_3030_1.shtml

第二节　总结

一、总结

(一)简要概述

总结是国家行政机关、企事业单位、社会团体或个人对前一段时间内工作、学习或思想进行回顾、分析、评价，从中找出经验教训和规律，为以后工作、学习提供帮助和借鉴而形成的一种书面材料。

总结具有以下特点：

1．限定性

限定性的特点主要表现在总结的时间和范围是有较为明确的限定的。

2．本位性

总结一般用第一人称叙述，是本单位、本人对完成的工作进行自我评价分析的文章。其中的内容材料来自本单位、本人的实践活动。换而言之，就是自己写，写自己。

3．典型性

总结内容所涉及的材料，要选取具有典型性、代表性的材料，切忌面面俱到，写成流水账。

总结的种类很多，从不同的角度可以进行不同的分类。按内容分有工作总结、生产总结、学习总结、科研总结等；按范围分有单位总结、部门总结、个人总结等；按时间分有年度总结、季度总结和月份总结等；按性质分有综合性总结和专题性总结。

（二）写作要点

1．标题

总结的标题形式不一，要根据总结的具体内容、目的和要求来拟定。综合总结的标题一般由单位名称、时间期限、内容和文种组成，如《××学院2006年教学工作总结》；有的综合总结的标题由单位名称、时间期限和文种三项组成，如《××学院2006年工作总结》。专题总结的标题比较灵活，有的以总结的主要内容或基本规律、基本经验为题，如《使用微机辅助管理，推动商业企业管理现代化》、《层层抵押承包，人人共担风险》；还有的总结有正副标题，正标题概括主要内容，提示基本规律，副标题则补充说明总结的单位、时间期限等内容，如《多种渠道集资，积极改造旧城——××市东风路建设经验点滴》。

2．正文

总结的正文由开头、主体、结尾三个部分组成：

（1）开头：开头部分又称前言、导语，一般单独写。开头的写法灵活多样，一般首先要概述基本情况，如写明在什么时间、地点，什么背景下做了什么事情，介绍工作的简单过程和基本做法，取得了什么样的效果。这样开头，能给人总的印象。有的总结开头用几句简明的话概括总结主要内容，这种写法能让读者首先抓住全文的中心内容。有的总结开头则在肯定成绩，摆出存在问题的基础上说明写作的目的。也有的总结采用交代形势、议论、对比、提示和下结论的方式开头。无论用哪种方式开头，都要写得简短、明了，为下文展开作好铺垫。

（2）主体：它是正文的主要部分，对总结的具体内容进行阐述，一般包括主要成绩、基本经验、存在的问题三个方面。主要成绩一般是将成绩分几个方面来写，有的将成绩概括为几点。成绩要写得具体，可以用典型事例和具体数字加以说明，有时也可以用对比的方法说明。基本经验是总结中理论性、指导性最强的部分。它是在摆事实、讲道理、摆过程、讲成绩的基础上概括出来的规律性的东西。写基本经验要做到既有观点又有材料，观点和材料统一，写时可采用夹叙夹议的方法。形式上一般根据内容分成几个方面来写，也可以加小标题，一方面的经验就算一部分。存在的问题主要写工作中存在的问题和有待解决的问题。这一点要写得明确、具体。存在的问题是综合总结中不可缺少的部分。专题总结，如果是介绍、推广经验的，主要是写成绩和经验，问题和教训有时可以略去不写。

（3）结尾：结尾一般是写今后的打算和努力的方向，有时也可将工作中存在的问题写在这一部分里，再写打算。这部分文字无需过长，要简短有力，千万不要写空话、套语。

以上是正文的三个部分，但不是每一个总结都要这样写，而是要根据总结的要求和总结的中心思想去拟定它的写法。有的是写做法和成绩，再写经验教训；有的是把全过程、成绩、经验教训结合起来写，从中归纳出几个问题；有的不提存在的问题，只写努力的方面。总之，总结的正文部分的写法，由于侧重点不同，可以灵活安排。

3．署名

如果单位的名称在标题中或标题下面已经写明，这里就不再重复，如果在标题中或标题下面没有写明，就应该在正文后的下方写明。要注意的是，单位总结的署名，一般不放在落款处，而要放在标题中或标题之下，个人总结的署名，一般都写在正文的右下方。

4．日期

（三）模式应用

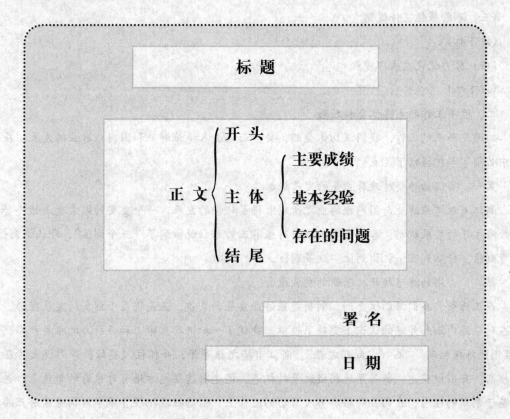

（四）实例示范

求真务实　开拓创新
推进浙江入境旅游和国内旅游　实现新的跨越

浙江省旅游局

在国家旅游局的关心指导下，在省委、省政府的正确领导下，在兄弟省市及社会方方面面的积极配合下，浙江旅游业发展非常迅速，特别是作为旅游业腾飞两翼的入境旅游与国内旅游，均呈现快速增长态势……除游客人数增长迅猛以外，入境旅游还呈现出客源市场多元化、区域结构日趋平衡、游客逗留时间延长、人均消费增加、旅行社自主外联人数增长幅度大等特点。从国内旅游来看，则表现出一级市场客源增长迅猛、旅游热点地区迅速扩张、温冷地区不断趋热、浙江人游浙江日益活跃等情况。可以说，旅游业正发展成为浙江最具生机与活力的产业之一。

一、近年来，为全面促进入境旅游业与国内旅游业的发展，我们重点做了以下几方面工作：

（一）大力实施精品战略

（以下略）

（二）全面整合产业优势

（以下略）

（三）不断强化宣传促销

（以下略）

（四）努力优化发展环境

（以下略）

二、近年工作的主要体会和经验

回顾几年来的工作，我们深切体会到，要全面促进入境旅游业和国内旅游业的发展，在工作中必须牢牢把握以下几点：

第一，必须始终坚持政府主导的发展机制

浙江省入境旅游业与国内旅游业之所以取得了较快的发展，一个重要的因素就是始终坚持了政府主导的发展机制。各级党委。政府对旅游工作可以说做到了"五个到位"，即认识到位、经费到位、行动到位、机构到位、政策到位。（以下略）

第二，必须始终坚持开拓创新的发展理念

在工作中，我们深刻体会到，创新是旅游业发展的灵魂。正是得益于创新的发展理念，我们在对旅游内涵和外延的认识上突破了框框，造就了一批极具生命力和吸引力的旅游产品，如"温州经济探秘游"、嘉兴"红船之旅"、浙江市场之旅等等，并抓住《英雄》等影视大片在东阳横店、舟山桃花岛、新昌等地拍摄取景的机遇，迅速将这些地方培育为旅游的新热点。也正是基于创新的理念，我们在对旅游节庆活动的运作上，创造性地把经营城市与构造旅游产品结合起来……在旅行社改制方面，正是工作中的创新思维，推进了全省旅行社改革步伐的进一步加快。目前，全省国内旅行社改制比重已达62%，国际社改制比重已达93%以上。通过改制，不但出现了像浙江中青旅这样原濒临破产又起死回生的企业，也产生了像浙江中山国旅这样原默默无闻现却脱颖而出的全国百强旅行社，更产生了奉化华侨旅行社兼并三家国际社，实现"小鱼吃大鱼而变为大鱼"的传奇。解决旅游业的资金投入问题，同样得益于创新的发展理念，浙江省走出了一条"政府引导、社会参与、多元投入、市场运作"的旅游经济发展新路子，形成了"钱潮"涌向"朝阳"的新气象

第三，必须始终坚持企业为主体、市场为导向的营销策略

旅游业作为一个经济产业，在市场促销中必须遵循客观经济规律。从实践经验来看，只有实施"政府宏观宣传、企业微观跟进"的营销战略，才能使市场开发工作收到事半功倍的效果。因此，在工作中，我们一直注意把政府的宏观宣传与企业的微观营销相结合。一方面，发挥政府的宏观指导作用，做好宏观策划、宏观宣传、宏观管理工作，树立浙江的旅游总体形象，同时，努力做好各项服务协调工作，为旅游企业创造良好的经营环境；另一方面，在市场走向、产品定位、线路运作等诸多方面，通过座谈、调研、研讨、召开现场会等各种途径，积极与旅游企业加强沟通，形成共识，既使产品建构、线路组合符合市场需求，又使旅游企业自觉成为销售中的主力军，政企合作，共同拓展海内外市场。

近年来，在发展入境旅游和国内旅游方面，我们做了一些工作，也取得了一定的成绩，但与先进的兄弟省市相比，工作中还有差距。今后，我们将紧紧抓住十六大确立的全面建设小康社会的历史发展机遇，不断学习借鉴先进省市的宝贵经验，努力实现浙江旅游业新的跨越。

 小结

（一）指点迷津

写作总结时应注意：

1. 详尽地占有材料，深入分析材料

详尽占有材料，是总结写作的起点。所谓详尽占有，一是要了解实践活动的全过程。整个过程分多少阶段，各个阶段采取什么措施，碰到什么问题和困难，怎样解决、如何解决的，结果如何，都要掌握；二是掌握典型例子或各方面的例子，如矛盾的例子、做法的例子、收获的例子、群众反映的例子等，要能说清楚来龙去脉，说得准确，才算掌握；三是要掌握必要的数据，做到心中有数；四是要掌握背景材料，如过去的情况、有关单位的情况、党的有关政策等。占有了上述材料，就能做到胸中有全局、手中有典型了。

2. 实事求是

总结是实践的回顾和概括。在写总结时，要用唯物辩证法的观点，全面地总结工作，一分

为二地看问题，既要肯定优点和成绩，也要分析失败的教训。对成绩的估价要实事求是，不夸大其词，不言过其实，更不能弄虚作假，虚报成绩。对缺点和错误也要如实反映，不能文过饰非。只有正确地评估工作，全面地总结工作，分清主流和支流、成绩和缺点，才能使总结具有科学性和可信性，对今后工作才有指导意义。

3. 找出规律性的东西

写总结的主要目的就是要找到工作的基本经验、存在的问题以及教训，并找出事物的规律。把搜集起来的大量材料进行整理、分析、研究，上升到理性认识，并从中找出规律性的东西。如果写总结只罗列一些现象，就失去了指导今后工作的意义。

4. 语言准确、朴实、简明、生动

为把内容准确无误、简要明白地表达出来，总结的语言要求具有准确、朴实、简明、生动等特征。语言准确，就是用词准确，选词恰当，合乎事理，如实地反映实际情况。分析成绩、经验和问题要有分寸，不要任意夸大或缩小。引用数据要认真核对，能用数字表达的，就不笼统地用"基本上"、"一部分"、"大致"等词语。语言朴实，是指语言朴素实在、干净利落，不追求华丽的词藻，少用奇特的比喻，不随便使用夸张手法，要可读性比较强。就像一个五官端正的人，不涂脂抹粉，不矫揉造作，要穿一身得体的衣服，给人一种恰到好处的感觉。语言简明，就是要简洁、明白。对于一些情况的介绍和过程的叙述，都要简明扼要，切莫繁琐、冗长。语言生动，就是要形象化、口语化，多运用群众性生动活泼的语言，说明群众创造的经验，使总结更为鲜明、生动。

（二）练习案例

写一份标题为"春之韵"的元旦晚会的活动总结。

（三）错例分析

个人年终总结

今年本着"巩固优势，稳步发展"的原则，一年来做了如下几点工作：

1. 兼顾新厦、主楼，全院一盘棋，尤其在新厦抓操作规范，实现输液反应"零"突破；抓查对制度，全年查堵药品质量漏洞12例、一次性物品质量漏洞29例。

2. 配合股份制管理模式，抓护理质量和优秀服务，合理使用护工，保证患者基础护理到位率；强调病区环境管理，彻底解决了针灸科环境脏、乱、差，尿垫到处晾晒的问题。

3．从业务技能、管理理论等方面强化新厦年轻护士长的培训，使她们尽快成熟，成为管理骨干。今年通过考核评议，5名副护士长转正，3名被提升为病区副护士长。

4．加大对外宣传力度，今年主持策划了"5·12护士节"大型庆典活动，得到市级领导及护理界专家同行的赞誉；积极开拓《杏苑报》、《每日新报》、《天津日报》、天津电台、电视台等多种媒体的宣传空间，通过健康教育、事迹报告会、作品展示会等形式表现护士的辛勤工作和爱心奉献。

5．注重在职职工继续教育，举办院级讲座，普及面达90%以上；开办新分配职工、新调入职工中医基础知识培训班；完成护理人员年度理论及操作考核，合格率达97.9%。抓护士素质教育，开展"尊重生命、关爱患者"教育，倡导多项捐赠活动，向血液科、心外科等患者献爱心。

6．迎接市卫生局组织的年度质控大检查，我院护理各项工作成绩达标，总分96.7，名列全市榜首。

7．个人在自我建设方面：今年荣获"天津市市级优秀护理工作者"称号；通过赴美国考察学习，带回来一些先进的管理经验，并积极总结临床经验，本年度完成国家级论文3篇、会议论文2篇及综述1篇。

作为护理部主任、一名光荣的中共党员，我特别注重自己的廉洁自律性，吃苦在前、享受在后，带病坚持工作，亲自带领科护士长、护士长巡查各岗；努力提高自己的思想认识，积极参与护理支部建设，发展年轻党员，现在新厦的党员队伍已经扩大到二十余名，其中以年轻的临床骨干为主，使护理支部呈现一派积极向上的朝气和活力。

[分析] 1. 最后没有今后努力的目标和方向，如"护理工作的顺利开展和护理水平的提高，得益于以 × 院长为首的各位领导的正确决策和各级基层护理人员的共同努力，明年护理部要创立自己的学术期刊，提高护理学术水平，发挥中医、中西医结合护理优势，争取使我院的护理质量得到国际化认证"；2. 没有落款，如"护理部 × × ×， × 年 × 月 × 日"。

（四）知识链接

1．总结（中国教育文摘网）

http://www.eduzhai.net/

2．总结（3edu 教育网）

http://www.3edu.net/Article/Index.asp

第三节 调查报告

一、调查报告

（一）简要概述

调查报告是对社会生活中的某种事物、某件事情、某个问题，进行了调查，有了充足的材料，研究出规律性的东西之后，写成的一种书面报告，是社会管理和科学研究中经常使用的一种应用文。

调查报告具有如下特点：

1．材料客观真实

调查报告用来说明观点的材料，是撰稿人在深入调查中所得到的真人实事，不容许虚构捏造、夸大缩小、张冠李戴。这是它的性质、作用决定的。

2．风格平实

调查报告在运用事实说明观点时，从篇章结构的安排到表现方法的选用，多是直陈式。它着意追求的是简明扼要地讲清事实，鲜明有力地说明观点。

3．用事实说话的客观性

调查报告不像文学艺术作品那样以生动的形象去感染读者，也不像议论文那样以严密的逻辑推理去折服读者，而是以客观的态度摆出充足的事实，去说明道理，使读者"信之、服之"。

4．观点鲜明突出

调查报告在客观地陈述事实的同时，也毫不含糊地揭示事实蕴含的意义，表明作者的主张。文章的观点不仅以最鲜明的语言表达，而且常常是放在文章显要的位置上，使读者一目了然。

调查报告按写作对象的性质内容来分，常用的有情况调查报告、典型调查报告和问题调查报告。

情况调查报告。指着重反映某一地区在某一阶段时间内的工作情况、社会情况或某一问题的社会状况的调查报告。这类调查报告常总结带有普遍性的情况、规律和存在问题，为制定或修改有关的政策、措施提供依据。

典型调查报告。指反映典型事例、典型经验的专门调查报告。这类调查报告以反映调查对象产生的条件、发展的规律或问题为主要内容，以供人们在贯彻执行党的方针、政策时学习、借鉴。

问题调查报告。指为了弄清某一重要事实、案件、问题的真相而进行专门调查后写成的调查报告。这类调查报告通常把事情发生的原因、经过、性质、结果、当事人的责任等写得清清楚楚，为有关部门作出结论、进行处理提供参考或依据。

（二）写作要点

1．标题

调查报告的标题一般是所调查内容的概括。从形式上看，常见的有两种：

(1) 单标题，如《实用型家电××市场调查》、《关于××制药厂挖掘人才的调查》。

(2) 双标题，即标题中有正题和副题，正题揭示文章的主旨，副题标明所调查的单位、内容及文种，如《社区党建大有可为——××市加强社区党建工作的调查》。

无论是单标题还是双标题，都要求写得概括精炼，能吸引读者。

2．正文

正文的内容包括开头、主体、结尾三部分。开头部分独自成段，主体是调查报告的主干和核心部分，以典型的事例和确凿的数据，对全文的内容展开阐述，结尾是调查报告的结束语。

3．署名

即调查者的名字，写在正文右下方。

4．日期

（三）模式应用

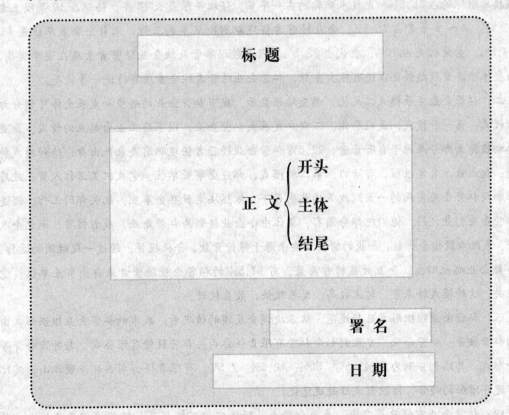

（四）实例示范

关于我市私营企业发展环境的调查报告

私营经济作为国民经济的重要组成部分，也是支持国民经济发展的重要基石，在地方经济发展中，它更具有无可替代的作用。为了及时反映私营企业发展情况，了解私营企业发展过程中存在的问题，为党政领导和各有关部门制定发展私营经济政策提供依据，威海市企业调查队近期以发放调查问卷和走访调研相结合的方式，对全市40家私营企业发展环境进行了调查。

基 本 情 况

本次调查覆盖了全市三市一区及两个开发区的私营企业，抽中样本基本能够反映我市私营企业发展情况，从调查情况看，我市私营企业呈现以下特点：

一、私营企业经营管理者素质逐步提高。调查结果显示，我市被调查的40家私营企业经营者男性35人，女性5人，平均年龄为44.3岁，是一支以中青年为主的有朝气、有活力的队伍。在这支队伍中，40～49岁的人最多，占55%，30～39岁的次之，占20%，50～59岁的占17.5%，其余的占7.5%。从文化程度方面看，27.5%的企业经营者已拥有大学及以上学历，大专学历占22.5%，中专高中学历占32.5%，其余的占17.5%。有高级技术职称的占12.5%，中级技术职称的占25.5%，无技术职称的占一半多。任职年限最长18年，任职在10年以上者占32.5%，4～6年者占35.5%。企业经营者任现职前所从事的工作，来自企事业单位最多，占57.5%，党政机关占10%，农民占22.5%。以上数据尽管反映企业经营者素质在逐步提高，但与整体经济发展趋势要求还有较大差距，私营企业经营者综合素质有待进一步提高。

二、私营企业发展模式二元化。调查结果显示，我市私营企业的起步和发展大体可划分为两种模式：第一种模式，是以个体、工商户发展成私营企业，以家庭工业为起点的模式。企业的起初投资大部分来源于自有资金，22.5%私营企业经营者任现职前是农民出身。这种模式特点是：起点低，自发性强，有活力。第二种模式，部分企事业单位、党政机关工作人员在政府出台加快私营企业发展的一系列政策措施感召下，依然决定放弃企事业、机关部门工作，迈进了私营企业创业之门。他们把部分国有、集体中小企业转制为私营企业，或者租赁、承包个人经营，或改为股份合作制，企业的资金主要来源于银行贷款，合伙投资。经过一段时间的运作，大多数企业起死回生，企业效益转亏为盈。有67.5%的私营企业经营者来自企事业单位、党政机关。这种模式特点是：起点较高，发展较快，效益较好。

三、私营企业组织形式日趋规范。从本次调查反馈的情况看，我市的私营企业组织形式由最初私营独资、私营合伙，发展到如今私营有限责任公司、私营股份有限公司、与外商合资等多种形式，其比例分别为25%、5%、50%、12.5%、7.5%。有限责任公司占据半壁江山，其比重有逐年增加的趋势，组织形式日趋规范化。

四、私营企业贡献日益突出。我市私营企业经济实力不断提高，经营规模迅速扩大。对

40 家私营企业调查结果显示，1999 年至 2001 年三年间企业销售收入、资产总计连续三年同时保持递增的企业占 32.5%，纳税总额连续三年递增企业占 30%。2001 年纳税总额超百万元的企业就有 3 家。其中华夏集团 2001 年上缴税金达 2300 万元，私营企业税收成为我市税收的一个新亮点。另一方面，私营企业的发展，解决了大批剩余劳动力的问题，在吸纳城乡劳动力，安置下岗和困难职工方面都作出了贡献。显而易见，私营企业已成为一个新的企业群体，它回报社会的贡献越来越多，对经济和社会发展的促进作用也越来越大。

（以下略）

发 展 趋 势

一、加入 WTO，企业家信心倍增。在国家相关政策的扶持下，私营企业得到快速发展。加入 WTO 后，私营企业与其他类型的企业一样，将面临更激烈的市场竞争。调查结果显示，27.5% 的企业认为由于私营企业经营机制灵活，在入世后将会有更好的发展空间，企业会获得更多的利益。15% 的企业认为私营企业规模小，抗击市场风险的能力差，企业经营更加困难，32.5% 的企业认为入世后对企业不会产生影响，25% 的企业对入世后是否对企业产生影响说不清楚。

二、私营企业发展前景乐观。随着市委、市政府号召大搞民营经济以及各项有利于私营经济发展政策的实施，使私营企业深受鼓舞，对今后的发展前途充满信心。调查结果显示，企业经营者对企业未来发展前景表示出比较乐观的态度。12.5% 的企业经营者认为企业发展前景相当乐观，45% 的认为乐观。认为乐观的企业比例占 57.5 个百分点。

（以下略）

发 展 环 境

一、经营硬环境基本满足需要。下大力气改善经营硬环境是改善本地区经营环境的一项宏大系统工程。基础设施建设和生态环境保护建设包括在硬件环境之中，它为私营经济提供基本生存条件。问卷调查显示，75% 的私营企业对本地区的基础设施、资源、能源等硬件环境表示比较满意。其中对水、电、交通运输能力及便利性的比较满意度均达到或超过 85%。良好的发展环境对招商引资很重要，对发展私营经济更重要、更迫切。

二、经营软环境基本被认可。经营软环境是政策、法律法规的执行情况及政府部门的服务水平等，它对私营经济发展起着关键性的作用。调查结果显示，私营企业对企业经营软环境基本认可，比较满意度达 70%。但私营企业也提出了若干看法，好的方面：对本地政府部门的服务态度及办事效率比较满意；对国家对私营企业政策的连续性表示放心。不足的方面：对乱收费、乱摊派、乱罚款现象有意见；审批投资项目手续要多简化些；对优惠政策的落实程度表示关注；经营环境仍需改善；企业运营资金仍然紧张；融资环境需要更加完善些；对市场经济发展带来的竞争压力表示担忧；企业竞争力仍待提高、活力有待加强；市场开拓力度仍显不足；对政府加强税收征管、公平税负提出补充意见；对法制建设及完善程度要求加大力度。

（以下略）

来自私营企业主的呼声

一、营造良好的舆论环境。近几年来，我市把发展私营经济作为调整所有制结构，强市富民的战略来抓，私营经济迅速发展。但是，社会对私营企业还有偏见，长期以来受公有制的观念影响，人们习惯以公有、私有标准衡量企业的好与差。我们本次走访调查了多家私营企业主，从座谈情况看，私营主们一致呼吁，要解决社会对私营企业的认识问题，通过报刊、电视、电台等舆论媒体，加强对私营企业的宣传，提高私营企业及企业家的声誉和社会地位，在社会营造从事私营经济光荣的氛围。他们认为通过合法经营、照章纳税，为发展社会生产力作贡献，理应得到社会的尊重及认可。

二、优化宽松的政策环境。几年来，我市各级领导高度重视私营经济发展，把本项工作作为经济工作重点，围绕着优化环境、放宽政策、改善服务等方面，先后出台了一系列优惠政策。但是一些政策实施在下面执行中要么走样，要么难以落到实处，私营企业老总们对此意见较大，他们呼吁有关领导部门在执行落实政策上充分体现公平、公证、公开的原则。像对待其他经济成分的企业一样对待私营企业，切实做到政策平等，贷款平等，税收平等，开放对外贸易平等，社会待遇平等。同时还提出多向粤、江、浙一带的先进省份学习，"建议降低税负，出台新的利好政策，按私营企业纳税的高低追还一定比例的养老保险"，"要多为市场经济主体企业着想，多给企业一些发展空间。政策多扶持，多倾斜"。还有的提出"个别外资企业打游击，钻国家减免税收政策的空子，企业减免税期限一到，马上换个地方，另选厂址，重开门户，再次享受减免税待遇，这是不合法的，政府在这方面管理力度不够，大家有意见，私营企业与其他的企业应站在同一起跑线上公平竞争，竞相发展"。政策是私营经济的生命线，随着市场竞争力度加剧，私营经济发展将会遇到许多意想不到的困难，各级政府部门要积极采取措施，为私营企业发展营造良好的社会环境。

（以下略）

 小结

（一）指点迷津

调查报告写作注意事项：

1. 深入调查，大量地掌握材料

要写好调查报告，首先必须进行实地考察，作深入细致的系统的调查研究，大量地掌握材料。一般来说，写调查报告占有的材料越丰富越好。掌握材料尽量做到：既有现实材料，又有历史材料；既有概括全貌的面上的材料，又有反映典型事物的点上的材料；既有正面材料，又有反面材料；既有直接的材料，又有间接的材料。有时还要有背景材料、对比材料。掌握大量的材料，才能情况明确，心中有数，才能比较全面、周密地看问题，防止以偏概全，才能写出全面而周密的调查报告。

2. 分析研究，得出正确的结论

深入调查，掌握大量的第一手材料，为写调查报告打好基础。要写好调查报告，还必须运用马克思主义的立场、观点和方法，对所掌握的材料进行分析研究。对材料中所反映的事实和问题，都要进行中肯的分析：哪些是成绩，哪些是缺点、问题；哪些是主流，哪些是支流；哪些是现象，哪些是本质；通过现象抓本质，找出事物的发展规律。只有这样，才能从大量的事实、材料中引出反映事物本质和规律的正确的结论，概括出有指导意义的观点。

3. 用事实说话，把观点和材料统一起来

调查报告不能空讲道理，不能以议论为主，不能以逻辑推理来论证问题。它主要依靠客观事实来反映情况，说明问题。可以说，客观事实是报告赖以存在的基础，人们往往是通过具体事实去了解事物的。无论是反映情况、介绍经验的调查报告，还是揭露问题的调查报告，都必须用充分的、确凿的事实来说明问题和道理。当然，用事实说话，不能堆砌材料，罗列现象，而是用事实说明观点，做到事理统一。从材料中概括出观点，用观点统帅材料，用材料说明观点，做到观点和材料的统一。

4. 要如实反映情况

写调查报告，要如实反映情况，来不得半点虚假。这是调查报告写作最基本的要求。调查报告是将调查所得的事实向上级或群众报告，无论什么类型的调查报告，都离不开事实这个根本。何况我们写调查报告的目的，在于了解客观世界，认识和改造世界。如果调查的情况和反映的情况不真实，那么，就失去了调查的目的和报告写作的意义。

（二）练习案例

暑假期间请对农村留守儿童情况作一下调查，拟写一份调查报告。

（三）错例分析

随着经济社会的快速发展，我们大学生作为社会特殊的消费群体，消费观念的塑造和培养更为突出而直接地影响我们世界观的形成与发展，进而对我们一生的品德行为产生重要的影响。因此，关注大学生消费状况，把握大学生生活消费的心理特征和行为导向，培养和提高我们的"财商"，在当前就成为我们当代大学生共同关注的课题。

一、当代大学生消费新概念

1.理性消费是主流

价格、质量、潮流是吸引大学生消费的主要因素。从调查结果来看，讲求

实际、理性消费仍是当前大学生主要的消费观念。据了解，在购买商品时，大学生们首先考虑的因素是价格和质量。这是因为大学生经济来源主要是父母的资助，自己兼职挣钱的不多，大学生每月可支配的钱是固定的，大约在300～800元之间，家境较好的一般也不超过2000元，而这笔钱主要是用来支付饮食和日常生活用品开销的。由于消费能力有限，大学生们在花钱时往往十分谨慎，力求"花得值"，大学生会尽量搜索那些价廉物美的商品。无论是在校内还是在校外，当今大学生的各种社会活动都较以前增多，加上城市生活氛围、开始谈恋爱等诸多因素的影响，大学生不会考虑那些尽管价廉但不美的商品，相反，大学生比较注重自己的形象，追求品位和档次，虽然不一定买名牌，但质量显然是我们非常关注的内容。

2．追求时尚和名牌是不老的话题

即使在取消高考年龄限制之后，20岁左右的青年仍是大学校园的绝对多数，大学生站在时代前沿，追新求异，敏锐地把握时尚，唯恐落后于潮流，这是大学生的共同特点。最突出的消费就是使用手机。当代大学生们的消费中普遍增加了手机的消费项目。本次调查中发现学生手机拥有率已达到每班不低于60%。此外，电脑及相关消费也是我们的追求，小至一张几十元的上网卡，大至电脑都是当代大学生的宠物，用计算机系同学的话来形容，大学生简直就把电脑当成自己的"情人知己"。再次是发型、服装、饰物、生活用品，大学校园中都不乏追"新"族。调查资料也印证了这一点，就所占比例来看，"是否流行"紧随价格、质量之后，成为大学生考虑是否购买的第三大因素。至于名牌产品，当问到"如果经济许可，会否购买名牌产品"时，80%的学生表示肯定。以上充分体现了大学生追求高品质、高品牌、高品位生活的心态。

二、当代大学生消费状况存在的问题

1．储蓄观念淡薄，财商需培养和加强

"财商"一词的提出者罗伯特·清崎曾经说过："财商与你挣了多少钱没关系，它是测算你能留住多少钱以及能让这些钱为你工作多久的能力。"在调查中，当问及对"财商"概念的认识时，很多同学表示陌生。当问及一学期结束后经济情况如何时，大部分同学都坦然承认自己的消费已经超出计划范围，甚至有些同学还需要向别人借回家的路费，略有剩余的同学也想着如何把剩余的钱花完，只有极个别同学有储蓄的意识。可见，当前大学生的财商需要培养和加强。

2．消费差距拉大，出现两极分化

在关于月平均消费一栏的调查中，有15.2%的同学在400元以下"有点痛苦"的生活线上坚持学业；有28.3%的同学在400～550元之间"勉强过得去"，有34.4%的同学在550～900元之间"稍为有点爽"，有14.6%的同学在900～1400元之间"比较自由"；有7.5%的同学月消费1400元以上，可以说是"跟着感觉走——无忧无虑"。可见，大学生的消费差距增大，两极分化也比较分明，这在我国当前剧烈转型的社会大背景下有一定的必然性，但我们相信，随着社会的发展和人民生活水平的进一步提高，这些问题必将在一定程度上得到改善。

3. 消费结构存在不合理因素，女生更为突出

大学生的生活消费从20世纪70年代至今，至少有一个方面是共同的，即消费的主要组成部分以生活费用和购买学习资料、用品为主。在生活费用中，饮食费用又是重中之重，按照青岛地区的物价水平，以学生在校每天消费十元左右用于基本饮食需要来估计，学生每月净饮食费需300元左右。

我们惊奇地发现，在被调查的197名女生中，83.7%的同学饮食费用在300元以下，有的为了保持苗条身材控制自己的食欲，有的为了节约支出不顾营养需要净选择廉价的饭菜；而192名男生中也只有66.4%达到标准。当问及他们是否研究过自己的营养结构，比如对"一杯奶养起一个民族"说法的认同时，90%的同学表示认可，但不怎么在意。当我们把饮食结构不合理的问题在调查中指出的时候，他们当中，尤其是女同学很多都承认自己对健康饮食知识了解不够。

4. 过分追求时尚和名牌，存在攀比心理

在调查中，一些同学指出，为了拥有一款手机或者换上一款最流行的手机，有的同学情愿节衣缩食，甚至牺牲自己的其他必要开支；有些男同学为了一双名牌运动鞋，有些女同学为了一套名牌化妆品或者一件名牌衣服，不惜向别人借钱甚至偷钱以满足自己的欲望等，都反映出一些学生不懂得量入而出，而虚荣心的驱使又极易形成无休止的攀比心理。

5. 恋爱支出过度

在调查中我们发现，一部分谈恋爱的大学生每月大约多支出100～300元左右，最少的也有50元左右，最高的达到1000元（比如送名贵礼物给对方）。他们大多承认为了追求情感需要物质投入，经常难以理性地把握适度消费的原则。这是让人感到忧虑的方面。有趣的是，传统意义上谈恋爱的费用支出一般由男方承担的局面已经完全被打破，出现三种情况，即男方全部承担、男女方共同承担和女方主动全部承担，女生的恋爱支出甚至有超过男方。传统与现代生活方式在当代大学生中被充分演绎。

【评析】1. 无标题，如"关于大学生消费的调查报告"；2. 没写明调查的方法（如问卷、访谈）和调查对象、范围（如某大学本科生）；3. 在调查报告的末尾应该加上撰写者的建议和看法，如"应该加强大学生思想政治教育，树立正确的人生观和世界观，有一个正确的消费观念和心理"。

（四）知识链接

1. 调查报告（中国网）

http://www.china.com.cn/economic/node_5044455.htm

2. 调查报告（39健康网）

http://pc.39.net/dc/

第四节 规章制度

一、规章制度

（一）简要概述

规章制度是机关、团体、企事业单位用来规定一定范围内人们在生产、学习、工作等有关方面的行为准则和办事依据的实用文体。

规章制度具有以下特点：

1. 内容的规范性

规章制度都是在党和国家有关政策、法律的范围内规定有关的人员可以做什么和不可以做什么的，这就决定了它内容的规范性。它的内容不能同党和国家的政策、法律相抵触。有关人员对它的规定也要自觉遵守，否则就要受到批评教育，甚至处罚。这种约束力，也是它的规范性的体现。

2. 表达的直接性

规章制度规定人们可以做什么和为何做、规定人们不可以做什么和如有违反将受到怎样处理，都是直截了当说明的，一般不提事实，不搞议论，不拐弯抹角、暗示影射。每条每点都以最明白、最简练的语言道明。

3. 结构形式的条理性

几乎所有的规章制度都以条款式出现。内容简单的分条（或分点），内容较多的则分章、分条。

（二）写作要点

规章制度大体可分为标题、正文、日期三部分，其中正文一般逐条逐项写明内容。写作时要注意：规章制度的内容要与党和国家的政策、法律一致，观点应该鲜明。结构要严密，该有的项目、条款要齐全、不要遗漏。表达上要有层次，章条清晰。

（三）模式应用

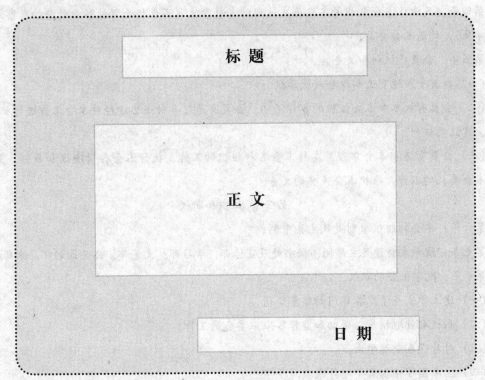

标 题

正 文

日 期

（四）实例示范

××大学××学院学生会章程

第一章 总纲

第一条：××大学××学院学生会是全院学生自己的群众组织，在院党委的领导和团委的指导下，积极独立地开展工作。

第二条：院学生会的宗旨是：坚持四项基本原则，贯彻执行党的教育方针，不断培养学生的自我教育、自我服务和自我管理等能力，对学生进行爱国主义、集体主义和社会主义等宣传教育，竭尽全力为广大同学成长成才服务。

第三条：院学生会的基本任务。

①积极完成上级交给的任务并独立开展健康高雅、丰富多彩的校园文化活动，活跃校园文化气氛，加强校园精神文明建设，共创"文明"校园。

②代表并维护同学的正当权益，积极主动为同学服务，充分发挥同学与院党委间的桥梁纽带作用。

③积极配合院党委工作，以"争创国内外知名学府"为目标，以"培养文明学生，争创文明单位"为重点，引导同学刻苦学习，全面成才，争做一流大学生。

④加强与各院系学生会和各班委员会相互之间的交流与合作。

第二章　会员

第四条：凡承认本会章程的本院正式注册的本科学生（不包括受留校察看处分的在察看期间的学生），均属本会会员。

第五条：会员的权利和义务。

（一）会员平等地有选举权和被选举权。

（二）会员有权参加本会组织的各种活动。会员有通过各种正当途径对本会工作进行批评、监督、建议的权利。

（三）会员有遵守本会章程，支持本会各种组织的工作，执行本会各项决议和条例，努力完成本会委托的工作，维护本会声誉的义务。

第三章　组织和职权

第六条：本会的组织原则是民主集中制。

第七条：院学生会设置主席团、秘书处及宣传部、学习部、文艺部、公关策划部、体育部。

第八条：院学生会的职权。

（一）建立学生与学院各部门的联系渠道。

（二）积极有效地指导、帮助和监督各班班委会的工作。

（三）对外代表全院学生。

（四）主席团可根据需要增补或裁减干事。

第九条：学生会代表有权监督学生委员会的工作。

第四章　院系学生会和班级

第十条：班级委员会是开展工作的落脚点。班级委员会由本班同学选举产生，负责班务工作。班委会受学生委员会的组织领导，在辅导员指导下与本班团支部委员会密切配合开展工作。

第十一条：主席团领导各部工作。各部门之间相互独立，同时又相互协作，共同积极开展和完成各项工作。

 小结

（一）指点迷津

规章制度写作注意事项：一是语言要庄重、准确、简明；二是某些规章制度在制作过程上要符合有关程序要求。

（二）练习案例

现在要成立一个文学社团，请你作为社长拟写一章程。

（三）错例分析

×××股份有限公司章程

目　录

[评析] 缺少事先的声明，如"此范本根据《公司法》的一般规定及股份公司的一般情况设计，仅供参考，起草章程时请根据公司自身情况作相应修改。"

（四）知识链接

1. 章程范文（中国指挥学会网）

   http://www.conductor.cn/connect.asp?newsid=267

2. 章程（中国网）

   http://www.china.com.cn/chinese/2002/Nov/234227.htm

第五章　法律文书

　　法律文书的概念有广义和狭义之分。广义的法律文书包括了规范性的法律文书和非规范性的法律文书。规范性的法律文书是指国家权力机关按照职权所制定并正式颁布要求人们普遍遵守的行为规则，它包括宪法、法律、法规，其中包括国家立法、地方立法及各企事业单位内部制定的各项管理制度。非规范性的法律文书是指司法文书、公证文书、民用的各类诉状以及其他具有法律意义的文书。其中有司法、检察、公安机关所使用的判决书、裁决书、调解书、起诉书、起诉意见书等；有诉讼当事人使用的各种诉状、答辩状、申请执行书、授权委托书等；有辩护人使用的辩护词、保证人使用的保证书、公证处使用的公证书以及确定遗产继承权利的遗嘱等。狭义的法律文书一般单指非规范性的法律文书。通常所称的法律文书一般指狭义的法律文书，即司法机关（公安机关、检察院、法院和司法行政机关）或法律授权的专门组织、当事人及诉讼参与人在处理各类诉讼案件或非诉讼法律事务时，依法制作的具有法律意义的文书的总称。

　　法律文书一般具有以下几个特点：

1．制作的合法性

　　一是它的制作与使用必须符合法律程序，什么程序用什么文书在程序法中是有明确规定的；二是必须遵循法律的时效规定，超过一定的时限提交的法律文书不为法律认可，因而是无效的；三是制作、使用法律文书必须严格履行法律规定的手续，譬如订立经济合同，只有当事人双方都签名盖章，手续才是合法的。

2．内容的合法性

　　法律文书应具备的项目不得缺漏，并且整个文书的内容应当符合法律要求和有关政策的规定，叙写事实要举证证明，阐述理由要有法律根据，提出要求应合理合法，这样的文书才具有法律意义。

3．格式的规范性

　　公务文书一般都有格式规范，而法律文书的格式规范更为严格。无论是诉讼的还是非诉讼的，法律事务文书的结构程式是固定的，项目设计是要素化的，不得更动次序，更不容许随意增减。

4．语言的规范性

　　语言的规范性不仅指法律文书的语言表达要符合语法、语体规范，而且更重要的是指要用法律语言来进行叙述。法律语言是表述法律规范所使用的专业语言，有关的法律术语都是有特定涵义的概念，写作法律文书，应使用明确的、庄重的、表意严谨的法律语言，讲外行话往往会影响应有的表达效果。

第一节 起诉状

一、起诉状

（一）简要概述

案件的当事人或其法定代理人，在自己的或依法由自己保护的合法权益受到侵害，或与当事人的另一方对有关权利或义务问题发生争议而未能协商解决时，可以依法向人民法院提出诉讼，请求人民法院通过裁判给予法律的保护。当事人或其法定代理人在向人民法院提起诉讼时用以表明自己的诉讼请求，并说明请求的理由和根据，从而引起诉讼程序发生的书面材料，就叫起诉状，简称诉状。起诉状的当事人，起诉的一方称为原告或原告人，被诉一方称被告或被告人。起诉状经法院审查受理后，将直接引起诉讼程序的发生，它是人民法院审查立案和审理案件的根据，同时也是被告方应诉答辩的依据，在诉讼中具有十分重要的作用。

（二）写作要点

1．标题

指起诉状的名称。可以直接写《起诉状》或《民事起诉状》、《行政起诉状》、《刑事起诉状》，也可以在起诉状前写明纠纷案件的具体内容，如《经济合同纠纷起诉状》。

2．首部

指当事人的基本情况等内容。当事人主要指原告与被告，按照先写原告后写被告的顺序一一写清楚当事人的基本情况。如果原告与被告是公民，则写清楚姓名、性别、出生年月、民族、籍贯、职业或工作单位、职务、住址等基本情况。如果原告与被告是机关、团体、企事业单位，则写清楚名称（全称）、所在地址、法定代理人的姓名与职务以及电话。

3．正文

包括诉讼请求（请求事项）和事实与理由。诉讼请求是原告在纠纷诉讼过程中向人民法院提出的解决有关纠纷的要求，也是原告希望通过诉讼要达到的目的。诉讼请求如果有两项以上，则应一条一条分项列出，不能混同。事实与理由是纠纷诉讼的重要依据，也是起诉状的核心内容。这部分主要写明：纠纷的由来、发生和发展的情况，争执的主要焦点和争执的具体内容；举出充分的人证、物证、书证及其他对原告有利的证据，并写明证据来源；根据事实和证据，写明认定被告侵权或违法行为的性质和所造成的后果以及应承担的责任；恰当地引用法律条款，说明提起诉讼是具有法律依据的。

一般在正文后另起一行空两格写"此致"，再另起一行顶格写"×××人民法院"，所提交的人民法院应是对当事人起诉的案件有管辖权的人民法院。

4. 落款

起诉人签名盖章。如"原告×××"或"具状人×××"。

5. 日期

指起诉时间。

起诉状有时还包括附项，并要在其中列出起诉状副本的份数及一并提交的书证与物证的名称和件数。

（三）模式应用

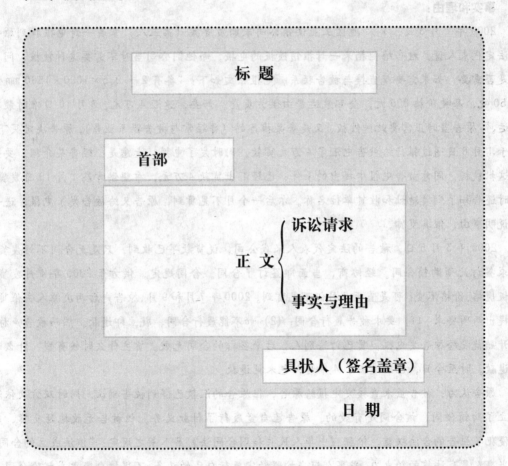

（四）实例示范

民事起诉状

原告：××市工业供销公司

地址：××市××路×号

法定代表人：陈某，男，48岁，该公司经理。

被告：××市金属结构厂

地址：××市××路×号

法定代表人：李某，男，38岁，该厂厂长。

第三人：鲁某，男，28岁，××地区工业供销公司采购员。

案由：经济合同纠纷。

诉讼请求：

1. 判令被告立即全面履行合同，在2001年1月把货发给原告；

2. 判令被告按合同规定，向原告偿付10个月（2000年4月至2001年1月）的违约金3600元。

事实和理由：

2000年1月3日，××地区工业供销公司采购员鲁某（第三人）拿着一封电报找到原告的法定代表人说，被告给他拍来一封推销铁板的电报，而他们公司当时不需要这种铁板，问原告是否需要，如果需要就直接与被告联系。电报原文如下："备有2～2.5×1000×1500 mm铁板50吨，每吨价格800元，全部装运费由供方负责。如要，速汇4万元，3月10日准时装车启运。"原告当时正需要此种铁板，又是鲁某推荐的（鲁经常与被告联系业务），原告决定买下。并于1月8日通过银行给被告电汇了4万元货款，同时发了电报，大意是：经鲁某介绍，要买下这批铁板，同意被告电报中提出的条件；已经汇出货款4万元，希望供方在1月10日发货。同时还告知了到货地址和收货单位名称。尔后一个月不见货到，原告又给被告发了电报，进一步说明事由，催其发货。

2000年3月5日，被告的法定代表人来我公司，说货款早已收到，只是无合同不好发货，要求签订此项购销合同。经协商，当面即签订了合同。合同规定，供方于2000年4月发货，铁板规格、价格不变。可是直至6月仍不见货到。2000年7月和9月，原告先后两次派人去催货，并提出两项要求：(1) 要求被告履行合同；(2) 如不能履行合同，就立即退款。然而被告声称，一开始就没给原告发电报，货已订给别人，后来签订的合同无效。货主什么时候有钱，什么时候退款。时至今日，已经过去了4个月，也未见退款。

原告认为：被告虽未直接发电报给原告，但原告的汇款已得到被告确认，同时双方又依法订立了购销合同，该合同是有效的。原告已自觉履行了付款义务。但被告无故拖延交货，严重侵犯了原告的合法权益。依据《中华人民共和国合同法》第八条之规定："依法成立的合同，对当事人具有法律的约束力。当事人应当按照约定履行自己的义务，不得擅自变更或解除合同。"又依据该法第一百零七条之规定："当事人一方不履行合同义务或者履行合同义务不符合约定的，应当承担继续履行、采取补救措施或者赔偿损失等违约责任。"

据此起诉，请求法院判令被告立即全面履行合同，在2001年1月把货发给原告；被告按合同规定，向原告偿付10个月（2000年4月至2001年1月）的违约金3600元。

此致

××人民法院

具状人：××市工业供销公司（章）

法定代表人：陈某（签、章）

2000 年 12 月 9 日

附：1. 本状副本 1 份；

2. 电报汇款单 1 份；

3. 供销合同 1 份；

4. 鲁某证言 1 份。

 小结

（一）指点迷津

起诉状写作时，应注意：

第一，在起诉状中叙述纠纷事实或被告的犯罪事实时，必须注意边叙述事实边列举证据，以期证明原告所提供的事实是证据确凿、无可辩驳的，从而为法院受理案件提供依据。

第二，起诉状在阐明理由时，必须遵循"以事实为依据，以法律为准绳"的原则。特别是应以法律规定为理论依据，论证当事人诉讼请求的合法性和正当性。

第三，内容表达要有条理。案情较为复杂的，一般应先写明纠纷事实或被告犯罪的事实，然后再用专门的段落阐述理由。对于案情简单、法律事实比较清楚的案件可以阐述诉讼理由为主线，结合着说明事实情况。

第四，注意人称的一致性。起诉状的人称写法有两种：一是第三人称的写法，即原告如何如何，被告如何如何；二是第一人称写法，即"我"如何如何，被告如何如何。这两种写法都是允许的。但在一份诉状中人称应保持一致。

（二）练习案例

1. 根据下面的龙威贸易公司负责人口述材料，写一份起诉状。

龙威贸易公司负责人口述材料：今年 3 月 5 日，通过招标，我单位与华运公司签订了安装单位内部局域网的合同。所需电脑 50 台和一台服务器，及安装网线，调试运行均由该公司负责，总计设备费 58 万元，工程费 5 万元，合计 63 万元。3 月 10 日，华运公司来安装，3 月 20 日完工。4 月 1 日我公司付款。安装后，自 4 月中，设备就开始三天两头出问题，开始打电话，华运公司还来修理、调整，后来干脆不来了，让我们自己解决。可合同上说："设备硬件保修一年，在一年内无偿更换"，可他们根本不履行。我们找了几个电脑专业人员，大家都认为是元件质量太差，所以，我们要求退货，但该公司不肯。我们觉得损失太大，所以要起诉它，不仅要退货，还得赔偿我们的损失。

2. 陈××、王××夫妻二人，都已78岁，有三男二女五个子女。但子女在赡养老人方面意见不一致，导致两位老人只能到每个子女家轮流生活。在子女家中，老人只有吃住，手头无分文，生病时更是无人问津。老人想结束这样的状态，独立生活，要求子女每月付赡养费。

请根据以上事实，为陈××、王××夫妻代写一份起诉状。

（三）错例分析

离婚起诉状

原告：张某，女，住××市××区1号

被告：李某，男，住××市××路10栋8号

诉讼请求：请求离婚

事实和理由：

我与被告于×年×月×日结婚，婚后两人感情不好，两人经常吵架，无法生活在一起，特向法院提出诉讼，请法院判决我们离婚。

此致

法院

起诉人：张某

1999年10月

[评析] 1. 标题不正确。该类型起诉状的标题一般直接写"民事诉状"或"民事起诉状"即可，案件具体的种类不需要反映在标题上。2. 当事人身份事项不完整。应当按照法律要求依次写明姓名、性别、年龄、民族、工作单位、职业、住址等事项，以便法院核对身份。3. 诉讼请求不明确。诉讼请求应当明确、具体，最好分条说明。至于具体的请求，根据案件的不同，也有所不同。该诉状是涉及离婚的，一般包括三方面的内容：一是请求离婚；二是安排子女的抚养问题；三是财产分割。4. 事实和理由不清。文中笼统地表示夫妻两人感情不好，无法共同生活在一起，但没有详细说明两人感情怎么不好，表现在哪些方面，因而显得没有说服力，不利于支持其诉讼请求。5. 送达的法院应该写全称。6. 没有列明附项。

（四）知识链接

1. 民事起诉状（中税网）

http://www.taxchina.cn/fgsy/2003-12/22/cms135536article.shtml

2．制作刑事起诉书应注意的几个问题（刑事诉讼法网）

    http://www.xingshisusong.com/xingshiwenshu/xsqss/2474.html

3．行政起诉状范文（中华管理在线网）

    http://www.8bio.com/fanwen/flws/200509/21500.html

第二节　上诉状

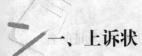

一、上诉状

（一）简要概述

上诉状是指诉讼当事人或其法定代理人，因不服地方某级人民法院的一审判决或裁定，依照法定程序，在规定的期限内，向上一级人民法院提出上诉，请求变更、撤销原审判决或裁定，或请求重新审理案件时递交的诉讼文书。根据案件的性质不同，可分为刑事上诉状、民事上诉状和行政上诉状等。

上诉是法律赋予当事人的一种诉讼权利。案件的当事人及他们的法定代理人都有权提出上诉。经特别授权的委托代理人，也可以用被代理人的名义上诉。上诉状中的当事人双方分别称为上诉人和被上诉人。但刑事诉讼中的公诉案件无被上诉人，因为公诉案件是由人民检察院代理国家提出诉讼，提出诉讼的都是原审被告，因此不能说人民检察院是上诉人。上诉状是二审人民法院受理案件并进行二次审理的文字依据，通过上诉状，可使二审法院及时了解一审法院判案的情况和上诉人的上诉意见，有助于二审法院正确地处理案件，以保护当事人的合法权益，提高办案的质量。

（二）写作要点

1．标题

指上诉状的名称。如《民事上诉状》、《行政上诉状》等。

2．首部

包括上诉人、被上诉人的基本情况和案由。在"上诉人"或"被上诉人"后用括号注明其在原审中的诉讼称谓（如"原审原告"、"原审被告"等）。案由即提起上诉的原因，一般可表述为："上诉人因与×××关于××一案,不服×××人民法院×年×月×日第×号××判决,现提起上诉。"

3．正文

包括上诉事实与理由和上诉请求。上诉事实与理由要明确提出原审裁判在认定事实、适用法律、诉讼程序等方面的错误或不当之处，并运用准确的事实、确凿的证据和有关的法律依据加以反驳、论证，以说明自己的上诉请求是合法的。上诉理由要有的放矢，层次分明，逻辑性强，理由如有几方面，可分条列项来写，使上诉请求得到充分的支持。上诉请求写明上诉人请求第二审人民法院依法撤销或变更原审裁判，以及如何解决争议的具体要求。

4. 落款

上诉人签名盖章。

5. 日期

指上诉时间。

上诉状有时还包括附项，并要在其中列出上诉状副本的份数及一并提交的书证与物证的名称和件数。

（三）模式应用

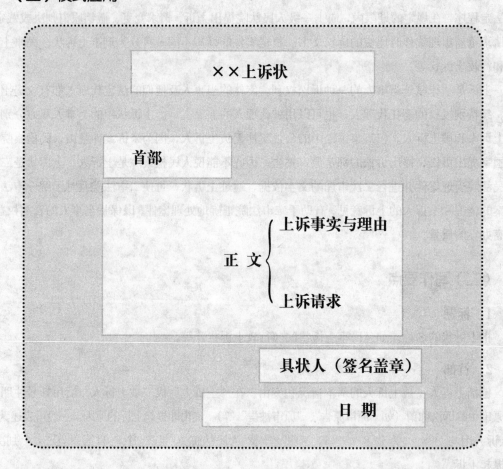

（四）实例示范

民事上诉状

上诉人（原审被告）：××市运输站站长王××。

被上诉人（原审原告）：史××，男，28岁，汉族，本市第一中学教师，住本市×路×号。

上诉人因车祸一案，不服××市××区人民法院×年×月×日×字×号民事判决，特提起上诉，现将上诉理由和请求陈述如下：

原审判决认定：史××之子史×，8岁，因扒乘市运输站4吨解放牌汽车，司机姜×× 明明知晓，却不停车予以制止，而是照开快车，致使史×摔断肋骨，判令被告人赔偿史×全部医疗费用。上诉人认为上述认定与事实不符。

一、史×在×日×时×分确曾扒乘原审被告的4吨解放牌汽车。司机姜××发现后，曾停车劝其不要扒车，史×当场下车。后当车子开动，史×又偷偷地在后车厢铁杆上吊扒汽车。司机姜××发现后，准备刹车，严令其不要偷扒汽车。不料史×害怕受斥，急从车上跳下，摔在地上。此时正逢一男青年骑自行车疾驰而过，来不及刹车，撞在史×身上，致使其肋骨折断。而该青年害怕追究事故责任，骑车飞快逃逸。此事有现场目击者居民施×× 老太太可以证明。出事时，施××老太太曾喊过："脚踏车撞人！脚踏车撞人了！"

二、根据市第×人民医院检查证明，史×的肋骨折断是外物严重撞击所致，而非从车上摔倒地上所致。

三、为顾惜被上诉人遭此不幸，在史×住院期间，上诉人一方司机姜××曾携带价值50元的营养品去医院慰问。上诉人也派人到医院捐助人民币200元，帮助被上诉人减轻医药费负担。但被上诉人竟将此认定为是上诉人做贼心虚，投诉到××市××区人民法院，控告上诉人，请求法院判令上诉人赔偿全部医药费用。上诉人认为原审原告的请求和原审法院判决是无理的。基于上述事实和理由，恳请××市中级人民法院深入调查，弄清事实真相，作出公正而合理的判决。

此致
××市××区人民法院转致
××市中级人民法院

上诉人：××市运输站法定代表人

王××（盖章）

×年×月×日

附：人证：施××，女，55岁，居民，住本市××路×号。

小结

（一）指点迷津

上诉状写作时应注意：

第一，上诉人必须符合法定的上诉条件。

第二，提出上诉必须在法定的期限之内。不服刑事判决的上诉期限为 10 天，不服刑事裁定的上诉期限为 5 天；不服民事判决与行政判决的上诉期限为 15 天，不服民事裁定与行政裁定的上诉期限为 10 天。逾期上诉无效。

第三，上诉状可以向原审人民法院递交，也可以直接递交给上一级人民法院，并按规定同时递交上诉状副本。

第四，上诉理由的写作应注意针对性，应紧扣原审裁判的不当之处，有的放矢地进行反驳。反驳时要以事实为根据，以法律为准绳，做到有理有据，以理服人。同时，反驳论证的过程还应逻辑严密，条理清楚。

（二）练习案例

根据下面材料写一份上诉状。

××市××饭店经理王××（女，25 岁，住本市××路××号），2003 年 5 月开始租赁张××（男，50 岁，在本市汽车站工作，住车站宿舍）的房子五间。双方签订了租赁合同，房租每月 300 元。从 2003 年 5 月至 2003 年 12 月，王××均按期如数支付房租。但后来王××得知张××租给他人同样的房子每月房租仅 150 元，就向张提出房租减到与别人同样多的要求，遭到张××的拒绝，因此，王××从 2004 年 1 月起停止付房租。张××以王××不付房租赖占住房为由，向法院起诉，市人民法院于 2004 年 5 月 16 日第 65 号民事判决书判决：维护双方 2003 年 4 月 25 日签订的合同，令王××将欠张××的五个月租金 1500 元一次付清。王××不服判决，于 2004 年 5 月 25 日向市中级人民法院上诉，以双方过去签订的合同租金过高，不公平为由，要求比照其他同类房屋，减少每月租金数额。同时，以经济困难，一时付不起 5 个月房租为由，要求分期付给，以维护上诉人的合法权益。

（三）错例分析

刑事上诉状

上诉人：李某，女，55岁，已退休，现住在本市仁爱路8号201房，是被告的母亲。

我是被告人陈某的母亲，我儿子没有挪用公款不还，他只是为支付我的医药费才先借用一下单位保管在他手上的一些钱。他想着以后赚到后再填上去，反正那些钱目前单位放着不会立即用掉。他没有想不还。他的确是有困难才走到这一步的。因为他向其他人借过也借不到，难道他看着我病死吗？请法院查清楚，体谅他的一片孝心，我们愿意卖掉房子还钱给单位。请判决他无罪吧。

此致

×区人民法院

上诉人：李某

×年×月×日

[评析] 1. 上诉人的主体资格不符合法律规定的要求。按照我国法律规定，上诉人必须是当事人本人或者是其法定代理人。原审被告已经具有完全的行为能力，上诉必须由其本人提起，如果是其母亲提起的，也必须以原审被告的名义提起。2. 没有写明不服原审判决的事由，也不表明是针对哪一案件的，让人不明所以。3. 上诉请求不具体。上诉要针对原审判决进行，对原审判决的态度要在上诉状中加以明确。一般有两种，一是要求撤销原审判决，另一是变更判决。因此，上诉请求必须具体，而且要言简意赅。4. 上诉理由不清。文中基本没有提出具体的理由，也没有表明原审判决认定的事实是否正确，对判决的适用法律是否恰当，处理是否正确。5. 写作的内容和语气过于感情化。法院的判决是建立在事实基础上的，因此，上诉必须针对客观事实，有理有据，不能过于主观，否则会适得其反。6. 没有写原判决的内容。

（四）知识链接

上诉状相关知识介绍及实例（法律快车网）

http://wenshu.lawtime.cn/shangsu/

第三节 申诉状

一、申诉状

（一）简要概述

申诉状又称申诉书、再审申请书，是案件的当事人或法律规定的其他有申诉权的人，对已经发生法律效力的判决、裁定、不起诉决定、调解协议等不服，按照审判监督程序提出申诉，要求人民法院或者人民检察院重新处理的诉讼文书。根据案件性质，可分为刑事申诉状、民事申诉状和行政申诉状等。

根据刑事诉讼法、民事诉讼法和行政诉讼法的有关规定，有权提出申诉的主体，刑事案件是当事人、被害人及其家属或者其他公民，民事案件和行政案件则限于当事人。

（二）写作要点

1. 标题

指申诉状的名称。直接写《申诉状》，也可以根据诉讼案件性质写成《刑事申诉状》、《民事申诉状》或《行政申诉状》。

2. 首部

包括当事人的基本情况和案由。当事人的基本情况主要写明申诉人、被申诉人的基本情况，写法与起诉状当事人情况相同。案由写明申诉人因什么不服何地人民法院何字号判决或裁定提出申诉，具体语言表述一般为："申诉人×××因不服×××人民法院×年×月×日××字第×号民事判决（或裁定），提出申诉。"

3. 正文

包括申诉请求、申诉事实与理由两大部分。申诉请求主要写明申诉所要达到的目的，如"请依法重新审理，作出公正的裁判"等。申诉事实与理由是申诉状的重点部分，一般先概述案情事实、原来处理的经过和结果，再对原来处理决定的不当之处作具体的、详细的说明。紧接着列举证据和法律依据加以充分论证，证明原判决（裁定）认定事实有误或适用法律不当。

4. 落款

申诉人或申请人签名盖章。

5. 日期

指申诉时间。

（三）模式应用

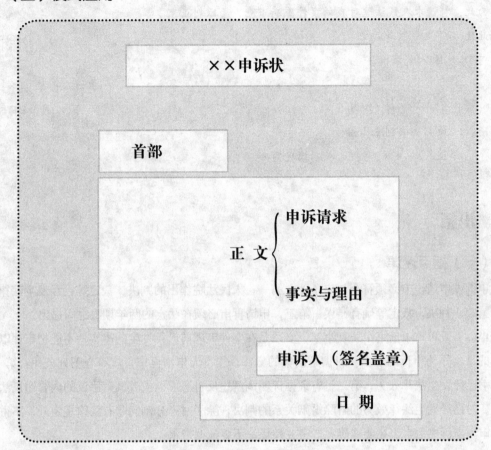

××申诉状

首部

正文 { 申诉请求 事实与理由

申诉人（签名盖章）

日 期

（四）实例示范

刑事申诉书

申诉人： 陈××，男，21岁，汉族，原系××市××机修厂工人，现住××市××路×号。

申诉请求： 请撤销编号【××××】刑字第××号判决。

申诉事实与理由： ×年×月×日，我被××市××区人民法院按伤害罪，以【××××】刑字第××号判决书判处有期徒刑三年。原审所认定的我于×年×月×日持水果刀将王××手臂刺伤的情况是事实。但是有如下两点不当：

1. 判决书认定的某些事实不清。×月×日晚，因我家与王家发生纠纷，王家兄弟两次冲入我家动手打人，将我打成右眼下部皮肤裂伤。这些情节在判决书中只字不提，不符合"以事实为依据"的审判原则。

2. 定性不准，处理不当。我与王××同住一层楼，是邻里关系。陈、王两家发生的只是邻里纠纷。双方在扭打中互有伤害，且事后我主动到派出所认错，并拿出一千元作为对方的医药、营养费的补偿，还作了书面检查。本来完全可以调解处理，可是我却被你院以伤害罪判处有期徒刑三年，不符合"以法律为准绳"的审判原则。

为此，特请求人民法院对我的案件重新审查，予以纠正。

此致

××市××区人民法院

申诉人：陈××

×年×月×日

附：1. 原判决书副本1份

2. 证人郑××、刘××的情况简介

 小结

（一）指点迷津

申诉或申请再审必须符合法定条件：第一，人民法院作出的判决、裁定等已经发生法律效力；第二，判决、裁定等确有错误；第三，申请再审必须在法定的两年期限之间提出。

申诉书或再审申请书中所列事实，必须是在案件审理前已经发生的事实，不能把审理以后发生的事实作为申诉的理由。对调解结案的案件，当事人申请再审，应符合下列条件：第一，调解书已经发生法律效力；第二，有证据证明调解违反自愿原则或者调解协议的内容违反法律规定。对已经发生法律效力的解除婚姻关系的判决，除了财产分割问题有法律规定外，不得申请再审。申诉书语言表述要准确、严密、精炼，不要拖泥带水。

申诉状与上诉状的性质、目的相同，都是对原审法院的判决或裁定不服，要求纠正错误。但二者又有明显的区别：第一，上诉状是对未发生法律效力的判决、裁定进行上诉；申诉状是对已经发生法律效力的判决、裁定不服而提出申诉。申诉时，判决、裁定不能停止执行。只有当申诉成功，人民法院改判后，才能根据改判撤销或更换原判决、裁定。第二，上诉状只能向上一级人民法院提出，而申诉状可向原审判的法院或原审的上级人民法院、人民检察院（民事、行政申诉不能向人民检察院提出）提出。

（二）练习案例

根据下列材料，拟写一份申诉书。

葛××，男，34岁，汉族，××市人，××区个体户，住××街5号。告××市公安局××分局局长曹××。

事实与理由：×年6月10日上午8时许，住在我楼上的胡×因往楼下倒脏水，溅进我家厨房。我与他评理，胡×抄起菜刀就往我脑袋砍，鲜血直流。我用衬衣包住头，去某医院包扎。当时有邻居和居委会干部在场。这件事经××派出所处理，对胡×给了警告处分，同时也给予我警告处分。派出所的理由是，经过血衣、刀鉴定，结论是上边的血不是人血。

我认为，派出所对其只有警告处分，过轻。为了这件事，我曾于×年×月×日对××派出所第×号裁决书提出复议申请。请求对其加重处罚，并重新鉴定血衣、刀，但××公安分局于×年×月×日下达复议裁定书，反而维持对我的警告，并撤销了对胡×的警告处分，也没有对血衣和刀进行重新鉴定。

我不服××公安分局×复字【××××】5号复议裁定书。我的法律依据是《治安管理处罚条例》第三十九条和《行政诉讼法》第三十七条有关规定，提起诉讼。

（三）错例分析

刑事申诉书

申诉人：赵某，男，40岁，汉族，×市×厂职工，住×市人民路××号，邮政编码：××××××

申诉人因盗窃、窝赃一案，不服某市×区人民法院×年×月×日【×】法刑初字第×号刑事判决书，现提出申诉，申诉的请求和理由如下：

请求事项：撤销×区人民法院的原审判决

事实和理由：

×市×区人民法院×年×月×日以盗窃罪、窝赃罪为由，判决赵某有期徒刑三年。赵某表示不服。说赵某犯了盗窃罪和窝赃罪是不对的。赵某只是帮李某保管一个行李箱，行李箱里有什么，赵某根本不知道，而且赵某和李某是老乡，帮他保管一下行李也是人之常情，因此根本谈不上什么窝赃。在李某行窃的时间里，赵某在上班，也就是说赵某根本没有作案时间，当然也就没有犯罪了。原判决书认定的事实是不正确的。事实上赵某根本没有犯罪。请求法院再进行调查，重新审理，作出公正的裁决。

此致

×区人民法院

申诉人：赵某
×年×月×日

[评析] 1. 针对性不强，条理不清。申诉状是针对已生效的判决来写的，行文应紧扣原判决内容。该文应该针对两点展开：一是赵某没有犯盗窃罪，二是赵某没有犯窝赃罪。然后举出证据证明，这样就条理清晰，针对性强了。2. 事实证据论述不够。要证明赵某没有犯盗窃罪和窝赃罪，重点在于举证。例如，赵

某没有参与盗窃，主要是他没有作案的条件，这就要从时间、地点上用有力的证据来证明这一点。已生效的判决作出时通常就已经建立在一定的事实基础上，如果申诉状没有强有力的证据是很难推翻原判的。

（四）知识链接

1. 刑事申诉状（中国农民法律服务中心）

   http://www.nmql.net.cn/ShowArticle.shtml?ID=200710209242993835.htm

2. 行政申诉状（中国法网）

   http://www.nmql.net.cn/ShowArticle.shtml?ID=200710209242993835.htm

3. 民事申诉状格式、内容及写作方法（开心范文网）

   http://www.kxfanwen.cn/101/102/29738.html

第四节　答辩状

一、答辩状

（一）简要概述

答辩状是在司法诉讼活动中，被告人或被上诉人针对原告、自诉人或上诉人的起诉、自诉或上诉状中提出的诉讼内容进行答复和辩解的一种诉讼文书。根据案件性质的不同，答辩状可以分为刑事答辩状、民事答辩状和行政答辩状三种。根据诉讼程序的不同，答辩状又可分为第一审答辩状和第二审答辩状两种，这两种答辩状在性质和功能上是完全一致的。在答辩状中，提出答辩的一方称为答辩人，另一方称为被答辩人，后者在诉状中可略去不写。

答辩状体现了诉讼当事人的权利和义务一律平等的原则。被告或被上诉人通过答辩状，可以针对原告或上诉人所提出的起诉或上诉事实、理由和根据以及请求事项，进行有的放矢的回答辩解，阐明自己的理由和要求，并提出事实和证据来证实自己的观点，以保护自身的合法权益。答辩状有利于人民法院在全面了解案情的基础上，判明是非，作出正确的判决。通过对诉状或上诉状、答辩状的全面了解，人民法院可以全面了解诉讼当事人的意见、要求，对如何进行调查、调解和审理，作出适当的考虑和安排，以保证合法、合理、合情，及时地处理好案件。此外，根据具体案情，答辩人还可以通过答辩状对刑事诉讼的起诉人和民事诉讼的原告提起反诉。

（二）写作要点

1. 标题

指答辩状名称。可以直接写《答辩状》，也可以根据案件性质写成《民事答辩状》、《刑事答辩状》、《行政答辩状》。

2．首部

包括当事人的基本情况和案由。当事人的基本情况这部分写法与起诉状当事人的基本情况相同。案由写明对原告（或上诉人）为何案件起诉（或上诉）进行答辩。一般用"现就×××为××一案上告我一事，答辩如下"，或"对×××诉××一案，提出答辩如下"等语句表述。

3．正文

包括答辩理由和答辩意见。答辩理由是写答辩人批驳原告人或上诉人谬误的理由。阐明理由时，可以就事实部分进行答辩，即对原告起诉状（或上诉状）中所述事实或部分或全部予以否定，并提供必要的证据；也可以就适用法律方面进行答辩，即就引用法律条文是否恰当，对法律条文的解释是否正确，或者诉讼程序是否合法等进行辩驳。答辩意见是根据法律和事实，说明答辩理由的正确性，揭示对方诉状中的矛盾，请求依法正确裁判。

4．落款

答辩人签名盖章。

5．日期

指答辩时间。

（三）模式应用

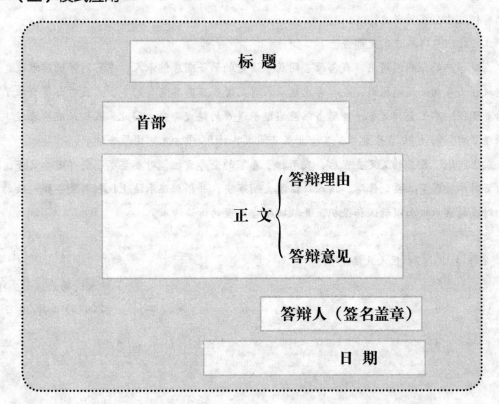

（四）实例示范

民事答辩状

答辩人：杨某，女，1960年10月18日出生，汉族，××省××市人，××钢铁公司××厂工人，住××市××区××路7号院。

因原告魏某诉我继承纠纷一案，提出答辩如下：

一、我对公婆尽了主要的赡养义务，依法有权继承遗产。

我于1982年嫁到魏家后，就承担了家中的主要家务。1987年，丈夫不幸去世，使我的精神受到严重打击。1988年，公公又因病去世。由于当时婆婆年老体弱，小姑子魏某年幼尚需要人照顾，我操持起了繁重的家务，一家三口和睦相处，生活美满。1989年原告出嫁后，我与婆婆相依为命，对婆婆照顾周到。为了使婆婆能安度晚年，我一人承担了全部家务，包括房屋的修缮等重体力劳动。由于不忍婆婆一个人独立生活，我一直守寡未嫁。2000年底，婆婆病逝，是我一个人操办料理了后事。原告在起诉状中诬告我虐待婆婆，对婆婆未尽赡养义务，与事实不符。

事实上，倒是原告对自己的母亲从未尽过义务。原告结婚时，婆婆和我共同张罗操办；其婚后只顾自己的快乐幸福，对其母亲的生老病死漠不关心，从不过问；婆婆刚一去世，原告就来找我吵闹，要求由她一人继承全部房产，表现得十分不道德。

根据《继承法》第十二条规定，丧偶儿媳对公婆尽了主要赡养义务的，应为第一顺序继承人，有权继承公婆的财产。

二、我应分得房产的大部分。

在对房产的分割问题上，我与原告同属于法定的第一顺序继承人，享有同等的继承权，但根据权利义务相一致的原则，应当考虑继承人对死者生前所尽义务的多少。我对公婆负担了全部赡养责任，尽了全部义务，理所当然应当继承遗产的绝大部分。因此，我要求继承北屋1间和东屋2间，共计90.3平方米，其余北屋2间（共计54平方米）由原告继承。

综上所述，原告的父兄去世后，我承担了养家的全部重担，对婆婆尽了全部赡养义务，还曾出资对房屋作了必要的修缮。请人民法院查明事实，并根据继承法上权利与义务相一致的原则，对我的继承权加以确认和保护，并驳回原告无理的诉讼请求。

此致

××省××市××区人民法院

答辩人：杨某（签、印）

2001年4月25日

小结

（一）指点迷津

答辩状写作时须注意：

第一，提出答辩状必须在法定的期限之内。民事答辩状必须在收到起诉状或上诉状副本后的15日内提出，行政答辩状则必须在收到诉状副本后的10日内提出。第二，答辩要有针对性。要抓住关键性问题进行重点出击，切不可漫无边际，空发议论，也不可回避要害，在枝节问题上纠缠不清，以至辩驳无力。第三，可分别运用驳论和立论方法。阐述答辩理由时运用驳论方法，抓住对方所陈述的事实错误或引用法律条文错误作为反驳的论点，要列举客观事实、证据和法律条文为证据，用逻辑推理方法进行论证。在阐明答辩意见时则运用立论方法，用确凿的事实和充分的理由，从正面提出对案件处理的主张和意见。第四，语言要犀利有力。答辩状是对起诉状或上诉状的辩驳，因此语言应尖锐有力，但不能恶意嘲讽或搞人身攻击，要平心静气，以理服人。

（二）练习案例

请根据下述材料，拟写一份民事答辩状。

××市公安局针对张××不服××市公安局××××年9月11日×行复字【××××】第27号治安管理处罚复议决定，向××人民法院提出诉讼一案递交一份答辩状。

××市公安局对这案子经复议认为，案发当日上午，张×与姚××发生口角是由谁引起的不清楚；当日下午张×令赵××停止建房再次发生口角时，张×首先对姚××进行公开侮辱的事实清楚；姚与其夫赵××共同将张×右手无名指轻微挫伤的事实不清，仅以法医鉴定是不够的，故不能因此认定系赵××所为。根据上述情况，××市公安局认为本案事实不清，故撤销××区公安局×行字【××××】第97号裁决。我局对此案的复议裁决是符合事实和法律的，请人民法院审查，维持原裁定。

张×向××人民法院提起诉讼写道：

（1）案件过程：××××年4月8日上午，××区××镇西村党支部书记张×与村长李××、治安主任张××、会计王××一起，去村民赵××家丈量宅基，让其退交其占用邻居吴××家后院面积约24平方米的一块土地（注：当时属赵××家部分宅基）。赵××不愿让出，其妻姚××称张×书记事先曾承诺此事。张×否认，双方发生争执，致使丈量工作未能如期进行。下午五时许，张×等人来到赵××之兄赵×的建房工地，令其停止建房。明确指出，等其弟让出宅基后再议，赵×未予理睬，并言称："那事与我无关。"赵××之妻姚××也持同样说法，并再次声明张×曾经许诺过赵×建房完工后再行退交。此时，张×极为恼怒，对姚进行公开侮辱。姚边骂边扑向张×，企图抓其脸部,被张用手护住。在旁边的赵××上前相助,将张×按倒在地,挥拳猛击其头部。张×之妻高××也参与了殴斗。最后,经他人劝解平息。经法医鉴定,张×右手无名指骨折,属轻微伤。

(2)案发处理:案发当日,由××区公安局三科立案调查。5月11日××区公安局根据《治安管理处罚条例》第二十二条一项之规定,对殴打他人、违反治安管理的行为人赵××给予行政拘留十五天的处罚,并赔偿张×医疗费用损失。赵××不服区公安局裁决,于6月9日向××市公安局提出复议申请。

(3)答辩人:刘×,男,41岁,××市公安局行政复议科副科长。

答辩人:郭××,男,40岁,××市公安局行政复议科副科长。

(4)答辩时间:×年×月×日。

(三)错例分析

民事答辩状

答辩人:永耀灯饰有限公司,地址:某市人民路48号,邮政编码:×××
×××

法定代表人:李某,职务:经理

委托代理人:张某,天平律师事务所律师

答辩人因与华天灯饰制造厂(以下简称华天)诉新颖灯饰有限公司(以下简称新颖公司)还款一案,现提出如下答辩意见:

华天与新颖公司曾签订3万元灯饰的购销合同,由答辩人对有关的款项进行担保,答辩人也在合同上确认了这一点。但是,这种担保只是一般担保,而不是连带担保,按照我国担保法的规定,被告新颖公司有还款能力的,不应由答辩人承担担保责任。而且,原、被告曾就还款事项修改过合同内容,又没有通知答辩人,因此,答辩人不应承担担保责任。请法院考虑上述原因,作出公正的判决。

此致

××区人民法院

答辩人:永耀灯饰有限公司

×年×月×日

[**评析**] 1. 论述事实不清。答辩人在案件中的关系没有交代清楚，尤其是与本案的原告、被告的关系以及案件的由来都含混不清。在本答辩状中，应当先将当事三方的关系交代清楚，而关键问题是将答辩人在合同中的责任叙述清楚，实际上没有做到这一点。2. 没有列明答辩要点。答辩状与起诉状一样，要鲜明提出答辩人的观点。为了使观点鲜明，最好用小标题或概括性的句子来表示，文中只用一段话来叙述，显得既不鲜明，也没有条理，重点不突出。3. 本答辩状也没有针对原起诉状的内容进行反驳。答辩状应当表示对起诉状的态度，特别是与答辩人的主张不同之处要指出，并用事实加以证明。例如起诉状中要答辩人承担连带责任，实际上答辩人只承担一般担保责任，答辩人就应当结合合同内容来强调这一点。

（四）知识链接

答辩状的格式与写作技巧（百分文体资源网）

http://www.100wtw.cn/article/2/30/2008/20080428373.html

第六章　财经文书

财经文书与财政、经济工作相关，它是国家行政机关、企事业单位、部门及个人，在处理财经业务活动中发生的各种关系，并作为处理财经业务规范和准则而使用的一种专用文书。

随着社会经济的繁荣和发展，财经文书已广泛地应用于社会经济各个领域，成为当今经济活动中不可缺少的重要组成部分。如要决策企业营销方向，就必须进行市场调查和预测；要参与市场竞争，就必须善于在招标、投标中获胜；要保证经济往来双方的信誉，就必须签订相关的合同等。

财经文书的写作具有以下基本要求：

1．政策性要求

财经文书以反映现实的经济活动为基本内容，又是从事经济活动的重要手段和工具，始终贯穿于经济活动的每一环节，所以必须严格遵循经济方针、政策和经济法规。否则，财经文书就难以发挥其应有的作用。

2．专业性要求

财经文书具有很强的专业性。在反映经济实践活动的过程中，财经文书往往需要运用定性分析和定量分析，并以此揭示问题、分析问题和解决问题。定性分析离不开专业术语，专业术语能简明而准确地表达专业特定的概念，例如资金、费用、成本、利润、预算、贷款、税率、推销、长期投资、经济效益等，都是定性分析时常用的专业术语。定量分析离不开具体、准确的数据，包括绝对数、相对数、平均数和动态数列等，只有这些数据才能真实、准确地反映经济活动的客观事实。

3．严谨性要求

财经文书写作必须严肃认真，要承担经济责任和法律责任。财经文书的内容要求绝对真实可靠，文实相符才能据以办事。财经文书直接参与经济活动，直接涉及经济利益、经济价值、经济效益、经济责任，也就是经济权利和经济义务，这一切都得体现在财经文书写作中。所以，财经文书写作不论是以个人名义，还是以单位、部门名义，都必须做到谨慎、准确。行文中的一句话、一个词、一个数字，甚至一个标点郁必须准确无误。否则，可能产生经济纠纷，造成无法挽回的经济损失。

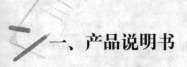

第一节 产品说明书 广告文案

一、产品说明书

(一)简要概述

产品说明书是企业向消费者(用户)介绍产品的性能、成分、效用、保养、维修及注意事项等有关产品知识和使用须知的应用文,又称为产品介绍。产品说明书虽具有扩大销售的作用,但它有别于广告。广告以推销产品为目的,而产品说明书以说明产品为目的。广告中常使用"质量稳定可靠"、"实行三包"、"欲购从速"、"勿失良机"等赞誉和敦促消费者购买的文字,产品说明书不采用这种写法,而应该是冷静、客观、科学的写法。

产品说明书的种类通常有以下几种:

1.包装物说明书

把简短的产品说明印在包装物上,这种形式往往用于日常生活用品和医药用品,既方便消费者,又美化包装。

2.专用纸张说明书

它是以较长篇幅写在专用纸张上,放进包装盒的说明书,适用于科技含量较大、使用较复杂的产品。

3.图表式说明书

有的商品成分较复杂,就用图表来表示。如用图表表示奶粉中各种营养成分,一目了然。电器商品的结构、性能通常也用图表来表示。图表说明与文字说明往往是结合起来使用的。

4.装订成册的产品说明书

这类说明书往往用于零部件多、结构复杂、使用技能要求较高的产品,除了文字分项说明外,还要用许多图表如总体图表、分解图表等辅助说明。

(二)写作要点

1.标题

产品说明书的标题有完整的标题和省略的标题两种。完整的标题由产品的商标、型号、货名加文种"说明书"、"使用书"或"使用说明"等构成,如《佳能数码相机 A540 使用说明》。

2.正文

(1)开头,也称引言。用一小段文字介绍产品性能、结构、构料成分、功效及最新技术等,让消费者对该产品有一个大体了解。

（2）主体，这是产品使用说明书的核心部分，按产品的规格顺序及如何保养、检查和维修等事项，逐一加以说明。

3. 落款

产品说明书落款的内容，包括企业名称、地址、邮政编码、电话和电传、网址等，置于产品后，或封面的标题之下，以示对该产品的负责。

4. 日期

（三）模式应用

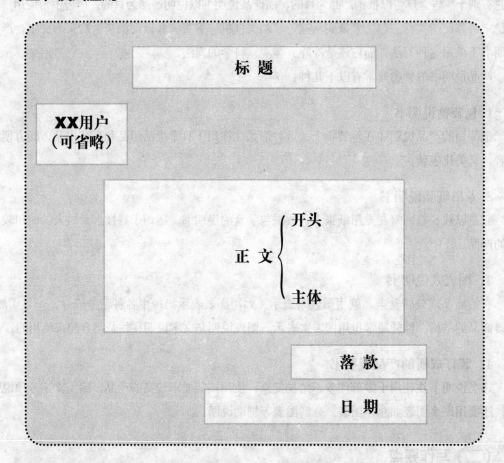

（四）实例示范

风寒感冒颗粒(冲剂)使用说明书

[药品名称]　风寒感冒颗粒

[汉语拼音]　Fenghan Ganmao Keli

[药物组成]　麻黄、葛根、紫苏叶、防风、桂枝、白芷、陈皮、苦杏仁、桔梗、甘草、干姜。

[性状] 本品为棕褐色颗粒；气芳香，味香，微苦。

[作用类别] 本品为感冒类非处方药药品。

[功能与主治] 解表发汗，疏风散寒。用于风寒感冒，发热，头痛、恶寒，无汗，咳嗽，
鼻塞，流清涕。

[用法用量] 口服，一次1袋，一日3次。

[注意事项]

1．忌烟、酒及辛辣、生冷、油腻食物。

2．不宜在服药期间同时服用滋补性中成药。

3．风热感冒者不适用，其表现为发热重，微恶风，有汗、口渴、鼻流浊涕，咽喉红肿热
痛，咳吐黄痰。

4．有高血压、心脏病、肝病、糖尿病、肾病等慢性病严重者，孕妇或正在接受其他治疗
的患者，均应在医师指导下服用。

5．服药三天后症状无改善，或出现发热咳嗽加重，并有其他严重症状如胸闷、心悸等时
应去医院就诊。

6．按照用法用量服用，小儿、年老体虚者应在医师指导下服用。

7．药品性状发生改变时禁止服用。

8．儿童必须在成人的监护下使用。

9．请将此药品放在儿童不能接触的地方。

10．如正在服用其他药品，使用本品前请咨询医师或药师。

贮藏条件] 密闭，防潮。

[规格] 每袋装8克

[包装] ××××

[批准文号] ××××

[有效期] 至×年×月×日

[生产日期] ×年×月×日

[生产单位] ××××

企业名称：×× 地址：×× 电话：×× 传真：×× 邮编：××

如有问题可与生产企业直接联系。

二、广告文案

（一）简要概述

现代广告的表现形式多种多样，但任何形式的广告都离不开语言文字这个最重要的载体。

目前在运用最广泛的报纸、杂志、广播、电视、互联网等主要广告媒介上，传递广告信息的主要工具是文字、声音和图像，其中文字的表现力最为重要。

从广义上看，广告文案是指与广告作品有关的一切语言文字，不管篇幅长短、文字多少、结构如何，只要使用的是语言文字这个工具，就都可以称为广告文案。从狭义上看，广告文案是指有标题、正文、广告语、随文等完整结构的文字广告。

广告文案的类型按广告内容可分为商品广告文案、劳务广告文案、文娱广告文案、社会广告文案、公益广告文案等。但广告文案通常按照广告媒介的形式特征进行分类，主要有：

1．印刷广告文案

印刷广告文案主要应用在报纸、杂志、书籍、宣传样本、直邮广告等媒介，其共同特征是视觉传达，受众是通过阅读来获得广告信息的。

2．广播广告文案

广播广告文案主要运用在有线广播和无线广播媒介，共同特征是听觉传达，受众通过声音传递来接受广告的信息。

3．影视广告文案

影视广告文案主要运用在电影、电视等媒介，媒介特征是集视觉与听觉、时间与空间于一身，表现形式丰富多彩，声画合一，感染力强，便于记忆。

4．互联网广告文案

互联网广告基本上通过视觉来传达，在文案写作上与印刷广告文案相类似，但它又具有影视广告视觉传达的连续性、时间性、动画性等特征，以及自身通过点击、链接来实现的交互性、灵活性、实时性等特点。

5．户外广告文案

户外广告主要包括招贴广告、路牌广告、橱窗广告、车体广告、霓虹灯广告等，其共同特征是受众在流动状态下接受广告的信息，因而又称作"流动广告"。

（二）写作要点

广告文案是广告的核心，是一切广告作品的基础。广告文案的创作不仅要考虑到不同媒介的特征与要求，还要考虑到广告的目标、对象、功能和作用，做到有的放矢、量体裁衣。

完整的广告文案一般由标题、广告语、正文、随文四个基本要素构成。但在不同类型的广告中，广告文案的构成要素也会有所变化，如广播、影视广告中一般不含广告的标题，在招贴广告中往往不含广告的正文。

1．标题

标题是表现广告的主题，在广告文案中占据着主导地位，它是一则广告的导入部分。标题的主要作用在于吸引受众，它通常位于广告作品中最醒目的位置，引起受众注意，诱导受众阅读正文。广告标题的成功与否，会直接影响到广告内容的传播。新颖、独创、简洁明了、易识易记、便于传播的广告标题，能够使广告产生良好的宣传效果。

2. 广告语

广告语，又称"广告口号"，是在广告阶段性战略中反复使用的一种精炼的口号式语句。广告语与广告标题在表现形式和写作要求上有许多相同之处，都是仅用一两句话来表达一个广告主题，因此也有许多广告作品的广告语就是广告标题。然而，广告语又与广告标题有着明显的差别，广告语在语言文字上要求朗朗上口，易读易记，通俗有趣，个性鲜明。另外，广告语一经确定，不仅要在很长一段时间内反复使用，同时还要在不同形式和不同种类的广告中反复使用，因而广告语在广告作品中有其相对的独立性和灵活性，在广告的宣传中则有一定的稳定性和持久性。

3. 正文

正文是广告文案中的主体，是对广告标题的解释和广告主题的详细阐述。当广告标题引起受众的注意后，广告正文就要承担起对受众实现心理说服的作用。

广告正文的内容与受众的利益直接相关，它既要考虑到受众当前所迫切关心和了解的问题，还要设身处地地考虑受众可能会引起兴趣的问题，提供翔实的事实材料和客观理由，从而使受众能更加深入地了解广告的主题，对广告增加信任度，促使受众付诸具体行动。

4. 随文

随文，又称附文，是对广告正文的补充。广告随文通常位于广告文案的尾部，用来传达广告主身份以及相关的附加信息等内容。

广告随文的内容根据不同的需要和广告的形式而定，不宜罗列过多。广告随文在广告文案中虽然处于从属地位，但它的写作同样不可疏忽，除了常规的广告主名称、地址、电话、电传等联系内容外，还可以通过创意增设附加内容来激励受众积极参与广告活动，为实现与受众的反馈与互动起到积极作用。

（三）模式应用

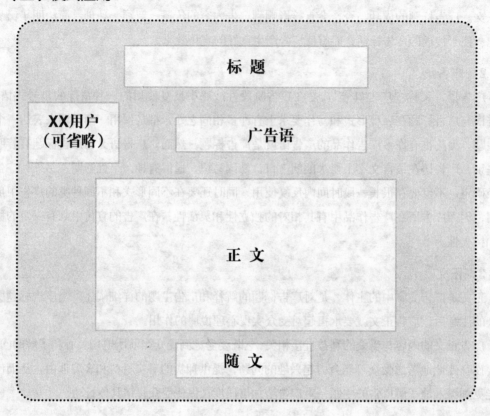

（四）实例示范

例1

洋河白酒（蓝色经典）电视广告文案

世界上最宽广的是海，比海更高远的是天空，比天空更博大的是男人的情怀……洋河蓝色经典——男人的情怀，中国洋河。

例2

麦氏咖啡更名报纸广告文案

标题：麦氏换上新名字

正文：你钟情的麦氏咖啡，现在已经换上新名字——麦斯威尔，香醇幼滑，带来百分之百纯咖啡的满足感。享受悠闲一刻，全新麦斯威尔咖啡。

随文：略

小结

（一）指点迷津

1．产品说明书

产品说明书要对消费者负责，如实地反映产品的实际情况；写作内容要严格区分于广告，强调知识性和实用性；使用的是纯粹的说明性文字，切忌描写、抒情和议论；表述上要简短明快，结构上可用分列式或条款式。

2．广告文案

广告文案的创作，是广告作品的基础，它先于广告作品而存在。广告文案不仅要考虑到广告作品的构思立意以及与图片、图像、音响、字体、字形的密切配合，更要考虑到广告的目标、对象、媒介等因素的要求与特征，从总体上进行把握，以达到完美和谐的最佳宣传效果。

(1) 目标定位

文案创作前首先面临四个问题：一是为什么做广告；二是做什么广告；三是广告做给什么人看；四是通过什么媒介发布广告。

(2) 整体构思

广告文案创作构思不仅要考虑文案的篇章结构、遣词造句、修辞风格等自身内容，同时还要考虑到图文结合、声文结合、视听结合等综合因素。

(3) 诱导感化

广告文案用"诱"的方法使受众在情不自禁中引起注意并产生兴趣，用"导"的方法让受众顺着你的方向产生丰富联想。广告文案要想使受众感化，就首先要把自己融入作品之中，并且要把自己作为目标受众中的一员，关注受众的感受。

(4) 长短适宜

广告文案的长短由广告媒介、产品特性、广告形式、消费心理等多种因素决定，而不是由个人喜好左右。该长不长，该短不短，都不利于广告信息的有效传播。

(5) 简洁明了

广告文案无论长短，都要简洁明了。语句尽可能地缩短，不要用长句和复杂的句子。

(6) 文图互补

广告作品中，有大部分的广告文案与静态或动态的画面相结合，形成一种文图互相影响、互相补充的整体宣传效果。

(7) 文声并茂

在广播广告和影视广告中，文声并茂，无疑是增强广告宣传效果的重要举措。

（二）练习案例

1. 请就你熟悉的一种文体用品写一篇说明书。

2. 阅读下面一段关于汽车安全使用的说明文字，请指出其存在的问题。

发动机处于运转状态，变速杆挂入任一行驶挡位时，务必踩住制动踏板停住轿车，因为即使在急速情况下，传动器仍可传递动力，轿车可能会移动。轿车处于静止状态，挂挡后切勿因一时疏忽打开节气门，否则，轿车将立即起步行驶。

3. 比较下列两组广告标题，看哪一个更生动、更吸引人。

(1) 红鸟鞋油广告标题： ①约会前，请擦红鸟鞋油；②请擦红鸟鞋油。

(2) 太平洋保险公司广告标题：①太平洋保险保太平；②平时注入一滴水，难时拥有太平洋。

4. 评析下列几个广告语。

(1) 新鲜每一天（光明牌牛奶广告语）；

(2) 因为专业，所以放心（上海万豪医院广告语）；

(3) 一旦拥有，别无所求（深圳飞亚达公司广告语）。

5. 公司推出了一种新口味的饮料，为其试拟一则 15 秒的广播广告文稿。

（三）错例分析

例1

2005年6月，宁波鼓楼工商所相关负责人称，宝洁公司的"潘婷"洗发水、"海飞丝"洗发水一些产品说明涉嫌虚假宣传："潘婷"洗发水包装说明显示，其产品能"帮助填补头发每天所流失的氨基酸，能在修复受损发质的同时，帮助重组秀发内部结构"。但该所认为，洗发液并不一定能填补头发每天所流失的氨基酸。而"海飞丝"洗发水外包装上写着："产品中的片状晶体 ZPT 去屑因子直接作用于头屑产生的根源，能帮助更有效去除头屑及防止头屑再生"。但是，该品牌产品曾接到过当地消费者投诉，称使用此产品几年后，头皮屑都没有消失。（选自《人民日报》2005年6月23日）

[评析] 产品说明要有对消费者负责的精神，如实地反映产品的实际情况。"潘婷"洗发水和"海飞丝"洗发水产品功用说明上明显言过其实。

例2

2005年2月，为打击联想，惠普在我国台湾地区不但对外声称只有惠普才是"正宗美国货"，而且还打出"连想，想都不用想"的商业广告。此极端手段引起轩然大波，并受到联想管理层的高度关注。大多本土广告营销专家表示："从法律和商业道德出发，这不是主流竞争方式。"（选自《北京晨报》2005年2月24日）

[评析] 比较性广告策略是针对竞争对手，将产品的特性加以比较的一种方式。运用比较性广告，实行进攻性营销，是许多企业在营销战中常用的手段之一。在中国，此种明确出现竞争对手的广告是被明令禁止的，惠普这则广告虽未指名道姓，但明显将矛头指向了联想。

（四）知识链接

1.《中华人民共和国标准 消费品使用说明总则》（质量世界网）

http://www.quality-world.cn/Soft/ShowSoft.asp?SoftID=647

2.有关商标的法律法规（中国商标网）

http://sbj.saic.gov.cn/flfg/flfg.asp

3.产品包装上的认证标志（中国包装网）

http://news.pack.net.cn/newscenter/hybz/20070802/132440.shtml

4.《中华人民共和国广告法》（中华广告网）

http://www.a.com.cn/cn/hygl/ggfg/zd/fl-zhrmghgggf.htm

第二节　招标书与投标书　合同

一、招标书与投标书

（一）简要概述

招标和投标是市场经济条件下常用的一种贸易方式。多数用于国家政府机构、市政、大型企业或公用事业单位采购物资、器材或设备。这种方式现在更多地用于国际或国内工程的承包。

招标是指招标人在规定时间、地点发出招标书或招标单，提出准备施工的工程或准备买进商品的品种、数量及有关条件，招引或邀请应招单位或人员进行投标的行为。招标使用的文书，叫招标书。招标书有两种：招标公告和招标通知。

招标书按招标的范围可分为国际招标书和国内的招标书。国际招标书要求两种版本，按国际惯例以英文版本为准。考虑到我国企业的外文水平，标书中常常特别说明，当中英文版本产生差异时以中文为准。招标书按招标的标的物划分，又可分为三大类：货物、工程、服务。根据具体标的物的不同还可以进一步细分。如工程类进一步可分施工工程、装饰工程、水利工程、道路工程、化学工程……每一种具体工程的标书内容差异非常大。货物标书也一样，简单货物如粮食、石油，复杂的货物如机床、计算机网络。标书的差异也非常大。

投标是指投标人应招标人的邀请根据招标书或招标单位的规定条件，在规定的时间内，向招标方报价，争取中标从而达成交易的行为。向招标单位递交的文书叫投标书，也称为标书、标函。投标书包括投标申请书、投标书、投标企业简介、总预算表，有时还有产品说明书。

（二）写作要点

1. 标题

(1) 招标单位＋事由＋文种，如《××大学工程建设指挥部新图书馆施工招标通知》。

(2) 事由＋文种，如《南水北调东线第一期工程××市截污导流工程招标公告》。

2. 前言

一般包括四个要素：招标缘由和根据；工程名称或产品名称；规模和批量，即工程的面积或产品的数量；招标范围。

3. 主体

包括招标项目和要求，招标程序和方法，投标的起止日期，发售文件的日期、地点，投标的手续，标书的售价，投标的方法及要求，开标评标的时间、地点和具体办法，投标者的条件，中标者的责、权、利等。

4. 落款

写招标单位的名称、地址、发文日期、邮政编码、电话号码、传真号码、电子邮箱及联系人等。

投标书的内容与招标书相对应，要对招标的条件和要求作出明确的回答和说明。

（三）模式应用

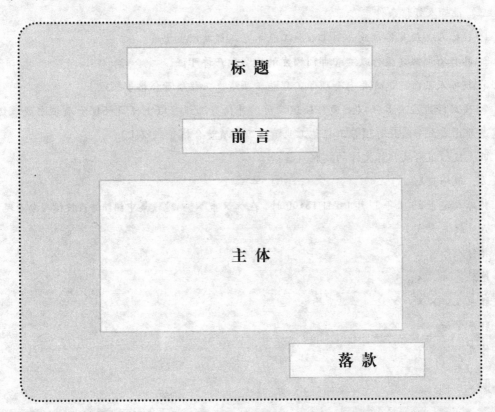

（说明：投标书模式与此大致相同，只是应写明是投标书。正文：包括综合说明、工程标价、工期、工程质量、主要施工方法与质量保证措施、建议等内容。结尾：标明投标单位名称、法人代表姓名、代表人姓名及投标日期等。）

（四）实例示范

例1

南水北调东线第一期工程××市截污导流工程招标公告

南水北调东线第一期工程××市截污导流工程已经国家批准建设，工程建设资金已落实，各项手续齐全。项目法人××市截污导流工程建设处现对该工程施工在国内公开招标。

一、工程概况

××市截污导流工程位于湖滨新城开发区。主要任务是将××市老城区原排入运河的12家工业企业处理后的工业尾水输送至新沂河山东河口，以改善南水北调输水干线运河水质及水环境。主要建设内容包括：1. 截污工程；2. 尾水输送工程。

二、招标内容

铺设3.93km钢筋混凝土管道，其中2.24km为沟埋施工（管径DN400～600），1.69km为顶管施工（管径 DN800）。

三、投标人资格条件

1. 投标人必须具备市政公用工程施工总承包二级及以上资质。

2. 具有省部级建设行政主管部门颁发的安全生产许可证。

3. 投标人业绩：近 5 年内有顶管工程施工业绩，工程质量合格等级以上。

4. 项目经理应有 5 年以上项目经理经历，并持有二级及以上项目经理资质证书或二级以上建造师资质证书。且有顶管工程施工业绩，工程质量合格等级以上。

四、投标报名及招标文件的获取（略）

五、现场查勘

招标人定于 2007 年 11 月 16 日 13：00 时，在××市××地段集中组织潜在投标人勘查现场。

六、联系方式

招标人：××××

地址：××××

联系人：××××

联系电话：××××

传真：××××

例 2

××学院艺术楼周围绿化工程招标信息公告

××学院艺术楼周围绿化工程已经开始发标，有意者请到××学院行政楼 213 室咨询，电话：×××× 开标时间：××年×月×日下午 3：00。

联系人：××

附招标文件，但以登记缴费为准。

附件到行政楼 213 室另取。

××学院艺术楼周围绿化工程招标文件

一、招标人：××学院

地址：××省××市××路 399 号

邮编：××××××

开户银行：××市工商银行××路分理处

账号：××××

联系人：××

联系电话：××××

二、招标内容及要求

（一）××学院艺术楼周围绿化工程。

（二）具体苗木品种、数量、规格见附件与规划方案图。

（三）质量要求：

1. 苗木无病虫害，土球完好，规格符合标书要求。

2. 定点、放线准确，树塘开挖、土壤改良等均符合种植规范要求。

3. 浇水、绑扎、固定支撑及时。

4. 养护（包括浇水、施肥、施药、除草、修剪等）管理规范、无病虫害，场地无积水。

5. 栽植后保证成活率达100%。

6. 所有苗木要求全冠，树型美观，树叶浓密。

三、投标单位要求

所有投标单位必须具有独立法人资格，参加投标活动必须是企业法人或法人委托人（一个单位不得委托多人代理、一个人不得代理多个单位，否则，投标无效），并按本招标文件进行投标。

四、投标费用

投标单位应承担其编制投标文件以及递交投标文件所涉及的一切费用，无论投标结果如何，招标单位对上述费用不负任何责任。

五、投标文件内容

1. 报价：根据招标文件苗木清单，详细说明苗木的单价、复价。报价应包括苗木基价、运输、土地平整、土壤更换或改良、树塘开挖、栽植、税收和管养二年等各项费用之和。

2. 施工组织程序。

3. 投标单位对工程质量和工期的承诺。

4. 养护期间的承诺。

5. 企业业绩及所拥有的技术力量。

六、投标保证金

1. 投标单位投标报名时，需向招标单位缴纳资料费 <u>贰佰元</u> 和投标保证金 <u>伍仟元</u> 。

2. 未中标单位的投标保证金，一周内凭收据予以退还（无息）。

3. 中标单位的投标保证金自动转为履约保证金，在施工后经验收无质量问题予以退还（无息）。

4. 投标单位在投标过程中，如有弄虚作假及其他违规行为，将取消其投标资格，投标保证金不予退还。

5. 中标单位确定后，无正当理由拒绝签订合同，招标单位有权取消其中标资格，并不退还其投标保证金。

七、招标文件发放、投标时间及地点

1. ×年×月×日下午在××学院行政楼213室发招标文件，并收取资料费和投标保证金。投标单位（人）可到现场仔细察看地理位置和地形，联系电话：××××。

2. ×年×月×日下午 15:00 时前，各投标单位将投标书送到××学院行政楼 213 室。凡是过期送达作弃权处理。

八、合同主要条款：

1. 工期：<u>20 天</u>。

2. 质量要求：见工程内容质量要求。

3. 养护期：二年。

4. 付款方式：（1）工程竣工验收合格后在 2008 年 8 月中旬付 50%。（2）养护期满一年，补齐苗木付工程款 30%。（3）养护期满二年后，补齐苗木付清余款或按实际成活苗木数付清。

5. 施工期间，所发生的一切责任事故均由施工方承担。

九、评标原则和方法由××学院评标小组主要参考下列因素评定：

1. 投标单位的报价；

2. 投标单位的信誉；

3. 投标单位的承诺。

十、开标时间和地点：

1. 开标时间：2008 月<u>1</u>日<u>27</u>下午 <u>15：00</u> 开标。

2. 开标地点：××学院行政楼二楼会议室。

3. 开标时邀请所有投标人参加，无故缺席作废标处理。

十一、招标文件未尽事宜按有关招标、投标规定执行。本招标文件由××学院后勤处负责解释。

××学院

2008 年 <u>1</u> 月 <u>5</u> 日

附件：艺术楼周围绿化工程苗木清单（略）

例 3

投标书

××市湖滨现代生态农业示范区水利工程建设处：

根据我单位考察现场和贵处提供的工程量清单及其他有关文件后，我方愿以人民币<u>参拾捌万壹仟零捌拾贰元玖角整</u>（大写）381082.9 元（小写）的总价承包上述工程施工、竣工和保修。

投标单位：（盖章）

单位地址：××××

法定代表人：（签字、盖章）××

电话：××××

开户行：××××

银行账号：××××

电话：××××

日期：×年×月×日

附件：1.《分组工程量清单》；2.《单价分析表》。

二、合同

（一）简要概述

合同也叫契约，它是单位之间、个人之间或单位和个人之间，为了共同完成某项任务或办理某事，经过讨论协商，双方同意，制定出双方保证遵守和执行的条款，用书面形式固定下来作为凭据的文书。《中华人民共和国合同法》第二条规定："合同是平等主体的自然人、法人、其他组织之间设立、变更、终止民事权利义务关系的协议。"

按照不同的标准，合同可以分为不同的种类：按合同的有效期限分，可以分为长期合同和短期合同；按合同的成立形式分，可以分为承诺合同和实践合同；按合同的写作格式分，可以分为章条式合同、条款式合同和条款表格综合式合同；按合同的内容和性质分，依据《中华人民共和国合同法》规定，可以分为买卖合同，供用电、水、气、热力合同，赠与合同，借款合同，租赁合同，融资租赁合同，承揽合同，建设工程合同，运输合同，技术合同，保管合同，仓储合同，委托合同，行纪合同，居间合同。另外常见常用的还有保险合同、劳动合同、房地产合同等。

（二）写作要点

1．标题

合同的标题应标明合同的性质及文种，如《买卖合同》。

2．当事人名称

应写明合同当事人各方名称的全称，一般有两种写法。一种是在标题下空两格标明"订立合同单位"或"订立合同双方"字样，再在其下面分行并列当事人各方全称，并在各方名称后用括号注明"以下简称甲（或乙）方"字样，以使正文表述方便。

3．正文

这是合同的主体部分。主要包括三个方面的内容：(1) 引言，说明签订合同的目的、依据和原则。(2) 主体，应写明合同的具体内容，即主要条款。一般应按合同法规定的主要条款及其主次顺序表述。此外，还可视合同的性质写上各方协商的有关条款。(3) 附则，应注明合同的份数和保存单位、合同中未尽事宜的补充说明以及合同附件等。

4．落款

在正文的下方分别写明签订合同各方名称的全称、地址和法定代表人姓名，并加盖公、私章。有委托代理人的，有主管部门鉴证或公证机关公证的，也应分别签名盖章。另外，还要写上签订地点、签订时间。有的合同还要标明开户银行及账号、电话号码、电挂、邮编等。

（三）模式应用

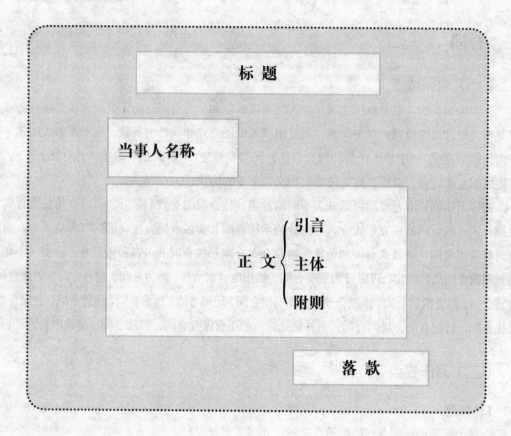

（四）实例示范

例1

买卖合同

卖方：××市××机床厂（甲方）

买方：××市××商场（乙方）

经双方充分协商，签订本合同，以资共同遵守。

一、标的："海洋"牌洗衣机，型号规格××。

二、数量和余额：总共壹仟台，每台单价为一千零玖拾伍元整，总计金额一百零玖万伍千元整。

三、交货日期：2001年7月15日交叁百台，四季度交叁百台，2002年第一季度交贰佰台，第二季度交贰佰台。

四、产品质量标准：按部颁质量标准。

五、产品原材料来源：由甲方解决。

六、产品验收方法：乙方按质量标准验收。

七、产品包装要求：用硬纸箱包装。

八、交（提）货方法、地点及运费：由甲方铁路运输到株洲市火车站，运费由乙方负责。

九、货款结算方法：通过银行托收，验货承付。

十、违约责任：按《中华人民共和国合同法》第17条第二款规定："供方必须对产品的质量和包装负责，提供据以验收的必要的技术资料或实样。"因产品的数量短少，不符合规定，甲方必须偿付乙方不能交货部分总值的5%的罚金；因包装不符合要求造成的货物损失，由甲方负责赔偿；因交货日期违约，比照银行延期付款的规定，每延期一天，按延期交货部分总值的0.03%偿付乙方。如乙方半途退货，由乙方偿付退货部分货款总值的5%罚金；乙方延期付款，比照银行延期付款规定偿付甲方罚金。

十一、非人力抗拒的原因造成不能履行合同时，经双方协商和合同签证机关查明证实，可免于承担经济责任。

十二、本合同自签订之日起生效，任何一方不得擅自修改或终止。

十三、本合同正本两份，甲乙方各执一份；副本四份，甲乙双方业务主管部门、签证机关、银行各执一份。

十四、本合同有效期到2002年6月30日。

十五、其他约定事项。

_____

卖方（甲方）	买方 （乙方）	签证机关：
××市××机床厂	××市××商场	×××（章）
代表人×××（章）	代表人×××（章）	
电话（略）	电话（略）	
电挂（略）	电挂（略）	
开户银行（略）	开户银行（略）	
账号（略）	账号（略）	
地址（略）	地址（略）	
×年×月×日	×年×月×日	

例2

股权质押合同

出质人（以下称甲方）：_____

质权人（以下称乙方）：_____

为确保甲、乙双方签订的×年××字第××号合同的履行，甲方以在××投资的股权作质押，经双方协商一致，就合同条款作如下约定：

第一条　本合同所担保的债权为：乙方依贷款合同向甲方发放的总金额为人民币×××××××（大写）元整的贷款，贷款年利率为××，贷款期限自×年×月×日至×年×月×日。

第二条　质押合同标的

（1）质押标的为甲方（即上述合同借款人）在××公司投资的股权及其派生的权益。

（2）质押股权金额为_____元整。

（3）质押股权派生权益，系指质押股权应得红利及其他收益，必须记入甲方在乙方开立的保管账户内，作为本质押项下贷款偿付的保证。

第三条　甲方应在本合同订立后10日内就质押事宜征得××公司董事会议同意，并将出质股份于股东名册上办理登记手续，将股权证书移交给乙方保管。

第四条　本股权质押项下的贷款合同如有修改、补充而影响本质押合同时，双方应协商修改、补充本质押合同，使其与股权质押项下贷款合同规定相一致。

第五条　如因不可抗力原因致本合同须作一定删节、修改、补充时，应不免除或减少甲方在本合同中所承担的责任，不影响或侵犯乙方在本合同项下的权益。

第六条　发生下列事项之一时，乙方有权依法定方式处分质押股权及其派生权益，所得款项及权益优先清偿贷款本息。

（1）甲方不按本质押项下合同规定，如期偿还贷款本金、利息及费用。

（2）甲方被宣告解散、破产的。

第七条　在本合同有效期内，甲方如需转让出质股权，须经乙方书面同意，并将转让所得款项提前清偿贷款本息。

第八条　本合同生效后，甲、乙任何一方不得擅自变更或解除合同，除经双方协议一致并达成书面协议。

第九条　甲方在本合同第三条规定期限内不能取得××公司董事会同意质押或者在本合同签订前已将股权出质给第三者的，乙方有权提前收回贷款本息并有权要求甲方赔偿损失。

第十条　本合同是所担保贷款合同的组成部分，经双方签章并自股权出质登记之日起生效。

甲方：（公章）　　　　　　　　　　乙方：（公章）

法定代表人　　　　　　　　　　　　法定代表人

（或委托代理人）：（签章）　　　　　　（或委托代理人）：（签章）

×年×月×日　　　　　　　　　　　　×年×月×日

签约地点：××

 小结

（一）指点迷津

1. 招标书与投标书

（1）制作招标书或投标书，都要严格遵守国家法律、政策和有关规定。

（2）要按程序办事。招标程序有：发布招标公告，出售标书，审查投标单位资格，开标确定中标候选人，评标，中标，签订合同等环节。投标程序有：成立投标机构，配备专业人员，正确选择投标项目，调查研究、收集信息情报，参加资格评审，研究招标文件，计算制订标价等环节。

（3）表达必须准确无误，内容要齐备，重点要突出，语言要避免歧义和误解。

2. 合同

为了保证合同的合法性、有效性，维护合同当事人的合法权益，签订合同应遵守几条基本原则：(1)审查对方主体资格的原则；(2)遵守国家法律和政策的原则；(3)平等互利、等价有偿的原则；(4)诚实守信、共同协商的原则。

合同内容要齐全，表述要周密、严谨，合同当事人的权利和义务、利益和目的等都是通过内容条款表达的，因此每一条款的内容都必须具体明确。遣词造句必须准确简洁，力求字斟句酌，推敲关键词语的内涵和外延，不得采用模糊词语，以免在双方发生纠纷时，各自作出符合自己利益的解释。

（二）练习案例

1. 某学校拟新建图书馆一座，建筑面积 5000 平方米，框架结构四层，发包方式：土建工程及水、电、暖等设计施工图所包含的全部内容，承包方式为一次性包死，工期要求为 260 天。招标活动日程安排：2008 年 6 月 1 日下午 16:00 在本市招标市场举行招标文件发布会，2008 年 6 月 2 日下午 14:30 在 ×× 学校会议室召开施工图纸答疑会，开标时间为 2008 年 6 月 15 日上午 8:30，开标地点在 ×× 市招投标市场，其他问题如材料供应、质量等级与验收、付款方式以及对投标人、投标书的要求等按常规或按有关规定提出，亦可查阅有关资料提出。

要求：根据以下资料，为招标单位拟写一份招标公告；为某投标单位拟写一份投标书。

2. 请按合同写作的格式，根据下列材料，写一份格式完整、表达恰当的合同。

×× 市畜产品公司（甲方）委托新兴制革厂（乙方）加工猪皮 ×× 张，质量以 ×× 市皮革工业公司制定的猪皮靴面革标准作为制作验收的标准。如乙方加工不慎而造成质量事故，由乙方负责赔偿；如甲方提供生皮不合格（皮臭、腐烂），乙方不接收，甲方赔偿被剔除总面积10%加工费的误工损失，加工费每平方米人民币××元，深色、浅色一律等价。涂色夹里革，每平方米人民币××元，由乙方开具一式五联的"加工商品进仓单"及有关单据。乙方凭甲方开具的一式五联"加工发料通知单"自行提货。靴面革由乙方编制详细码单（张数、码数、品质、等级）一式三份，同"加工商品进仓单"，送甲方×路×号熟革仓库。熟革交货期自签订合同之日起60天内，分期、分批交清。

（三）错例分析

例1

××招标代理有限公司招标公告

我司受用户单位委托，对大通关电子监管采购项目进行国内公开招标，现欢迎国内合格的投标人前来提交密封的投标。

1. 招标文件编号：××××

2. 招标项目名称：大通关电子监管采购项目

3. 招标项目数量及主要技术规格：详见招标货物一览表

4. 招标方式：公开招标

5. 标书售价：纸质招标文件售50元；电子版招标文件售50元，售后不退（如需特快邮寄或电子邮件另加伍拾元）。标书售出一概不退。××招标代理有限公司不对邮寄过程中发生的延误或丢失负责。

6. 购买招标文件时间：2007年11月16日—2007年12月5日上午8:00—12:00，下午14:30—17:30（节假日除外）

7. 购买招标文件地点：××××

8. 投标截止日期：2007年12月6日上午9:00（北京时间），逾期收到的或不符合规定的投标文件将被拒绝。

9. 开标日期：2007年12月6日上午9:00

10. 开标地点：××××

11. 异地购买标书者，按公告提供的开户名、开户行、账号电汇相应的金额到本公司账户，同时将电汇底单复印件及贵公司所需购买的标书编号、公司名称、联系人、联系电话、手机、传真和公司地址并标注后传真至本公司。

通讯地址：××××

邮政编码：××

联系电话：××

传　　真：××

本项目联系人：×××

开户名称：××招标代理有限公司

开户银行：××

账　　号：××

[评析] 1.产品采购意义应作必要说明；2.“合格的投标人”概念很含糊，不具体；3.标书不该有售价，且“50元”和“伍拾元”不统一；4.投标截止日期和开标日期安排在同一时间不妥，前者应该提前；5.“我司”说法不规范，应改为“我公司”。

例2

安全生产合同

为××工程在施工过程中创造安全、高效的环境，切实搞好本项目的安全管理工作，本项目业主_____（甲方）与承包人_____（乙方）特此签订安全生产合同：

一、甲方职责

1.严格遵守国家有关安全生产的法律法规，认真执行工程承包合同中的有关安全要求。

2.按照“安全第一、预防为主”和坚持“管生产必须管安全”的原则进行安全生产管理，做到生产与安全工作同时计划、布置、检查、总结和评比。

3.重要的安全设施必须坚持“三同时”的原则，即同时设计、审批，同时施工，同时验收、投入使用。

4.定期召开安全生产调度会，及时传达中央及地方有关安全生产的精神。

5.组织对乙方施工现场安全生产检查，监督乙方及时处理发现的各种安全隐患。

二、乙方职责

1.严格遵守国家有关安全生产的法律法规，认真执行工程承包合同中的有关安全要求。

2.对施工人员加强安全生产宣传教育，增强全员安全意识，建立健全各项安全生产的管理机构和安全生产管理制度，配备专职及兼职安全检查人员，有组织有领导地开展安全生产活动。

3.建立健全安全生产责任制。

4.在任何时候都应采取各种合理的预防措施，……

5.必须具有劳动安全管理部门颁发的安全生产证书……

6.对于易燃易爆的材料除应专门妥善保管外，还应……

7.操作人员上岗，必须……

8.所有施工机械设备和高空作业的设备均应定期检查……

9.当进行高空作业时，应当避免……

10.施工中采用新技术、新工艺、新设备、新材料时，必须……

11.负责由施工活动引起的一切人员安全……

12.必须按照本工程特点，组织制定……

三、违约责任

如因甲方或乙方违约造成安全事故，将依法追究责任。

业主：　　　　　　　　　　承包人：

×年　×月　×日

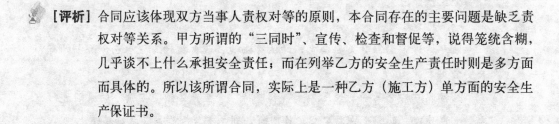

[评析] 合同应该体现双方当事人责权对等的原则，本合同存在的主要问题是缺乏责权对等关系。甲方所谓的"三同时"、宣传、检查和督促等，说得笼统含糊，几乎谈不上什么承担安全责任；而在列举乙方的安全生产责任时则是多方面而具体的。所以该所谓合同，实际上是一种乙方（施工方）单方面的安全生产保证书。

（四）知识链接

1. 招投标范本及工程标准（中国建设招标网）

   http://www.zhaobiao.gov.cn/PolicyList.aspx?voca=1

2. 招投标法（中国法律网）

   http://www.cnfalv.com/a/ztb/

3.《中华人民共和国合同法》（中国法律网）

   http://www.cnfalv.com/a/htf/

4.《中华人民共和国劳动合同法》（中国法律网）

http://www.cnfalv.com/a/ldhtf/

第三节　市场调查与预测报告　可行性研究报告

一、市场调查与预测报告

（一）简要概述

市场调查与预测报告是记述市场调查成果并加以分析得出结论的一种财经文书。市场调查是市场调查报告和预测报告的写作基础。市场调查报告就是运用科学的方法，对有目的、有计划地搜集、整理的市场对商品需求的情况以及与此有关的资料进行分析研究，得出恰当的结论，提出采取行动的合理建议，写成的书面报告，是经济领导部门和企业的决策者制定政策、作出经营决策的重要依据。

市场预测是在对市场历年来的历史资料统计以及对市场现状调查的基础上，运用科学的方法预先推测，把握市场走势探索市场发展的规律。市场预测报告是把市场预测的过程、结果反映出来的书面材料。它是调查报告的一种特殊形式，重在"预测"，也是重要的市场信息，有利于财经领导、管理机构作出正确的决策，有利于企业发展生产，改善经营，有利于引导公众定向消费。

市场预测报告按时间分类有短期预测报告、中期预测报告和长期预测报告；按预测范围分有宏观市场预测报告和微观市场预测报告；按预测的方法分有定性预测和定量预测。

（二）写作要点

市场调查报告的基本结构包括标题、前言、正文三部分：

1．标题

标题是根据市场调查的目的、主题以及结论而拟定的。标题要求鲜明、具体。调查报告的标题一般说来有这样几种：一种是标题概括调查的单位、内容和范围，如《江苏白酒在国内外市场地位的调查》；另一种是直接揭示调查结论的，如《蟹园牌大米在北京市场畅销》；还有一种是前两种标题的结合，采用正副标题的形式，如《"泥巴换外汇"——陶瓷品出口情况的调查》。

2．前言

主要是调查的时间、地点、对象、内容、范围、目的以及所采用的调查方法等。也可以简略介绍调查的结论。

3．正文

是市场调查报告的主体。正文要根据调查所获得资料的性质和内在联系，按照人们认识事物的习惯，恰当地安排层次。这一部分可以采用小标题的形式。正文一般包括如下几个部分：

情况部分：一般情况可用简洁的语言加以陈述和说明。具体情况要详尽地阐明，也可以用数字、图表等形式加以说明。

预测部分：通过资料的分析研究预测今后市场的发展变化趋势，从而对市场的前景作出正确的判断。

建议部分：对市场的前景不但要作出判断，而且要针对判断提出建议，也就是所要采取的具体措施。这种建议既要有很强的针对性，又要切实可行。这是市场调查报告的落脚点。

市场预测报告通常包括标题、前言和正文三部分：

1．标题

一般由预测范围、预测时限、预测内容和文种四个因素组成，如《2007 年华东地区液晶电视销售趋势预测》。也可根据情况省去时限或范围。

2．前言

一般说明预测的对象、目的和意义。有的简单介绍预测对象的现状，初步提示预测结果。

3．正文

通常由现状、预测、建议组成。现状部分要充分利用资料和数据，这是正确预测的保证。预测部分是预测报告的核心，推测出市场经济发展的前景。建议和决策部分既是正文的结尾，也是全文的结尾，应指出经济部门今后的行动方向和应采取的措施。

（三）模式应用

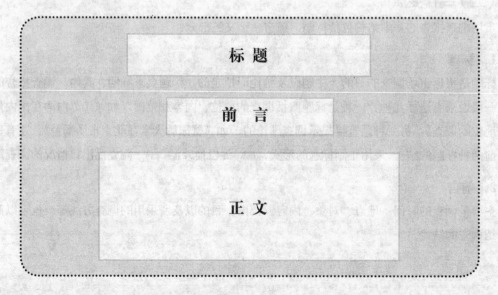

标 题

前 言

正 文

（四）实例示范

例1

2006年中国变频器市场调查报告

机械工业信息研究院产业与市场研究所　×××

1. 市场容量

变频器于20世纪60年代问世，20世纪80年代在主要工业化国家已广泛使用。20世纪90年代初期，国外变频器开始大量涌入中国市场。在短短20年间，我国变频器发展经历了认知阶段、组装阶段和生产制造阶段，随着变频器性能及品质的提高，价格逐步降低，用户对变频器了解的更多，接受程度也大幅提高。最近几年在政府大力推动节能措施，重点推荐变频调速技术的宏观引导下，变频器市场高速发展。此外，使用变频器后能有效改善劳动环境和提高工艺精度的优点得到越来越多的企业管理人员和操作工人的认同，在一定程度上也对变频器的推广应用起了促进作用。最终形成了目前企业众多、品牌纷杂的格局。

2. 市场分布与特点

变频器生产基地集中在长三角和珠三角，珠三角又多于长三角。北京的高压变频器企业数量居全国之最，已成为高压变频器的集中地。国外变频器品牌从最初进入我国就占据了绝大部分市场。目前国内变频器市场销售大约为每年500～800万KW，90%的市场份额由美国、日本、欧洲产品占领。日本公司进入中国早，对中国市场作过深入仔细的调查和研究，有针对性地推出适合我国国情的产品，市场占有率约在40%以上；欧美产品档次高、容量大、价格昂贵，市场份额约在30%左右。我国以民营企业数量居多。

3. 在用高压变频器

高压变频器具有较高的技术门槛，生产此类产品的企业都属于高新技术企业，国内供应商成长得比较缓慢。国内早已有生产高压变频器的企业，但没有形成规模。根据统计，在使用高压变频器的用户中，83.1%使用了国外变频器品牌。其中尤以原西门子的用户最多，达到总数的60.2%。2005年6月底西门子收购了罗宾康，若再加上这一部分，整个西门子企业的用户将达到65%。紧随其后的是东芝、三菱和ABB，覆盖面均在40%以上。需要注意的是，我们这里所说的品牌并不是量的概念，而是覆盖面的概念。也就是说，只要被调查用户企业使用某个品牌的变频器，那么该品牌的覆盖面就为1。

调查显示，在所使用的高压变频器品牌中，以德国和日本品牌为最多，共占总调查品牌的63.9%，国产品牌有利德华福、东方日立、山东风光、佳灵和合康亿盛等。

4. 在用低压变频器

在我国，低压变频器无论宣传、研究、生产还是使用，都已经进行得很深入和广泛。由于国外变频器进入我国的时间早，无论技术还是制造水平都领先当时的国内水平，因此占据了我国的绝大部分市场，而这些国外品牌也凭借着自身的品牌效应以及天时、地利获得了较大的覆盖面。此次调查表明，西门子、三菱是覆盖面最广的两个品牌，在被调查企业中的应用比例均在50%以上。其次是ABB和富士，应用比例达到40%以上。

低压变频器品牌种类众多，此次调查就统计到了55种之多。而且这些品牌也分属众多的国家和地区。这一点是与高压变频器不同的。日本是最早进入我国市场的，由于作过深入仔细的调查和研究，有针对性地推出适合我国国情的产品，因此品牌覆盖范围大，达到42.7%；其次是德国和我国大陆的知名品牌，覆盖面在10%以上。结合前两次的调查，目前我国市场上主要的低压变频器品牌并没有发生根本性的变化，仍然是以传统的知名品牌为主。

5. 国内外品牌的比较

国内外品牌综合比较，最大的差距在质量可靠性和企业诚信度。对于国外品牌，90%的用户对其质量可靠性感到满意，不满意用户比例不到1%。反观国产品牌，感到满意的用户只有6.2%，绝大多数用户觉得一般，不满意的比例达到12%。

此次调查首次引入了企业诚信度的调查，结果也是令人深思的。国内企业的诚信满意度仅为26.7%，即还有70%的用户不信任或对企业持怀疑态度。在这一点上也是无法与国外品牌相抗衡的。

国产品牌的售后服务满意度也要低于国外品牌，仅有三成的用户满意，比国外品牌低9.6个百分点。几年前，各类资料上还在说国产产品的售后服务有优势，现在看来，国产品牌的优势已然失去。分析有几个原因：①大多数国内企业的劣势在于资金不足，不能大幅开拓市场；②一个品牌售后服务是否便捷、服务态度的好坏、售后人员能否在短时间内解决技术问题，都是是否能让用户满意的必要条件。

国内企业的产品设计完全适合国内用户的指标需求，性能相当的变频器在价格上，国外产品要高于国内产品的1/3，因此，用户对国产品牌的满意度仍达到了43%。（选自《机电产品市场》2006年第8期）

例2

信息服务业发展前景及对策

高新民

20世纪80年代初以来，信息产业得以迅速发展。信息产业，特别是信息服务业在现代经济建设中的地位和作用日趋重要。目前，国际上的信息服务业呈现出以下几个明显的发展趋势：(1) 传统信息服务转向电子信息服务；(2) 现代新技术迅速渗透于信息服务业；(3) 公益性信息服务比重趋低，商业化服务比重增加；(4) 信息服务趋向专业化；(5) 信息市场日趋扩展和完善；(6) 信息服务业趋向跨国经营和国际化。

80 年代中期，我国政府研究了世界新技术革命的趋势，决策建立了一批为政府服务的信息系统，近几年，为适应市场经济发展的需要，又涌现出一大批信息服务企业。据估计，目前信息服务业的年营业额已达 20～30 亿元。应该说，我国信息服务业起步不算太晚，国家的投入也不算少，但由于体制上的原因，信息服务业的经济效益和社会效益总不能令人满意。

随着改革开放的不断深入，经济运行机制发生了巨大的变化。特别是近几年来信息服务业发展的客观条件有了明显的改善，新兴的信息产业得到了赖以生存和发展的"土壤"。相当多的政府信息机构都在调整服务方向，改革管理机制，正在从以政府信息中心为主构成的政府决策支持信息服务网，演变为多种经济成分并存、面向社会、面向市场，同时也成为政府服务的信息产业的新格局。

——社会对信息的有效需求逐步形成并日益增强。信息作为一种战略资源、经济资源、企业资源的意识逐渐深化，对市场信息价值的认可正在形成。对信息是发挥市场配置资源基础性作用的基本条件之一的认识在加深。

——市场经济条件下，经济结构多元化必然导致专业化分工的细化、深化，信息服务业发展空间逐步形成。

——信息技术基础设施已初步形成并逐步完善。

——政策环境逐步改善。国务院颁布的发展第三产业规划中，明确了鼓励发展信息业的政策，有关法规也正在制定和完善之中。

——有了一批专门从事信息服务的骨干机构，并正在向企业化方向转变。

——国际信息业对中国市场的影响和渗透正在起着催化作用。很多国际大公司看好中国市场，都纷纷到中国来寻找自己的位置，去年以来尤为明显。假如我们能利用好这些机会，就可以对我们的信息服务业发展起到一个催化作用。

如前所述，我国信息服务业的发展已经具备相当的条件和一个较好的环境，但发展的速度则取决于战略选择。搞信息服务，既要勇于开拓，善于探索，又要从实际出发，讲效果。

当前信息服务的主要任务大体可分为两个方面：一方面是提供公共信息服务，另一方面是提供商业性信息服务。

——提供公共信息服务。公共服务不仅是为政府服务，也包括为社会服务，这方面主要有以下三个方面的工作：(1) 加强经济预测和数量经济分析工作；(2) 管理信息系统的建设要提高到一个新的水平；(3) 行政信息系统自动化的技术支持。

——提供商业性信息服务。这方面的天地十分广阔，目前的工作重点，概括起来有以下四个方面：(1) 信息提供服务；(2) 信息加工服务；(3) 软件开发及系统集成；(4) 信息咨询服务。信息咨询应该说是信息服务业中一个最广阔的领域。

信息服务业任重而道远，高质量的信息服务，需要有相应的对策和切实可行的措施。这里谈几点供从事信息服务工作的同志参考：第一，转变观念，树立市场意识。这方面最主要是两句话八个字，即：需求导向，效益评价。一是抓需求，二是抓效益。无论是为政府服务，还是为企业、居民服务，首先要把需求搞清楚。一定要从实际出发，按实实在在的需求来确定自己的服务方向和服务项目。同时还要弄清最终产生什么样的效益。第二，吸引人才，培养人才。信息服务业是一个知识密集型行业，不是什么人都能干得了的，所以人才尤为重要。人不在多，但确实需要一些骨干，不仅要有懂计算机的，还要有懂经济、懂企业管理经营的。第三，电视"手段"建设。信息服务要有一种手段，核心手段是建立网络。网络也可以是人工的。对于人工网络的作用，我们不可低估。有些时效性不强的信息，人工网络就很好，成本低又能提供有效服务，有其存在的必要。当然，更重要的是利用先进的电子技术建立增值服务通信网络。第四，制定相应的鼓励政策。完善必要的法规制度，以便为信息服务业提供政策和法规保障，使之沿着健康的轨道成长、壮大。第五，强化改革意识、改革单位内部管理机制，充分调动内部工作人员的积极性。长期以来，在计划经济体制下成立了一大批信息中心，吃的是皇粮，管理制度机关化，若这样继续下去，我们的信息服务业就很难发展，我们的机构就难以生存。为此，必须改革，必须建立新的运行机制，以适应社会主义市场经济发展的需要。

二、可行性研究报告

（一）简要概述

可行性研究报告是对将要实施或可能实施的重要或比较重要的项目从政策、市场、技术、经济和财务等方面进行全面研究、分析、论证以后所形成的书面报告。它是决定项目投资的基础，是制订生产、建设、科研项目计划的重要依据，又是投资双方签约和向银行贷款的依据，在经济工作中受到人们的普遍重视。

可行性研究报告按其内容分类可以分为工业可行性研究报告、农业可行性研究报告、高等教育可行性研究报告、中外合资经营企业可行性研究报告、新产品开发项目可行性研究报告等；按照研究对象的规模大小，可以把它分为两大类，即一般可行性研究报告和大中型项目可行性研究报告。

（二）写作要点

1．封面或标题

（1）封面包括：项目的名称、编制单位名称和成文时间。

有的还设有扉页，扉页上除以上内容外，还具体列出编制单位有关负责人和参加编制工作人员的职务（或分工）、姓名等。大中型项目内容较多的报告还设目录页，提示报告的全部内容。篇幅小的报告就省去封面、扉页和目录，以标题开头，紧接全文。

有的报告还在标题下正文前列出编制单位有关负责人和参加编制工作人员的职务、姓名等。

（2）标题。可行性研究报告的标题构成比较简单，它由建设项目的名称和文种两部分组成，如《关于××××的可行性研究报告》。

2．正文

正文是报告的主体部分。它对一个项目涉及的所有基本成分和影响因素加以说明。它包括三部分：

（1）前言（总论）。可行性研究报告的前言是指出报告中所要研究的问题部分，这部分的写作应根据研究问题的不同而有所不同。有的报告在这部分写出所研究的内容（项目）的背景、投资的必要性和经济意义，并说明研究的依据和范围；有的在这部分简单说明可行性研究工作的依据，开展该项工作的有关上级指示或委托单位的具体要求、现有资料情况，研究工作的范围、目的及研究工作的简单经过。

（2）主体。可行性研究报告的主体是分析论证部分，内容多、涉及面广、地位重要，作者应全力写好，努力增加其论辩性和说服力。这部分的主要内容是：

①市场调查。市场调查在可行性研究中占有重要地位。如果市场调查的结果是否定的，那么整个投资计划将成为不可能。这部分的写作要详细，要把利用函询、面谈、电话调查等各种手段获得的资料，从价格、生产费用、产品性质及用途、消费量、生产量、市场预测、销货方式等方面有选择有重点地进行报告。

②资金状况。项目是否可行，资金来源是必须加以考虑的，它是对可行性的一种保证。我国项目的资金来源，一是政府贷款，二是银行贷款，三是自筹，四是集资。写报告时必须说明，资金来源属于何种途径。

③效益研究。效益研究即盈亏研究。这就是说要对财务状况进行全面的分析，如生产计划、销售计划、管理计划、年终损益、现金收支等。

（3）结论。结论是可行性研究报告的一个综合性评述意见。这是在对可行性研究报告的内容进行分析后得出的认识，是可行性研究报告的落脚点。结论中的意见，是决策部门提出决策方案的依据。

3．落款

标注作者和日期（也可省略）。

4．附件

附件部分实质上是正文的论据材料。主要由有关文件、调查材料、图表等构成。

（三）模式应用

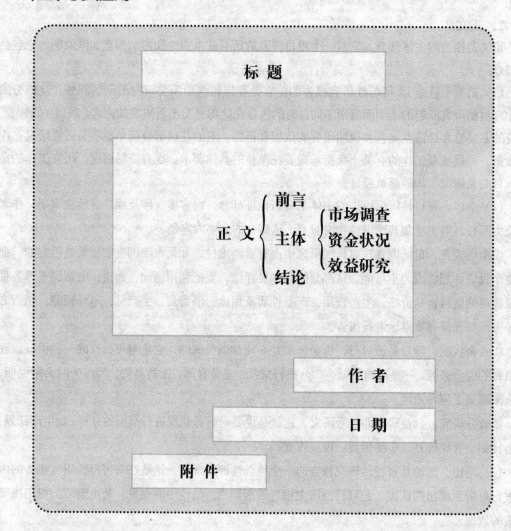

（四）实例示范

关于××乡扩建水泥厂贷款项目可行性研究报告

6月中旬，我们会同××省乡镇企业局生产处和××市乡镇企业局的工程师，就××乡水泥厂扩建工程的可行性问题进行了实地勘察和经济技术论证。现将调研情况和我们的意见报告如下：

一、水泥厂扩建的一些基本条件

××乡计划在现有的一座年产7000吨小水泥厂的基础上，扩建成一座年产8万到10万吨的中型水泥厂，扩建的一些基本条件已经具备：

1. 原材料充足。生产水泥的主要原料是石灰石，厂区附近储量达4000万吨，以每吨水泥耗用1.2吨石灰石计算，可供一座年产10万吨的水泥厂生产300年。生产水泥的配料黏土、铁矿石、石膏等，也有稳定可靠的来源。

2. 能源供应有保障。生产 1 吨水泥需耗煤 0.25 吨左右，以年产水泥 10 万吨计，每年需耗煤 2.5 万吨。该乡现有乡办煤矿一座，年产原煤 1.5 万吨，可全部供给乡水泥厂使用。煤炭缺口已经县煤炭工业公司同意，由县办 ×× 煤矿补足。同时，县乡镇企业局供销公司还出具证明，同意由 ×× 乡煤矿每年为该水泥厂供应生产用煤 1 万吨。据此，煤炭供应有了保证。电力供应问题也已经得到解决。经 ×× 电力局同意，由该水泥厂出资 1 万元，供电局为水泥厂建一条供电专线，可保证电压稳定，电源充足。

3. 水源充足。年产 10 万吨的水泥厂每天需用水（包括生活用水）700 吨左右。据测定，该水泥厂厂区地下水的经常流量为 0.02 吨／秒，日流量为 1700 吨左右，可以保证生产生活水。

4. 交通便利。厂址距铁路线上的 ×× 站仅 6 公里；公路通过厂区，连接 ×× 公路干线；×× 支流枯水季节亦能通行 15 吨木船，运输十分便利。

5. 拥有一定的技术力量。×× 乡小水泥厂自 1979 年开始筹建，1981 年投产至 1983 年 3 月间共生产水泥 1.7 万吨，仅 1983 年就生产水泥 8018 吨，超过了原 7000 吨的设计能力。水泥质量稳定在 325 标号以上。目前，该厂拥有 100 多名熟练工人，培养了自己的生产技术人员，为扩建水泥厂准备了技术力量。

6. 水泥销售市场预测乐观。（略）

7. 县政府领导比较重视，有关部门积极支持。县委、县政府把 ×× 乡水泥厂扩建工程作为重点项目。省市企业局的专业工程师负责审定工程设计，县财政安排 20 万元财政周转金，县政府报请市财政拨给 50 万元周转金，支持扩建，水泥厂扩建所需的设备和土建"三材"，分别由县物资局和企业局购买和调拨。

二、工程造价和经济效益

要把现在年产 7000 吨的水泥厂扩建成年产 8 万到 10 万吨的中型水泥厂，总投资需 428 万元。其中主机设备 101.83 万元，附属设备 44.54 万元，土建工程 146.9 万元，矿山改造费用 9.56 万元，培训费 2 万元，其他费用 5 万元。全部工程预计 1993 年完成，1994 年正式投产，每年可生产 425 标号水泥 8 万到 10 万吨。每吨成本 55 元，销价 75 元，年利润可在 160 万元以上，总投资三年左右可以收回。

关于水泥厂扩建的资金来源，该乡决定自筹 97 万元，县财政拨给 20 万元，市财政拨给 50 万元，自筹资金和财政拨款约占总投资额的 39%，尚缺资金 261 万元。

三、我们的意见

通过实地勘察和经济论证，我们认为，×× 乡扩建水泥厂的条件基本具备，预测也有较好的经济效益，有一定的自筹资金的能力，可以予以贷款支持。贷款额度控制在 250 万元以内为宜，贷款用途只限于购置机械设备和土建"三材"；劳务支出、非生产性基建和其他开支均不得使用贷款。银行贷款发放前，一要审定总投资的分项用途；二要落实自筹资金和财政周转金，自筹资金必须筹足，存入银行账户；市县两级财政周转金要订立拨款合同，保证按期拨付，并由银行监督执行；三要落实省市县有关支持乡镇企业发展的优惠政策，即企业投产后实现的利润，可以实行先还清设备贷款，后交纳所得税，再上交利润的办法，作为贷款的一项先决条件。

××县支行

×年×月×日

 小结

（一）指点迷津

1. 市场调查与预测报告

写作注意要点：（1）切实掌握市场资料。撰写市场调查和预测报告，必须以资料数据为依据。事先要经过充分的调查研究，广泛收集掌握相关资料数据，信息量越大，思维的深度和广度也越大。市场资料是市场调查和预测的基础，资料的范围应当包括消费的需求及变化的信息，商品生产条件和市场行情等。如果数据不完整、资料残缺不全，必然是"盲人骑瞎马"，报告文字再漂亮，也无济于事，而且会产生错误导向，贻害甚多。（2）要实事求是、明确观点。坚持实事求是地进行分析预测，是写好市场调查与预测报告的可靠保证，因此撰写者一定要亲自参加调查分析，不能依靠别人搞"传销"，对重要的数据要反复核证、测算，做到确凿无误。同时，选材要客观全面，不能只选对自己观点有利或支持自己看法的材料。如有对自己观点不利或与自己观点相左的材料，也应附带提及，并加以分析说明，以尽可能避免片面性。同时，要注意观点和材料的统一，不能满足于材料的堆积和数字的罗列，必须既有材料又有观点，求得理性认识上的飞跃，并在此基础上有针对性地提出意见和建议。（3）坚持科学的分析方法。市场调查与预测报告重在分析、意在判断。要分析判断，就要注意正确选择运用逻辑推理的科学方法，把定性分析和定量分析结合起来，注重综合，防止片面。在分析研究中，不仅要注重市场需求的情况，而且要掌握商品的生产情况以及市场行情，不仅要注重经济因素，还要注意政治、文化、社会、气象、国际环境甚至心理等诸方面的因素。

2. 可行性研究报告

写作注意要点：（1）情况真实，数据准确。撰写者一定要本着实事求是的科学态度，客观、诚实地反映可行性研究过程中发现的有关问题。不能掺杂个人喜好成分，不能掺杂任何水分，也不能有半点的粗心大意，一定要真实精确地处理有关情况和数据，这是可行性研究和项目上马以后成功的前提和基础。（2）资料完整齐全。科学准确的结论应该是建立在全面占有有关材料的基础之上的，因而从事可行性研究要求掌握论证该项目必要的资料。现实的、历史的、直接的、间接的因素均应予以综合把握和通盘考虑，不能有半点的疏漏，这也是项目成功的基本保障。（3）应该遵循系统性原则。我们可以把可行性研究看作一个系统工程，只有把分析与综合有机结合起来，把项目分解为若干部分，并按步骤进行分析论证工作、综合得出该项目是否可行的结论，这个结论才是合乎实际的正确的结论。

（二）练习案例

1. 围绕高校学生的消费问题，在本校学生中开展一次深入的调查研究，并根据调查结果写成一篇调查报告。操作要求如下：

（1）调查前，个人拟订《调查提纲》，并设计出《问卷调查表》；

（2）以小组为单位，交流《调查提纲》和《问卷调查表》，并进行讨论和修改；

（3）依据提纲，采用问卷调查、现场观察和访问面谈等多种方法展开调查，广泛收集材料；

（4）个人独立写出2000字以上的书面报告。

2. 调查某种产品的特点及生产、销售情况，了解用户的反映，获得可靠的数据和资料，然后预测产品的销售趋势，写成一篇地区性单项产品近期预测报告。

3. 请为开展某项创新活动撰写一份可行性研究报告。

4. 请根据以下《商品住宅开发项目可行性研究报告》提纲，讨论可行性研究报告写作应注意哪些问题。

一、总论

二、市场分析

三、建设内容

四、环保与市政配套

五、组织机构与人力资源配置

六、建设进度安排及物料供应

七、资金筹措

八、效益分析

九、研究结论与建议

（三）错例分析

1994年国内摩托车市场供求预测报告

一、1993年摩托车市场分析

1993年1～8月我国摩托车市场是继1991年市场产销两旺后的又一繁荣时期。1～8月全国摩托车生产208万辆，已高出历史最好生产年份1992年年产量198万辆的水平。摩托车产销率达到96%，其中国内商业摩托车销售64.7万辆，增长速度堪称同期历史水平中的最高值。

我国原定于1993年3月"复关"。在这之前消费者及诸多商业经销企业对"复关"之后市场环境缺乏统一正确的认识，几乎一致认为"复关"后的摩托车市场进口商品必定增多，质量提高的同时价格下降。基于这种心态，许多摩托车购买者持币待购。进入3月，"复关"无望已成为现实，经销企业及 消费者纷纷开始购买摩托车，加之广东、上海等地政府对摩托车管理的放宽，摩托车市场开始逐步复苏，销势重又见旺。全年的摩托车社会保有量有望达到1100万辆左右。即使如此，折合百户拥有量仅3.1辆。百户居民3.1辆的拥有水平，还未步入产品的成长阶段。因此，摩托车在中国仍然具有很大的市场可拓性。

二、摩托车市场预测

1、摩托车市场环境因素分析

从我国摩托车市场十多年的运行规律看，国民经济的发展，尤其是工业生产的增长速度的涨落直接影响摩托车的生产。1984年、1985年国民经济迅猛发展，工业生产增长幅度两年都在15%以上，给摩托车工业创造了一个良好的发展环境，两年之中产量由1983年的28.6万辆跃升至1985年的103.46万辆，形成我国摩托车工业发展史上第一个生产高峰年。1988年、1992年国民经济高速发展，国民生产总值两年的增幅均在10%以上，工业生产增幅均在20%以上，同样也是摩托车生产扩规模、上产量的年份。

在我国，摩托车消费与汽车的消费存在着较大的差别，摩托车市场发育有其独特之处。与汽车不同，摩托车在我国是属于非生产性商品，不属于国家限定范围内的控办商品，是多集中在消费领域供居民生活消费的产品。据调查，在我国800万辆摩托车的社会保有量中，私人拥有量占到四分之三。因此，居民生活水平的提高，货币收入水平的增加，是决定摩托车市场繁荣的关键性问题。居民人均货币收入水平和摩托车千人保有率的相关系数为0.97，这表明居民人均货币收入水平的变化直接影响摩托车市场销售的疲与旺。

2．摩托车供求预测

以1994年居民货币收入较快增长、物价基本稳定、摩托车在"复关"前后关税变动不致严重冲击国内市场为前提，应用相应模型进行测算：1994年我国摩托车需求将略有上升，中小排量车型增长势旺，年产突破300万辆大关。

据对摩托车市场的发展情况和需求调查认为，今后几年国民经济持续发展以及摩托车质量、技术、价格等方面的改善，将为我国摩托车市场带来生机。其市场特点为：

（1）摩托车将成为城乡居民消费的又一热点；

（2）摩托车生产结构的调整、质量的提高，为居民提供了充裕的选择率；

(3) 摩托车市场商品规格纷呈，居民购买取向各异；

(4) 我国摩托车市场发育还亟待道路、存放等环境问题的解决；

(5) 地区差价在一定时期内还将明显存在。

[评析] 1. 没有将"供"和"求"两个方面分开论述，且二者之间的关系不太明朗；2. 在进行定量分析中，尽管提供了一定的数据，但重点不够突出，如能通过列表的形式对近年来摩托车产、销趋势加以比较，则更为明朗；3. 在语言上也存在个别问题，如"为居民提供了充裕的选择率"中的"选择率"与前文"摩托车生产结构的调整、质量的提高"在逻辑上不严密，"选择率"是指选择达到一定的程度指标，在此处应该用"选择空间"较适当，且正好与"充裕"一词相搭配。

（四）知识链接

1. 市场调查及预测工作管理制度（文秘资源网）

   http://www.tingko.com/Wenmi/ShowArticle.asp?ArticleID=53028

2. 可行性研究报告范文（范文中国网）

   http://www.fanwencn.com/html/huibaobaogao/yanjiubaogao/20070904/522_2.html

第四节　经济决策方案　审计报告

一、经济决策方案

（一）简要概述

经济决策报告是经济部门或企业为了解决经济活动中出现的重大问题，围绕国家、地区或企业的既定目标，根据国家相关法规政策和市场有关数据与资料，运用科学方法进行分析，提出若干个解决方案，经过多方论证与比较，从中选出一个最佳方案，并将此论证举优的过程和决定写成的书面报告。

经济决策方案有利于企业领导克服决策的盲目性，克服凭经验决策的局限性，保证企业决策的科学性与企业的经济效益。经济决策方案具有决定性、原则性、科学性和有效性等特点。

决策方案可以从不同的角度进行分类：按决策形式的不同，可以分为规范性决策方案和非规范性决策方案；按决策范围的不同，可以分为战略决策方案和战术决策方案；按决策的性质分，有确定型、非确定型、风险型和竞争型等决策方案；按决策作用的不同，还可划分为促进式决策方案和反馈式决策方案等。

（二）写作要点

1．标题

决策方案的标题通常由决策目标和文种组成，如在标题《新产品开发决策方案》中"新产品开发"是决策目标，"方案"是文种。也有在标题末尾加上"报告"字样的。

2．正文

正文通常由决策目标、依据资料、实施方案、比较论证、预测结果等内容组成。

（1）决策目标。决策目标写在正文的开头，要求开门见山，目标明确、具体、可行，含义确切。要有计量、估量的具体标准，有规定的目标实现期限，还可以有确定实现目标的责任者。

（2）依据资料。紧扣决策目标和内容，依据市场调查、市场预测中得到的可靠信息和情报，用严谨的语言加以阐述和说明。提供决策依据的资料要全面充分、可靠准确。

（3）实施方案。这是决策方案的核心部分。实施方案一定要注意方案的可行性，要遵循客观经济规律，要处理好战略布局与战术行动、总体策略与具体策略的关系。

（4）比较论证。这部分主要是对预选方案进行分析、比较、论证，权衡各方案的利弊风险，落脚于经济效益和社会效益。

（5）预测结果。在决策方案的结尾部分，要简明地分析一下实行该方案后将要出现的结果。决策结果应与目标保持一致。

3．署名

署名在正文右下方，要详写单位名称。

4．日期

在署名的下面写明年月日，以备日后查考。有附件的将附件放在文后。

（三）模式应用

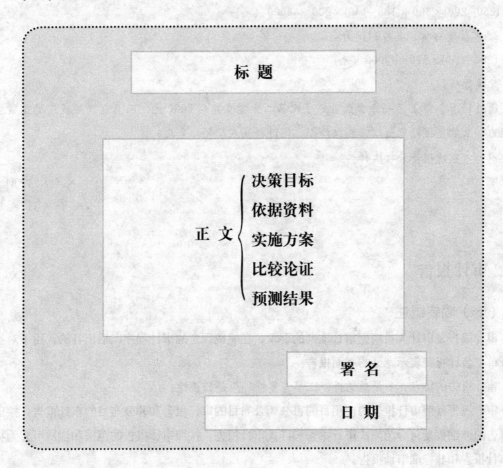

（四）实例示范

关于接受外贸订货的决策报告

问题与目标：

关于接受外贸订货的问题。

1. 接受订货；

2. 不接受订货。

依据资料：

1. 我厂正常生产能力为每月 1000 件产品，预计计划期内只有 800 件产品的生产任务，每件产品成本 200 元，其中变动费用 140 元，固定费用 60 元。每件产品售价 250 元。

2. 外贸部门拟以每件 180 元的价格订货 200 件，生产时间为 1 个月。

预选方案：

关于外贸部门向我厂订货问题，可提出两个方案：

1.接受订货。接受订货未超出我厂正常生产能力。不必增加固定费用，所以其月利润为：

$(250-200) \times 800 + (180-140) \times 200 = 48000$（元）

2.不接受订货，其月利润为：

$(250-200) \times 800 = 40000$（元）

比较分析：

通过计算，以上第一方案效益好，比第二方案多获利8000元，而且能满足我厂的正常生产能力，又能支援外贸出口，创取外汇，同时提高我厂的知名度。

以上方案请领导分析选择。

×× 厂 ×科

× 年 × 月 × 日

二、审计报告

（一）简要概述

审计报告是审计人员根据审计准则的要求，在完成预定的审计程序以后出具的，用于对被审计单位会计报表表示意见的书面报告。

审计报告的特点：一是总结性；二是答复性；三是公正性。

审计报告按照审计报告的使用目的可分为公布目的审计报告和非公布目的审计报告；按审计报告的详细程度可分为简式审计报告和详式审计报告；按照审计报告的范围和性质可分为标准审计报告和非标准审计报告。

（二）写作要点

简式审计报告应当包括下列基本内容：

1. 标题

审计报告的标题有多种表示形式，如《审计人员报告》、《审计人员意见》等，都是合适的标题。

2. 收件人

审计报告的收件人是指审计业务的委托人。审计报告应当载明收件人的全称，如"××股份有限公司全体股东"、"×× 有限责任公司董事会"等。

3. 范围段

审计报告的范围段应说明以下内容：(1)已审计会计报表的名称，反映日期或时间；(2)会计责任和审计责任；(3)审计的依据，即"审计准则"；(4)所实施的审计程序及其完成情况。

4．意见段

审计报告的意见段应说明以下内容：(1)会计报表的编制是否符合《企业会计准则》和国家其他有关财务会计法规的规定；(2)会计报表在所有重大方面是否公允地反映了被审计单位资产负债表的财务状况和所审计期间的经营成果、资金变动情况；(3)会计处理方法是否遵循了一贯性原则。

5．签章和审计机构地址

审计报告应由审计人员签名、盖章，加盖审计机构公章，并标明审计地址。

6．报告日期

审计报告日期是指审计人员完成审计工作的日期。

7．附件

审计报告的附件应当包括已审计的资产负债表、损益表(利润表)、财务状况变动表(现金流量表)及其附注，如有必要，还应包括相关的附表。

详式审计报告应包括下列基本内容：

1．审计工作概况

主要说明审计的依据，被审计单位的业务性质，审计的范围，审计的起始时间等。简要叙述审计工作的主要做法和所取得的主要收获。

2．审计过程

详细地介绍具体的审计事项，主要是关于如何收集审计证据的一系列问题，例如使用什么审计程序，采用什么审计方法，审查了哪一段时间范围的会计、凭证、会计账簿和会计报表，编制了哪些方面的重要的审计工作底稿等等。

3．审计结果

这一部分主要反映查明了什么问题，是由什么原因造成的，谁对此负责。编写时要切记以事实为依据，应详细注明这些内容出自何处。

4．审计结论及有关的处理决定

审计结论是指对于检查出的问题，经过充分的调查和验证，最后作出的对问题客观、准确的评价。

审计决定是指审计机构根据审计结论所作的处理决定，如是受委托所撰的审计报告，则省略此项。

5．附件

主要是指审计报告中所附的账、单、表和其他证明材料。

（三）模式应用

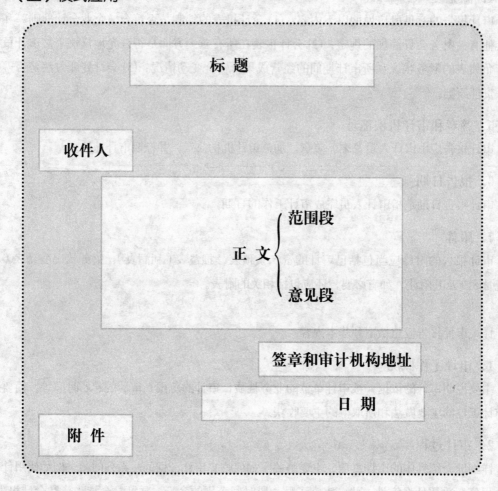

（四）实例示范

审计报告

××股份有限公司全体股东：

我们审计了后附的××股份有限公司财务报表，包括2006年12月31日的资产负债表和合并资产负债表、2006年度利润表和合并利润表、2006年度现金流量表和合并现金流量表以及财务报表附注。

一、管理层对财务报表的责任

按照企业会计准则和《企业会计制度》的规定编制财务报表是××股份管理层的责任。这种责任包括：

(1)设计、实施和维护与财务报表编制相关的内部控制，以使财务报表不存在由于舞弊或错误而导致的重大错报；

(2)选择和运用恰当的会计政策；

（3）作出合理的会计估计。

二、注册会计师的责任

我们的责任是在实施审计工作的基础上对财务报表发表审计意见。我们按照中国注册会计师审计准则的规定执行了审计工作。中国注册会计师审计准则要求我们遵守职业道德规范，计划和实施审计工作以对财务报表是否不存在重大错报获取合理保证。

审计工作涉及实施审计程序，以获取有关财务报表金额和披露的审计证据。选择的审计程序取决于注册会计师的判断，包括对由于舞弊或错误导致的财务报表重大错报风险的评估。在进行风险评估时，我们考虑与财务报表编制相关的内部控制，以设计恰当的审计程序，但目的并非对内部控制的有效性发表意见。审计工作还包括评价管理层选用会计政策的恰当性和作出会计估计的合理性，以及评价财务报表的总体列报。

我们相信，我们获取的审计证据是充分的、适当的，为发表审计意见提供了基础。

三、审计意见

我们认为，××股份公司财务报表已经按照企业会计准则和《企业会计制度》的规定编制，在所有重大方面公允反映了××股份公司 2006 年 12 月 31 日的财务状况以及 2006 年度的经营成果和现金流量。

北京××会计师事务所

中国注册会计师：×××

中国注册会计师：×××

2007 年 4 月 23 日

附件：1.《××股份有限公司会计报表附注》；2.《××股份有限公司会计报表（合并）补充资料》；3.《资产负债表》；4.《利润及利润分配表》；5.《现金流量表》；6.《新旧会计准则股东权益差异调节表及附注》。

 小结

（一）指点迷津

1. 经济决策方案

经济决策方案的写作注意要点：（1）掌握国家经济政策和相关专业知识，要做决策的行家里手。（2）坚持实事求是，从实际出发，以翔实可靠的预测分析和调查研究的资料为依据。（3）把握辩证思维的方法，善于多维型思维，精于设计应变方案，富有创造力。（4）要善于组织材料，力求简明扼要、通俗易懂，便于决策者阅读和实施。（5）讲求时效性，要先行于经济活动之前。

2. 审计报告

审计报告的语言一定要准确、严密。在对审计中发现的问题作出决定或评价时，用语不能含糊，不能使用"基本上"、"好像"、"大体上"、"大概"、"可能"等词语。为了确保审计报告的严肃性，用语一定要庄重得体。

对审计出的问题，审计报告一定要鲜明地表现出审计人的正确观点。审计人决不能态度暧昧，心存偏见，从而造成责任不清，是非不明，使审出的问题不了了之。另外，审计报告还应注意内容客观实在，切不可捕风捉影，言过其实。

审计报告写作时为达预期目的，还应注意对材料分析归类，安排好文章的结构，做到条理清晰、层次分明，不能材料芜杂、层次紊乱。

（二）练习案例

1. 请就某市的污染问题写一份决策方案。

2. 根据以下材料，请拟写一份决策报告。

某工厂生产季节性的消费品，其销售量因受季节性影响有高峰与低谷。为了满足销售要求，不致造成产销脱节，工厂在充分利用设备能力条件下，可以用：(1) 存货生产；(2) 加班加点；(3) 外协生产来解决矛盾。按照这样的要求，工厂制订出三种生产计划方案，分析计算它们的经济效益。

第一种方案——存货生产，能平稳均衡地安排生产计划，充分利用工厂的能力，增加库存，以满足高峰时的需要，但季节性库存成本很高。

第二种方案——加班加点，生产安排可有波动，考虑工厂可以利用加班，减少库存量。这时库存成本减少，加班的成本增加。

第三种方案——外协生产，完全按照销售曲线来组织生产，在季节需要高峰时大量加班，同时按季节合同或外协，不搞库存。

三种方案的生产总成本，计算结果为：

第一方案 350 万元；第二方案 298 万元；第三方案 310 万元。

3. 对照审计报告的基本写法，阅读下面审计报告，写出书面分析。

审计报告

ABC 有限公司董事会：

我们接受委托，审计了贵公司 ×× 年 12 月 31 日的资产负债表及该年度的损益表、财务状况变动表。这些报表由贵公司负责，我们的责任是对这些会计报表发表审计意见。我们的审计是根据独立审计准则进行的。在审计过程中，我们结合贵公司的实际情况，实施了包括抽查会计记录等我们认为必要的审计程序。

经审计我们发现贵公司在该年度内的产成品计价采用了后进先出法，而上年度采用的是先进后出法，由于上述存货计价方法的变更，致使贵公司该年度利润总额减少 ×× 元。

我们认为，除本报告第二段所述存货计价方法变更造成的影响外，上述会计报表符合《企业会计准则》和国家有关财务法规的规定。在所有重大方面公允地反映了贵公司 ×× 年

12月31日的财务状况和该年度经营成果以及资金变动情况，会计处理方法遵循了一贯性原则。

  会计师事务所（公章）   中国注册会计师（签名、盖章）

  地址：   年 月 日

（三）错例分析

例1

东方机械厂决策方案

  决策目标：为了满足市场需求，提高本厂的经济效益，东方机械厂提出开发多品种、系列化的新产品。考虑到本厂现有的具体情况，拟从下面三种可能方案中选择一个最优方案：

  （1）改造部分加工车间，只需要少量资金；

  （2）投资新建一个加工车间，需要资金50万元；

  （3）将半成品承包出去生产，整机装配由本厂职工完成。

  依据资料：

  1.根据市场需求，初步估计按照自然状态，销路好、销路一般、销路差、销路最差的概率比分别为0.7:0.5:0.3:0.1。

  2.根据有关资料分析，采用三种方案的结果，5年形成的生产能力及产生的经济效益如下表所示：（略）

  比较分析：由上述计算可看出，采用第二方案的经济效益最高，扣除投资新建一个加工车间的费用50万元，仍比第一方案要高出50万元，但此种方案必须事先预投资金50万元，第三方案经济效益太低。

  以上分析，请领导决策时参考。

              ×年×月×日

  [评析] 1.标题没有标明决策目标，可改为"东方机械厂开发新产品决策方案"；2.供选方案（1）中，对"少量资金"说得很含糊，应该用具体数字说明；3.缺少对第（3）种方案的资金投入预算；4.结尾处没有署名。

例2

审计报告

我们审计了后附的××数据网络技术股份有限公司(以下简称××公司)财务报表，包括2006年12月31日母公司及合并资产负债表、2006年度母公司及合并利润与利润分配表、母公司及合并现金流量表以及财务报表附注。

一、管理层对财务报表的责任

按照企业会计准则和《企业会计制度》的规定编制财务报表是××公司管理层的责任。这种责任包括：(1)设计、实施和维护与财务报表编制相关的内部控制，以使财务报表不存在由于舞弊或错误而导致的重大错报；(2)选择和运用恰当的会计政策；(3)作出合理的会计估计。

二、注册会计师的责任

我们的责任是在实施审计工作的基础上对财务报表发表审计意见。我们按照中国注册会计师审计准则的规定执行了审计工作。中国注册会计师审计准则要求我们遵守职业道德规范，计划和实施审计工作以对财务报表是否存在重大错报获取合理保证。

审计工作涉及实施审计程序，以获取有关财务报表金额和披露的审计证据。选择的审计程序取决于注册会计师的判断，包括对由于舞弊或错误导致的财务报表重大错报风险的评估。在进行风险评估时，我们考虑与财务报表编制相关的内部控制，以设计恰当的审计程序，但目的并非对内部控制的有效性发表意见。审计工作还包括评价管理层选用会计政策的恰当性和作出会计估计的合理性，以及评价财务报表的总体列报。

我们相信，我们获取的审计证据是充分、适当的，为发表审计意见提供了基础。

三、审计意见

我们认为，××公司财务报表已经按照企业会计准则和《企业会计制度》的规定编制，在所有重大方面详细反映了××公司2006年12月31日的财务状况以及2006年度的经营成果和现金流量。

北京××会计师事务所有限公司　　　　　中国注册会计师：(签名)

中国·北京　　　　　　　　　　　　　　中国注册会计师：(盖章)

二○○七年四月十六日

附：《资产负债表》等

[评析] 1. 缺少收件人。审计报告应当载明收件人，且要用全称。收件人是审计业务的委托人，审计报告的意义就是为了要对委托人负责。2. 在审计意见中并未对"2006 年 12 月 31 日的财务状况以及 2006 年度的经营成果和现金流量"作出评价，"详细"一词并非评价语，究竟是否公允不得而知。

（四）知识链接

1. 经济预测与决策文章列表（经济学阶梯教师网）

http://www.gjmy.com/gjmywz/Special/yuyan/Index.html

2. 《中华人民共和国审计法实施条例》（中华人民共和国审计署网）

http://www.audit.gov.cn/cysite/docpage/c241/200301/0123_241_2567.htm

第七章　会议文书

会议文书是指各种会议所需的文书，即围绕会议形成和使用、直接反映会议精神并为会议服务的系列文书。它是团体、企事业单位、个人在处理日常事务时用来沟通信息、安排工作、发布信息、交流经验的实用文体。

1．会议文书的特点

(1)鲜明的针对性，针对具体工作和情形撰写；(2)及时性，掌握适当的时机撰写，才能产生效果；(3)讲究格式的规范，目的性强；(4)语言简练，叙述明确，文风质朴。

2．会议文书的作用

典型的会议文书，包括开会通知、会议议程、会议记录和会议纪要。有时候连同开会通知发出的，还有与会者回执；而比较大型或正规的会议，还会有与会者提案。顾名思义，开会通知是用来通知会议的参加者关于会议的召开日期、时间、地点，以及需要阅览和携带的文件，通常由主席或者秘书发出。如果是比较大型的会议，还需要列明与会者报到的时间和地点、联系人姓名和联系方法、食宿和交通安排等。会议议程也可以称为"议事日程"，简称"议程"，用来列明某次会议将要讨论的事项和程序，以便参加者可以事先阅览有关的文件，作好开会准备；会议记录则用来记录会议的过程。根据个别情况，有些机关团体会再根据会议记录，整理归纳出比较重要的内容，写成会议纪要，发给单位和个人阅读、实施。会议纪要也可以用来反映某些会议的主要概况和精神。提案是会议成员就某一议题提出的议案，交大会讨论之用。

3．会议文书的应用范围

所有机关团体，不管业务性质是什么，不管是公营还是民办，不管规模如何，在日常工作过程中，为了制定政策、推行措施、开展工作、指派任务、检讨业绩、解决问题，难免要召开各种各样的会议，就各项大小事务磋商讨论。这种会议属于日常运作的一部分，为业务、工作上的需要而召开。比较正式的会议，都需要在会议前发出开会通知，附上议程，会上把会议讨论的事项、与会人士的主要意见以及有关的决议记录下来，作为落实的依据，方便日后查证。可见会议记录具有一定制约功能，对机关团体的运作方向及其成员的行为有一定约束力。有时候，某些会议的重要内容或决议，需要让与会者甚或其他有关人士知悉、依循，则负责人可以在详细会议记录的基础上，略去会议的其他枝节，整理出其中最重要的部分，写成会议纪要，既方便阅读，也方便落实和查索。还有一种会议属于非经常性的，也不是为了解决日常工作上的问题而召开的，像一些座谈会或者学术研讨会，主要目的是让与会者交流意见，发表议论，这类会议虽然也要向与会者发出开会通知和会议程序，却不一定需要记录会议的过程，期间也不会有什么提案或者临时动议。有些团体就会在会议结束以后，把会议的主题、精神、主要情况、成果或结论写成会议纪要，分发给与会者，甚至公开发表；另有一些研讨会还会在与会者提交的论文当中，挑选比较优秀的编辑成集，刊印出版。

第一节　开幕词　闭幕词

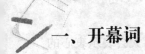

一、开幕词

（一）简要概述

开幕词是在会议开始时，主持人或有关领导就本次会议或活动的目的和意义等所发表的正式而简短的讲话，通过口头形式向公众致意的称"口头致词"；通过文字形式向公众致意的称"书面致词"。开幕词是大会正式召开的标志，主要领导人亲临大会并发表开幕词，显示了组织者对大会的重视。开幕词所提出的会议宗旨，是大会的主导思想，所阐明的目的、任务、要求等，对于会议有着重要的指导作用。会议结束之后，与会者传达会议精神时，开幕词也是其重要的依据之一。它具有宣告性、提示性和指导性。篇幅要求简短，内容切忌重复、啰唆；语言富有感情色彩，又要生动活泼；语气要热情、友好。

按内容开幕词可以分为侧重性开幕词和一般性开幕词两种。侧重性开幕词往往对会议召开的历史背景、重大意义或会议的中心议题等，作重点阐述，其他问题一带而过。一般性开幕词则只对会议的目的、议程、基本精神、来宾等作简要概述。

（二）写作要点

1．标题、时间、称谓

开幕词的标题，有三种写法：

（1）大会名称＋文种，如邓小平同志所作的《中国共产党第十二次全国代表大会开幕词》。

（2）致词人姓名＋大会名称＋文种，如《×××同志在××××大会上的开幕词》。

（3）在文种名称上有所变通，如江泽民同志1999年12月2日《在〈维也纳公约〉缔约方大会第五次会议和〈蒙特利尔议定书〉缔约方大会第十一次会议部长级会议开幕式上的致词》。

开幕词的时间，加括号标写在标题下方正中位置，也可放在开幕词的最后。

称谓是对与会者的统称。如果是党的会议，称谓比较简单，就是"同志们"三个字，后加冒号。如果是国际会议，要按照国际惯例来排列顺序，较常见的是："各位嘉宾，女士们，先生们"，后加冒号。

2．正文

正文可分为开头、主体、结尾三部分。

（1）开头

开头的内容包括以下几项：

宣布大会开幕。最简单的说法是："××××大会现在开幕。"也可以有些变通的说法或灵活的处理，如"今天，《维也纳公约》缔约方大会第五次会议和《蒙特利尔议定书》缔约方大会第十一次会议部长级会议在北京隆重开幕，大家聚集一堂，共商保护地球的具体行动，具有十分重要的意义"。

对大会的规模和参加大会人员的身份进行介绍。有些开幕词可以有这项内容，大致说法是："参加这次大会的代表有×××人，他们分别来自……"。

对大会表示祝贺，对来宾表示欢迎。大致说法是："我代表×××对大会表示衷心的祝贺！对与会的各位代表和来宾表示热烈的欢迎"。

（2）主体

主体是开幕词的核心部分，主要包括以下几个方面的内容：

阐明会议的主要内容和重要意义。具体涉及：这次会议是在什么形势下召开的，会议将要讨论解决什么问题，这个问题的现实价值如何，有什么迫切性，会议最终将达到什么目的等等。

说明会议的主要议程。议程明确的会议，可以将议程直接列项表达。如议程不宜列项，则要对会议将要讨论的主要问题进行阐述。

向与会者提出希望和要求。

（3）结尾

开幕词一般用祝颂语结束全文，如"最后，祝大会取得圆满成功。祝各位在××愉快。谢谢"。

（三）模式应用

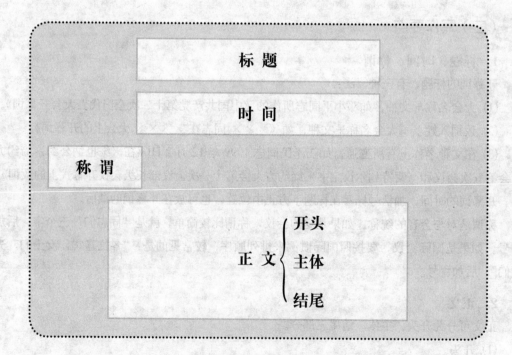

（四）实例示范

"中国历史文化中的关羽学术研讨会"开幕词

张××

女士们、先生们、朋友们：

由中国社会科学院学术交流委员会主办的《中国历史文化中的关羽学术研讨会》今天顺利开幕了，我谨代表中国社会科学院向专程从台湾来涿州出席会议的张平沼团长和关中监督，向世界龙冈亲义总会、世界关氏总会和台湾民主基金会的学者、关氏宗亲和有关人士，表示热烈的欢迎，并致以新春的祝贺！

历史上的关羽是一位战将。在中国传统文化、文学作品、民间信仰和传统宗教中，关羽器宇轩昂，能武能文、忠义双全。他的形象广泛流传于民众之中，从古至今，流传不息。许多中国百姓，包括旅居海外的华侨和华人，多以兴建庙宇，在工厂、店堂和家中设置神坛牌位等方式，将关羽供奉其中，表示对他的热爱和崇敬，寄托对祖国的向往和对中国文化的思念，期待风调雨顺，事业平安。关羽的形象已经成为中国文化的一个独特部分，也是连结海峡两岸中国人和海外华侨华人的一种精神纽带。我们这次研讨会的目的，在于通过历史、文学和神坛方面对关羽进行学术探讨，从中找出中国传统文化的精华，挖掘中华传统文化的起因和内涵，以便进一步推动我们对中华优秀传统文化的研究，弘扬中华传统文化的优秀精神，为祖国统一大业和振兴中华服务。相信通过与会两岸与海外学者的共同探讨，一定会取得良好的学术与精神成果，将把关羽和中华传统文化的研究推向前进。

这次以关羽为主题的会议，选择在河北省涿州市举行，具有特别的意义。涿州是历史上刘关张桃园三结义之地，张飞的故乡，这为与会学者和代表提供了学术考察的对象，也为刘关张赵的后人提供了凭吊先人的场所，这种实地考察参观，能够加深与会者的印象，对推动这方面的探索研究也是有益的。在此，我要向为会议提供许多帮助和支持的涿州市政府、台办和其他部门表示由衷的感谢。我也希望来自台湾和海外的学者和刘关张赵的后人，能够在涿州这一历史胜地度过美好、愉快、舒适的几天时间。

祝愿学术研讨会圆满成功！

谢谢大家！

2006 年 × 月 × 日

二、闭幕词

（一）简要概述

闭幕词与开幕词相对应，是会议结束时由主要领导人向全体会议代表所作的总结性讲话。致闭幕词的领导人，跟致开幕词的领导人一般不是一人，通常与致开幕词者身份相当或略低。闭幕词的主要内容是对会议作概括性的评价和总结，并向与会者提出贯彻落实大会精神的要求，向与会单位提出奋斗目标和希望。

闭幕词按内容可以分为专题性闭幕词和一般性闭幕词两种。

专题性闭幕词往往是由既是会议主办方领导又是本专业领域的专家学者致词。专题性闭幕词对会议召开的历史背景、重大意义或会议的中心议题等，作重点阐述，有的还发表对会议主题的个人观点。而一般性闭幕词则只是由会议主办方领导出面，是否为本专业领域的专家并没有特别要求。因此，在致闭幕词时，他便只对会议的目的、基本精神等作简要概述，并不要求对会议的主题提出自己独到的观点和看法。

（二）写作要点

1．标题、时间、称谓

闭幕词的标题，跟开幕词的写法类似，常见的写法是《×××× 大会闭幕词》或《×× × 在 ×× 大会上的闭幕词》。偶尔也有主副标题的写法，将主要内容或主要观点概括成一句话作标题，再用"×× 大会闭幕词"作副标题。

时间在标题之下正中，加括号注明会议闭幕的年、月、日，也可放在文章的最后。

称谓一般也跟开幕词一致。

2．正文

（1）开头。闭幕词的开头，一般要用简洁的语言，说明大会经过全体代表的努力，已经胜利完成使命，今天就要闭幕了。

（2）主体。闭幕词的主体主要是对大会进行概括总结，并提出贯彻大会精神的要求和希望。其中概括总结的部分，要列举会议完成的任务和取得的成果，不能过于空泛笼统。提出要求和希望的部分，也要突出会议精神，体现会议宗旨。

（3）结尾。闭幕词的结尾通常比较简单，最常见的说法是"现在，我宣布，×××× 大会闭幕"。

（三）模式应用

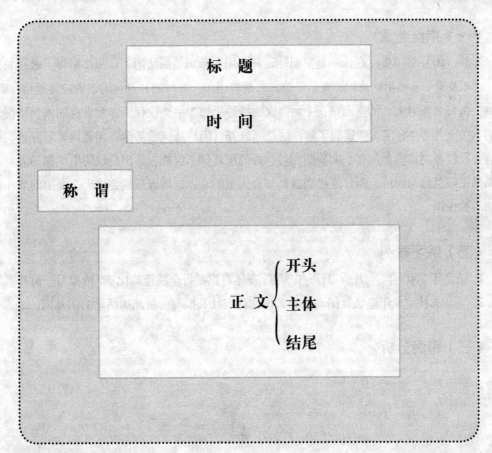

（四）实例示范

科学与和平周大会闭幕词

李××

女士们、先生们：

这一年一度的国际科学与和平周活动，经过几天的发言、讨论，针对发展自然科学和社会科学作为维护世界和平的工具而进行了交流。这种观念从未像今天这样具有如此的实际意义。大家都开始认识到没有一个国家是能够仅仅依靠自己站稳脚跟的。我们只有通过合作和交流，才能保证创造一个使我们的后代能够和平、安全生存下去的经济、技术和大气的环境。

国际科学与和平周，集中体现了全球许多人在从事的日常活动中，得到了广泛的支持，取得了光辉的成就，使大会圆满的成功，我表示衷心的感谢，并希望我们在下一届大会上再相会。

谢谢大家！

2005 年 × 月 × 日

小结

（一）指点迷津

写开（闭）幕词要注意：一是简明性，开（闭）幕词要简洁明了、短小精悍，最忌长篇累牍，言不及义，多使用祈使句，表示希望。二是口语化。开（闭）幕词的语言应该通俗、明快、上口。撰写者要对大会的全面情况（如会议的指导思想、主要议程、参加会议的人员情况、会议的有关文件等）有深入细致的了解，这是写好开（闭）幕词的基础。闭幕词要对开幕词中提出的会议任务完成得如何有个明确的回答，好的闭幕词不仅能表达出会议的组织领导者对大会成果的正确总结与评价，而且能起到鼓舞与会人员的斗志，增强他们完成大会提出的战斗任务的信心的作用。

（二）练习案例

1. 谨定于 2007 年 × 月 × 日下午 3 点，在体育馆举行全院篮球比赛，请拟写一份开幕词。

2. 某杂志社"童年追忆"活动结束，请你代表社长拟写一份此次活动的闭幕词。

（三）错例分析

例1

开幕词

女士们、先生们：

　　值此××省国际经济合作和出口商品洽谈会开幕之际，我代表××省人民政府、××市人民政府、××省对外贸易总公司，向远道而来的五大洲各国来宾、港澳同胞、海外侨胞表示热烈的欢迎和诚挚的问候！

　　×年×月，在庆祝××对外贸易中心落成典礼时，我们曾在这里举办过一次洽谈会。今年这次洽谈会，规模和内容比上一次洽谈会更加广泛和丰富。这次洽谈会，将进一步扩大我省同世界各国及港澳地区的经济技术合作和贸易往来，增进相互了解和友谊。

　　××省是我国沿海经济比较发达的省份之一，幅员辽阔，物产丰富，人力资源充足，工农业生产和港口、交通均有一定的基础，对外经贸事业的发展有着广阔的前景。目前，我省已同世界上一百四十多个国家和地区建立了贸易往来和经济技术合作关系，这种合作关系正在日益巩固和发展。

　　本次洽谈会，我们将提出二百多种对外经济合作项目，包括轻工、纺织、机械、电子、化工、冶金、建材、水产及食品加工等，供各位来宾选择。所展出的商品不少是我省的名牌产品和新发展的出口产品。欢迎各位来宾洽谈，凭样订货。

今天在座的各位来宾中，有许多是我们的老朋友，我们之间有着良好的合作关系。对于你们的真诚合作精神，我们表示由衷的赞赏和感谢。同时，我们也热情欢迎来自各国各地区的新朋友，为有幸结识这些新朋友感到十分高兴。我们欢迎老朋友和新朋友到××地观光游览，发展相互间的友好合作关系。

谢谢！

[评析] 1. 没有日期；2. 结尾没有祝贺语，如"预祝 × × 省国际经济合作和出口商品洽谈会圆满成功"。

例2

经过一天的拼搏，在全校师生的共同努力下，我校2006年秋季体育运动大会即将胜利闭幕了。这是一次团结的大会，一次胜利的大会，是我校一次继往开来的体育盛会。这次大会充分体现了我校团结、祥和、进步这一主题。展现了全体师生积极进取、顽强拼搏、奋发向上、勇攀高峰的精神风貌和旺盛斗志。在这里，我首先向取得优异成绩的班集体和同学表示最诚挚的祝贺！并向全体大会工作人员，向积极参与本次运动会的老师、同学表示衷心的感谢！

这次体育运动大会是对我校师生的一次检验，我校师生在本次运动会上表现出了较高的体育道德风范。今天的运动场上到处都洋溢着师生的欢声笑语。在这背后，蕴含着全体体育教师多天来的辛勤汗水，他们为筹备这次运动会精心训练运动员，认真浇画体育场地，默默无闻地做了大量的工作；蕴含着班任、科任教师的不懈努力，他们认真组织学生，精心布置队前装饰，为开好运动会，为使同学们度过一个难忘的运动会而费尽了心机；本次运动会更蕴含着全体运动员们顽强的意志，坚韧的品格，他们积极参与，出色发挥，努力为班级和学校增光添彩。

通过本次运动会，我们选拔出了一批优秀的体育运动员，在今后学校活动中，学校将予以重点培养。通过本次运动会，锻炼了我们的少先队员，团结了我们的教师队伍，达到了预期的目的。最后，希望我们×××小学的全体师生，在今后的工作和学习中能够继续发扬这次运动会的拼搏精神，让×××小学的旗帜永远高高飘扬在我校的上空，飘扬在我们每一个人的心头，让我们乘这次运动会的东风，紧密团结，携手同行，为我校的各项工作能在世纪之初迈上一个新的台阶而努力奋斗！

[评析] 1.没有标题；2.没有称呼；3.没有日期。

（四）知识链接

1. 开幕词范文（小秘书网）

   http://www.xiaomishu.net/xmslist/21.htm

2. 开（闭）幕词范文（中国课件站·论文网）

   http://lunwen.cnkjz.com/yanjiang/19/

3. 开（闭）幕词范文（学习爱好者网）

   http://www.cfan.net.cn/info/64_1.html

第二节　讲话稿　演讲稿

一、讲话稿

（一）简要概述

广义上说，前面所介绍的开幕词、闭幕词、大会工作报告，也都是领导讲话稿，这里所说的领导讲话稿是狭义的，是指领导人在会议上用于口头发表的、带有一定指示性或指导性的文稿。重要的会议，要有领导讲话、代表发言、分组讨论等项目，所以领导讲话稿是一种常用的会议文书。

讲话稿提倡由领导人自己撰写，也可由领导授意，秘书代写，最终由领导审定使用。领导讲话稿不像大会工作报告那样有着鲜明的集体意识性，它可以有领导个人的观点。有些领导在胸有成竹的情况下，也可以不用文稿，直接在大会上演说，由别人记录下来才形成文稿。这说明领导讲话稿，事先不必像工作报告那样经过反复的讨论和推敲。

讲话稿的特点：

1. 主旨鲜明，重点突出

如果一个领导在台上讲话，说了很多，听众还不知道他要表达什么意思，这个讲话稿一定是写得不成功的。领导讲话稿要做到主旨鲜明、重点突出。针对什么问题，表明什么观点，拥护什么方针，传达什么政策，批评什么错误，提出什么要求等等，都要集中明确。

2．语言通俗，表达生动

常见有些领导在台上讲话时，台下的听众或心不在焉，或窃窃私语，或左顾右盼，或昏昏欲睡，这样的讲话根本达不到预期的目的，不是成功的讲话稿。造成这种情况的原因可能是内容空洞，也可能是语言枯燥、表达生硬，引不起听众的兴趣。

3．台上台下，双向交流

讲话稿在引起台下人思想和感情的共鸣时，才算是真正被听众接受了。事实上，讲话稿虽然是一人说、众人听的单声话语，但台下听众用表情与讲话人进行的无声交流，决定了讲话不是单向性的，而是跟听众的相互交流。

讲话稿可分为宣传鼓动性讲话、分析指导性讲话和总结评论性讲话。

在誓师会、动员会、庆祝大会、成立大会、运动会开幕式、群众集会等大会上，运用较多的是宣传鼓动性的讲话稿。这种讲话稿，重视思想的宣传和精神的鼓舞，一般不作指示、不部署工作，但可以改变听众的精神面貌，唤起听众投身某项工作或事业的热情。

布置中心工作，或研究某一问题，或统一与会者思想的会议，运用较多的是分析指导性讲话。这种讲话针对某项工作、某一问题，进行深刻的理性分析，深入浅出，循循善诱，逻辑性强，说服力强。

总结会、表彰会、办公会、经验交流会以及大会闭幕式上的领导讲话，侧重于总结评论，故用总结评论性讲话。或对前一段的工作，或对大会的成果，或对各种有价值的意见或建议，作一番总结评论，肯定成绩，指出问题和今后努力的方向，是这种讲话的主要内容。

（二）写作要点

1．标题、日期和称谓

（1）标题。讲话稿的标题有两种写法：

①单标题，由讲话人姓名、会议名称、文种组成，如《江泽民同志在中共中央纪律检查委员会第二次全体会议上的讲话》。也可以省略讲话人姓名，如《在中华人民共和国澳门特别行政区成立庆祝大会上的讲话》。

②双标题，将主要内容或中心思想概括为一句话作主标题，再由讲话人姓名、会议名称、文种组成副标题，如《把教育工作认真抓起来——邓小平同志在全国教育工作会议上的讲话》。

（2）日期。将讲话当天的日期用汉字书写，加括号置于标题下方中央，也可放在文章最后。

（3）称谓。根据会议的性质、与会者的身份，分别使用"同志们"（党的会议常用）、"各位代表"（代表大会常用）、"各位专家学者"（学术会议常用）、"女士们，先生们"（国际性会议常用）等。

2. 正文

(1) 引言。讲话稿的引言有多种写法，归纳起来有下列主要类型：

①强调时间、空间，简略描述场面。庆祝大会比较多地采用这种引言。如"今夜月明风清，波平如镜。中葡两国政府在这里举行庄严的澳门政权交接仪式，宣告中国政府对澳门恢复行使主权。历史将永远记住这一举世关注的重要时刻。"（江泽民同志 1999 年 12 月 20 日《在中葡澳门政权交接仪式上的讲话》）

②表示慰问和祝贺。上级领导出席下属某部门或系统会议时的讲话，较多采用这种引言。如"今天，我来参加这个会议，主要是表示对教育工作的支持，并且向你们，向全国教育工作者表示慰问。"（邓小平同志 1985 年 5 月 19 日《在全国教育工作会议上的讲话》）

③开门见山，提出中心话题。在传达精神、布置工作会议上的讲话，较多采用这种引言。如"最近，中央强调一个重要精神，就是领导干部一定要讲政治。我在十四届五中全会、中央经济工作会议、中央军委扩大会议、中央政法工作会议、全国宣传部长会议以及在北京、西北、广东的考察中，都讲了这个问题。党内外普遍认为，现在强调这个问题很有必要，也很重要。今天，我想就这个问题再讲点意见。"（江泽民同志《关于讲政治》）

(2) 主体。作为讲话稿的核心部分，讲话稿在写作中需要注意的问题是主题明确、内容充实、层次清楚、表达通畅、文字准确。关于内容、文字问题无须多说，这里重点强调结构的安排。

主体部分的层次安排主要是并列和递进两种方式。

并列式结构就是将几个方面的问题相互并置地排列起来，说完一个，再说一个，各个层次之间如果相互交换位置，一般不影响意思传达。在布署工作的会议或总结性的会议上的讲话，这种写法比较常见。

递进式结构是由现象到本质、由表层到深层的层次安排方法，各层意思之间呈现逐层深入的关系。在统一思想的会议上，较多采用这种讲话方式。

讲话稿的主体，因会议不同、讲话人的身份不同、内容侧重点不同、领导之间先后讲话的次序不同，其写法也会有较大的差异。以上说的两种结构方式，只是就大体而言，具体操作起来还需要灵活处理。

(3) 结尾。相当多的实用文体都不一定要有结尾，但讲话稿不同，它一定要有一个结尾。

写结尾要注意两点：

首先，结尾要结在必然收束的地方。主要内容表达完毕，主体部分结构完整，文章就到了要结束的地方，这时如果还不结束，听众就会不耐烦。反过来，如果内容还没表达完，主体还不完整，既使有一个专门的结束语，文章也不完整。

其次，可采取自然结束和专门交代两种结尾方式。自然结束不用专门的结束语，但听众能听得出来讲话要结束了。专门交代则使用模式化的结束语。

（三）模式应用

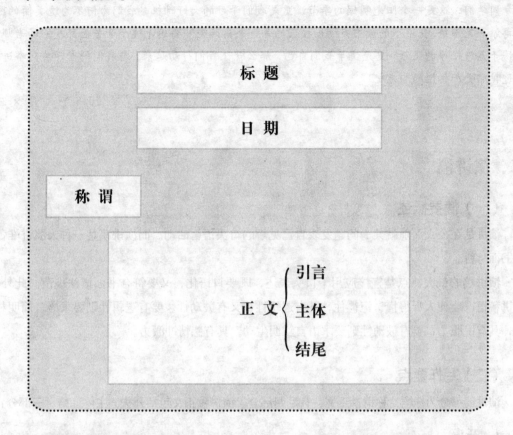

（四）实例示范

在开学典礼上的讲话稿

王××

尊敬的老师、同学们：

大家好！

短暂而又愉快的暑假生活已告结束。在这八月的晨风中，我们再一次聚会在我们可爱的校园中，熟悉的操场上。新学期的钟声已经敲响，你是否已经作好了踏上新征程的准备？

新的学期，我们要有新的起色；新的学期，我们要拿出新的学习精神；新的学期，我们要做得更好！

首先，必须调整好精神状态，决不能用假期的散漫习惯对待学习，更要积极调动学习的热情、兴趣，全身心地投入到学习中去。其次，我们一定要把每科都认真学好，让成绩在原有的基础上节节升高。我们要把自己培养成为一个有道德的人，比如，放学回家后给工作了一天的爸爸妈妈捧上一杯茶，在学校里为学习困难的同学解答一个疑难问题，在公交车上主动为年迈的老人让座，在花园里把被风吹歪了的小苗扶正，在校园里见到纸屑弯腰捡起等等，事事都从身边的小事做起。当然，老师所留的作业一定要及时完成。

同学们，这是一个阳光明媚的季节，更是我们学习的大好时机。我们为何不为这美丽的图景再添一笔锦绣，让琅琅的读书声响彻校园的每一个角落呢？要想无愧于辛苦教育我们的老师，无愧于无怨忙碌的父母，更无愧于我们自己，那么就让我们行动起来，与我们的老师共同奋进，去迎接那更加灿烂的阳光吧！

2006 年 × 月 × 日

二、演讲稿

（一）简要概述

演讲是在公众面前就某一问题发表自己见解的口头语言活动。而演讲稿是一种为演讲准备的书面材料。

演讲稿的最大特点是直接应用于口头表述，既要口语化，又要符合书面语法规范。此外，演讲稿语言要使人听得懂、记得住，既有逻辑性，又有鼓动性。要有逻辑性则要求语言简明朴实，具有说服力；要有鼓动性则要求语言鲜明生动，具有感情冲激力。

（二）写作要点

演讲稿可分为标题、称谓、正文、日期四部分。演讲稿正文包括开头、主体、结尾三部分：

1．开头

开头要力求抓住听众，要有较强的吸引力。开头的方式有：

(1) 幽默式的开头。用风趣、活泼的语言开始，争取尽快吸引听众；

(2) 直入式开头。开门见山地直奔演讲目的，提出中心论题；

(3) 提问式的开头。通过提问，制造悬念，激发听众去积极思考；

(4) 引用式开头。引用名人名言、故事、成语、格言、歇后语、诗词等现成的语言材料作为演讲的开头；

(5) 抒情式开头。用对偶、衬托、排比、夸张、反复等修辞手法，直抒情感。

2．主体

主体要围绕主题，说透问题，推理严密，层次清晰，有情有理。如果演讲的内容较多，要分项来谈，使层次清楚，便于听众掌握，但一般一次演讲不要有多个中心，应主题明确，然后作反复铺陈。

3．结尾

结尾同样更需要鼓动性。结尾的方式也很多，或总结全文，或留下深长余味、引入深思，或表示殷切期望和祝愿。

（三）模式应用

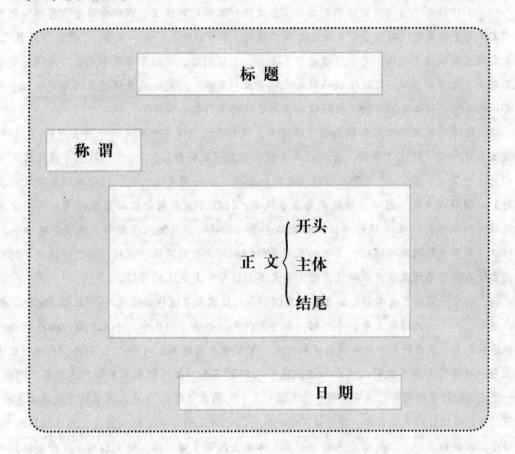

（四）实例示范

竞选广播电视事业局副局长演讲稿

尊敬的各位领导、同志们：

大家好！

我叫××，34岁、中共党员、大专文化，现任××县文化馆书记、馆长，兼职文体总支宣传工作，省曲艺家协会会员、市作家协会会员、政协××县第十一届委员会委员。我的第一学历是初中，没有毕业。早在我十七岁时就创办了××县第一个乡村文学社团——星火文学社，编辑《星火》社刊，组织创作、辅导，坚持开展文学活动十几年。十八岁参加工作，当过民办教员、农民、文化站员，1991年被聘任为×××镇文化电影站站长，1995年转干，1999年任县文化馆书记、馆长。在文化馆工作期间，兼任过电影公司经理、影剧院经理、文体局办公室主任等职。曾荣获县首届"十佳青年"、新一代创业人、优秀党务工作者、市级先进文化站长、市级先进文化馆长等荣誉称号，并连续多年获县政府"记功"和"劳模"奖励。

这次参加广播电视事业局副局长职位的竞选，我认为自己除了具备作为一名广播电视工作者必须具备的政治坚定性、政治敏锐性，能够准确把握舆论导向以外，还具备以下优势和条件：

一、工作经验丰富，组织协调能力强。在文化馆工作的四年里，我配合县委宣传部、组织部、文体局等相关部门组织了"古城儿女颂祖国"、"春节晚会"、"七一专场"、"漂流节开幕式"等大型文艺演出三十余场，并创造性地开展工作，克服困难，组织全县歌手大赛、诗词大赛等大型群众文化活动多次，促进了我县群众文化事业的发展。同时，我兼任过文体局其他几个重点部门的工作，积累了宝贵的工作经验，提高了我的工作能力和水平。

二、有深厚的文字功底和较高的文学素养。我的论文《浅谈农村文化市场管理》，在1999年获省文化厅论文评比二等奖，并被收入大型论文集《献给祖国》。论文《代表中国先进文化的前进方向浅谈》在2002年获文化部论文评比最高奖——优秀论文奖，同时被收入《文化大视野》全国群众文化、图书、博物论文集第四卷。2001年省新闻出版局出版的《××历史文化名城系列丛书》(1至5辑)我担任副主编、责任编辑，并与他人合著第一辑《走进××》。可以说，文学与新闻是相通的，文字功底也是做好新闻工作的基础。我相信自己经过多年的磨炼，已经具有深厚的文字功底和较高的文学素养，适合今天竞选的岗位。

三、我有很强的事业心和不断进取的意识。有几位朋友是这样描述我的："扎根黑土地，耕耘在原野，一个认感情为上帝，奉坚韧、勤奋为神佛，视事业如生命，十几岁就开始以幼稚的笔触涂写人生，屡遭挫败却只知前进不知回头，黑黑瘦瘦燃烧不止的精灵。"是的，我把事业比作生命一样重要。熟悉我的同志都知道我这个人闲不下来，工作起来不要命。总是有人问我，你一个文化馆馆长哪有那么多事情做？你怎么那么忙？而我觉得："一个人在其位就应该谋其政，就应该为你所选择的事业负责，就应该不断进取！"记得在编写《××历史文化名城系列丛书》的日子里，我白天忙于文化馆、电影公司、文体局企改等多项工作，晚上编写、校对文稿，一连几个月每天都后半夜才休息。我极强的事业心和不断进取的意识，使我选择的事业得以发展。

四、我有求真务实的工作作风和坚韧不拔的意志。1999年组织上调我到文化馆任馆长时，我面对的文化馆是没水、没电、没供暖，没馆舍、没设备、没资金的困境。到任后，我没有豪言壮语，而是身体力行、以身示范，带领全馆人员克服困难、脚踏实地地工作。几年来，全面完成了上级各有关部门交办的工作任务，并创造性地开展活动，使我县群众文化工作有了新的起色。现在文化馆办公环境、设施、设备都有了明显改善，而且已经争取到国家投入资金40万元，正在筹建新的馆舍。第三届漂流节县政府添置了户外音响，整个文化活动周音响设备要在广场放七天，为了节省资金，为了保证设备不损坏、不丢失，为了保证每天的文艺活动顺利开展，我带着几个职工在广场住了七天。我求真务实的工作作风和坚韧不拔的精神，为我工作取得成功奠定了坚实的基础。

我选择参与今天的竞选，一方面我觉得参与本身就是自我价值的体现，另一方面我认为自己能胜任这个职位。目的是无悔于最初的选择，通过新的岗位，给自己创造更广阔的空间，充分发挥潜在的才能，为家乡建设作出自己的贡献。

如果这次竞选成功，走上新的工作岗位，我将从以下几个方面入手，做一名称职的广播电视事业局副局长，以不辜负各位领导和同志们的期望。

一、加强学习，提高自身综合素质。广播电视业是集政治、经济、文化、教育、科技、生活于一体的传统事业，也是一个新兴产业。恩格斯曾一针见血地指出了新闻工作者的普遍性弱点："新闻事业使人浮光掠影，因为时间不足，就习惯于解决那些自己都知道但还没有完全掌握的问题。"减少或消除"浮光掠影"的弊病，关键在于知识结构的完善、业务能力的锻炼和经验教训的积累。我从事文化工作多年，尽管说文化与广播电视工作是相通的，但我缺少在广播电视部门工作的实践经验。为此，我要加强学习，深入了解有关广播电视的法律、法规和业务知识；深入基层、虚心求教，不断地用新知识充实自己、武装自己、完善自己，提高自己的综合素质，以更好地适应新的工作岗位的需要。

二、严于律己，做一名勤政廉政的好干部。"勤政出成绩，廉政得民心。"郑培民同志的先进事迹感动着我、鼓舞着我、激励着我。他向我们展示了一个真正的共产党人应具备的崇高信仰、优秀的品质和忘我的奋斗精神，留给我们的是一曲荡气回肠的爱民之歌、奉献之歌，是一个新时期领导干部模范实践"三个代表"的光辉形象。走向新的工作岗位，我一定按照党的干部纪律标准严格要求自己，向培民同志学习，勤政廉政、忘我工作，真正做到权为民所用、情为民所系，利为民所谋。

三、扎实工作，促进广播电视事业健康发展。一个单位、一个部门，工作能否正常运行，事业能否健康发展，班子的团结是很重要的。我一定按照县委的总体工作部署，在书记、局长的正确领导下，与其他班子成员加强团结，密切配合，互相支持、扎实工作，内强素质、外树形象，强化管理、扩大外宣，为促进我县广播电视事业和县域经济发展作出应有的贡献。

尊敬的各位领导、同志们，我的演讲即将结束了。说句心里话，我很珍惜您手中的选票，我是多么希望您选择的是我啊！同时，我也明白，参加这次竞选无论成功与否，对我而言都是一次历练和促动，也是一次学习和提高的机会。我会一如既往地以"燃尽微躯方罢休"的热情去工作、去生活、去奋斗！

2007 年 × 月 × 日

 小结

（一）指点迷津

讲话稿语言要简洁明了，重点突出，不要使用太长的句子。演讲稿要分析听众的心理，要富有感情，要口头语与书面语相结合。

（二）练习案例

1. 请拟写一份在入党积极分子大会上的讲话稿。

2. 请拟写一份关于师德建设的演讲稿。

（三）错例分析

例1

六年级家长会讲话稿

尊敬的各位家长：

大家好！

由于您孩子的成长与发展，让我们有了今天的相聚。首先，让我再次代表全校师生热烈欢迎各位的到来。您的按时到会是对您孩子的真情关爱，更是对我们工作的莫大支持，请允许我代表全校师生向你们表达最诚挚的谢意！

我们都非常清楚，学生生活在社会的大环境中，他们的成长需要家庭、社会和学校共同配合，也只有这样方能完成育人的任务。希望我们在交流、沟通中，增进相互之间的了解，达到育人的共识。

[评析] 正文中缺少必要的学校介绍，没有说明这次家长会的内容和目的，也缺少对六年级学生状况的介绍。

例2

×××公司总经理工作部主任竞职演讲稿

各位领导、各位评委、各位同事：

你们好，接下来的几分钟里，我会竭尽全力地向你们证明，我胜任×××公司总经理工作部主任一职。

我叫×××，生于1970年，大专学历，于1998年获统计中级职称。自1989年毕业分配到××供电局，一直从事电力统计工作，作为××供电局的普通一员，我的职责是提供高质量的统计数据。在工作中，由于我认真努力、兢兢业业，在各方面都取得了较好的成绩，曾经多次获得地（市）、自治区、国家电力公司的优秀统计工作者称号，我很自豪，我为我局这些年来所取得的巨大成绩作出了我应有的贡献。

今天的世界是一个相互依存的世界，我们每个人都有着独特的位置并扮演着特定的角色。因此，在我们相互合作去实现一些任何个人都无法实现的目标时，认清我们的位置、角色与责任就显得十分重要。我之所以竞聘×××公司总经理工作部主任一职，是因为我觉得自己比较适合这一职位，具有以下几个优势：

一、有较扎实的专业知识

在十五年的统计生涯中我很注意发挥主观能动性，超前意识强，这有利于开拓工作新局面。自参加工作以来，我始终不忘读书，勤钻研、善思考、多研究，不断地丰富自己、提高自己，曾在本局女职工计算机比赛中获第一名。

二、有较强的工作能力

我在日常生活和工作中，以"明明白白做人，踏踏实实工作，实实在在做事"为信条，言行一致，脚踏实地，诚实待人。经过多年学习和锻炼，自己的业务技术能力、组织协调能力、判断分析能力都有了很大提高。

三、有强烈的责任心和事业心

我一直非常热爱我从事的统计工作，我曾全身心地投入，也获得了相应的回报，在各种专业统计评比中总少不了我的名字，各种经验交流活动中少不了我精彩的演说，一本又一本大红烫金证书是我的骄傲，我学会了在平凡的工作中体会快乐的人生。我正值而立之年，正是干事创业的大好时机，我认为自己应该向着更高的目标努力，换个岗位，从另一角度实现自己的价值。我相信以我充沛的精力、高度的敬业精神和强烈的事业心，我能够全身心地投入到新的工作中去。

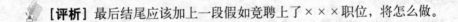 **[评析]** 最后结尾应该加上一段假如竞聘上了×××职位，将怎么做。

（四）知识链接

1. 开学典礼讲话稿（搜一百范文网）

   http://www.so100.cn/html/yanjiang/kaiye/2006-4/5/06452303583467218.html

2. 演讲稿范文（作文学习网）

   http://www.xueweb.com/Article/Special/Special6/

第三节 会议记录 会议纪要 简报

一、会议记录

（一）简要概述

在会议过程中，由记录人员把会议的组织情况和具体内容记录下来，就形成了会议记录。"记"有详记与略记之别。略记是记会议大要，会议上的重要或主要言论。详记则要求记录的项目必须完备，记录的言论必须详细完整。若需要留下包括上述内容的会议记录则要靠"录"。"录"有笔录、音录和影像录几种，对会议记录而言，音录、像录通常只是手段，最终还要将录下的内容还原成文字。笔录也常常要借助音录、像录，以之作为记录内容最大限度地再现会议情况的保证。

会议记录的具体作用体现在三个方面：依据作用，会议记录是记载会议基本情况的文字材料，是日后工作中可供查考的凭证；素材作用，会议进行过程中连续编发的会议简报，以及会议后期制作的会议纪要，都要以会议记录为重要素材；备忘作用，会议记录可以作为会议情况和会议内容的原始凭证。

（二）写作要点

会议记录有固定的格式，由两部分构成：

第一部分记录会议的组织情况。包括：会议的名称（含次数）；开会日期；开会地点；出席、列席、缺席人员；人数不多的重要会议，要写清与会人员单位、姓名、职务；人数多的大中型会议，可只写领导和总人数，缺席人员应注明缺席原因；主席或主持人（具体姓名及职务）；记录人（签名以示负责）。

第二部分记录会议内容。按会议议题顺序，记录会议发言、报告、讨论和决议等事项。记录的方法有：摘要记录，记录一般会议中的发言要点、结论、决议等；详细记录，在重要会议中尽可能详细完整地记录会议上的重要发言、不同看法和争论，有条件的可采用录音、录像手段，以保证其准确和完整。

现场记录下来的文字，需要进行整理，整理完后，应送发言人和会议主持人审阅。最后单独一行写"散会"或"休会"，使记录有头有尾，结构完整。

（三）模式应用

（四）实例示范

贾平凹作品讨论会议记录

时间： 1984 年 12 月 3 日

地点： ×× 校初二（2）班教室

出席者： 语文教师、全班同学（共 49 人）

主持人： 语文课代表陈扬

记录人： 王怡

讨论： 怎样认识"丑石"的形象（《丑石》，散文，作者：贾平凹）

发言记录：

李丽：我觉得"丑石"是最美的，它补过天，发过光，可是在落到地上以后却甘于寂寞生存，从不炫耀自己，被人误解、嘲骂也从不辩解。这样的品质真是伟大呀！做人就要做具有这种品质的人。

张平：李丽说得对。生活里就有许多的人，像《红岩》里的华子良就是。他忍受被同志误解、怀疑的痛苦，寂寞地生存，直到最后发挥作用。

王小明：华子良并没有寂寞生存，他在战斗，战斗有轰轰烈烈，也有静悄悄的，形式不同，性质一样。

主席：请注意，我们讨论的是"丑石"的形象，而不是华子良的形象，请继续对"丑石"发表意见。

江岚：很明显的，作者是赞美"丑石"而且要我们向"丑石"学习。我不同意贾平凹先生的见解。他是要我们八十年代的青年去当奴隶，一切都逆来顺受，至少是无所作为。不错，"丑石"补过天，发过光，但那是它的过去。现在怎么样呢？它一躺就是几百年，不给人民干活，不为社会发展出力。如果不是天文学家发现了它，它还能这么"伟大"个几百年、上千年。所以，它的"伟大"也正是它的错误，是丑而不是美，应该批评，而绝不应该赞扬。

王淑玲：不，不是这样。"丑石"是美的，它过去是众人仰望的明星，为人类补过天，而现在却只能在一个偏僻的小村上寂寞生存，淡泊自守，任人责骂，却从不提往日的功绩。这种胸襟和那种整天追名逐利，一有所得，沾沾自喜，一有所失，便怨天尤人，进亦忧退亦忧的人的心胸相比，不正是鲜明的对照吗？一篇作品，只能说明一两个哲理，不可能面面俱到。不管作者原意是什么，但我读了后能受到教益，懂得一个人有了成绩以后不应炫耀，处于逆境时不应懊丧，应该谦虚忍让，不为世俗之见所左右，这就够了。

黄立刚：不，不够。"丑石"是美的，但美得不足，美得不够，甘于寂寞生存是它本质的优点，但恰恰也是它致命的弱点。有了成绩不炫耀，身处逆境不懊丧，这都是美的，我们应该有这样的修养和品德。但光这样就够了吗？我们能在需要腾飞的时代，像"丑石"那样一躺几百年以显示自己的胸襟开阔，甘于寂寞的美吗？不，不是要人家来发现，而是要毛遂自荐，要敢于说自己行，敢于把本事都拿出来，连一分钟都不等。

江岚：对，对，我也是这个意思，可能说得不清楚。一篇作品应该有时代感，今天时代要求我们成为开拓者，创造型人才，我们绝不应甘于寂寞，要敢于争先，要争做出头鸟，敢于表现自己的才能和价值。

徐峰：是否可以这样认为：作出了成绩，对成绩应该甘于寂寞，不去卖弄，不去沽名钓誉，面对未来，应该继续追求，不能满足于已为社会作过贡献而甘于寂寞生存。贾平凹同志的观点不完善，它反映了传统的习惯看法，却不能反映时代的潮流。

李力珍：请注意，我们这里可没有明星，谁也没有发过光，更没有补过天，所以根本谈不上寂寞生存的伟大。我们应该做的就是不甘寂寞，要为"四化"，为中华的崛起去努力拼搏。

郑里：我们没有发过光，但今天有些人的发言却很有光彩。我很喜欢这样的讨论会，听听别人的发言，自己脑子也变得聪明灵活了。

（以下略）

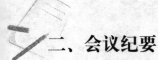

二、会议纪要

（一）简要概述

会议纪要是记载会议主要精神和议定事项，要求与会单位共同遵守、执行的一种文体。

会议纪要具有以下特点：

1．内容的纪实性

会议纪要是根据会议的宗旨、议程、决议等整理而成的公文，它是对会议基本情况的纪实。会议纪要的撰写者，不能更动会议议定的事项，更不能随意改动会议上达成的共识和形成的决定。除此之外，撰写者也不能对会议内容进行评论。总之，会议纪要必须忠实反映会议的基本情况。

2．表达的概括性

会议纪要并不是把会议的所有内容都原原本本地记录下来，它要有所综合、有所概括、有所选择、有所强调。会议纪要重点说明会议的主要参加者、基本议程、与会者有哪些主要观点、最后达成了什么共识、形成了什么决定或决议，切忌记流水账。

3．作用的指导性

因为会议纪要的纪实性特点，决定了其有凭证、备查作用。同时，多数会议纪要具有指导工作的作用。它要传达会议情况、会议精神，要求与会单位和相关部门以此为依据开展工作，落实会议的议定事项。

4．称谓的特殊性

会议纪要一般采用第三人称写法。由于会议纪要反映的是与会人员的集体意志和意向，常以"会议"作为表述主体，"会议认为""会议指出""会议决定""会议要求""会议号召"等就是称谓特殊性的表现。

会议纪要的种类较多，按照会议的类型，可分为办公会议纪要、工作会议纪要、座谈会议纪要、经验交流会议纪要、学术会议纪要等；按照会议议定的内容，可分为综合性会议纪要、专题性会议纪要等；按照会议的任务与要求，可分为决议性会议纪要、通报性会议纪要、协议性会议纪要、研讨性会议纪要等。

（二）写作要点

1．版头

日常工作会议、办公会议的纪要一般都有固定的版头。如：

工程会议纪要

第 × 期

北京市城乡建设委员会办公室 　　　　　　　　　　200 × 年 × 月 × 月

用专门版头的会议纪要，只标注"第 × 期"，如果会议纪要用报告的形式上报或用通知的形式印发，则用公文版头，编公文文号。用专门版头的会议纪要，成文日期在版头的右下角。其余会议纪要的成文日期放在会议纪要的标题下方居中并加圆括号或放在正文之后，以会议通过日期或领导人签发日期为准。

2. 标题

会议纪要的标题有单标题和双标题两种形式：

（1）单标题，由"会议名称＋文种"或"主要内容（事由）＋文种"构成。前者如《县委常委会议纪要》、县委书记（县长）办公会议纪要、局长办公会议纪要、全国农村工作会议纪要、×× 乡教育工作会议纪要等；后者如《关于解决粮食购销体制改革后遗留问题的会议纪要》等。

（2）双标题，由"正标题＋副标题"构成。正标题揭示会议主旨，副标题标示会议名称和文种，如《探讨新时期文学的发展——中国当代文学研究会第一次学术讨论会纪要》。

3. 正文

会议纪要的正文大多由导言、主体和结语构成。具体写法依会议内容和类型而定。

（1）导言。主要用于概述会议基本情况，其内容一般包括会议名称、会期、会址、参加人员、主持人、主要议题、会议议程等。具体写法常见的有两种：

①平列式：将会议的时间、地点，参加人员和主持人、会议议程等基本情况采用分条列出的写法。这种写法多见于办公会议纪要。

②鱼贯式：将会议的基本情况作为一段概述，使人看后对会议有个大体了解，要写得简明、概括。

惯用过渡语常使用"会议纪要如下"、"会议确定了如下事项"、"这次会议着重讨论了以下 × 个问题"等。

（2）主体。这是会议纪要的核心部分，会议的主要精神、会议议定的事项、会议上达成的共识、会议对与会单位布置的工作和提出的要求、会议上各种主要观点及争鸣情况等等，都在这一部分予以记述。由于这部分内容复杂，多数情况下都需要分条分项撰写。不分条的，也多用"会议认为"、"会议指出"、"会议提出"等惯用语作为各层意思的开头语，以体现内容的层次感。

（3）结语。一般性会议纪要可不写结语，重要的工作会议和讨论会、座谈会纪要的结语，多数写一段对会议的评价，强调会议所讨论工作的意义，提出希望、号召、要求等。结语处还可以对会议的情况作一些补充说明。

（三）模式应用

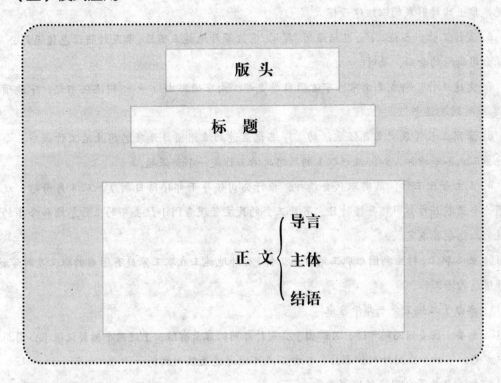

（四）实例示范

行政会议纪要

时间： 200×年×月×日

地点： 公司四楼会议室

主持： ×× 记录：×××

主要内容：

一、前阶段工作总结

1. 结合市府、有限公司关于"世博会与上海新一轮发展"大讨论及开展"诚信服务"的要求，结合公司管理年的实际情况，党委决定开展"争当敬业的电建精英"主题活动。

2. "非典"预防工作。"非典"预防工作是这一段时间的工作重点，公司专门发布了紧急通知，针对公司施工点多面广的特点，我们要加强对流动人员的控制，同时做好办公区域的消毒工作，对这项工作，希望大家高度重视。

3. 立功竞赛工作。自3月8日召开立功竞赛动员会以来，各项工作正在落实之中。今年竞赛工作的重点是：推行立功竞赛管理工作作业指导书，推行菜单式管理，推进竞赛管理工作的制度化、规范化，同时要求各施工项目明确各自的竞赛重点，如西气东输工程的焊接质量管理。

4. 文明工地创建。今年，外高桥二期和西气东输项目争创上海市文明工地。

5. 班组建设工作。根据公司今年施工管理工作的新特点，我们制定了新的班组建设实施意见，推出四种形式的班组建设模式。

6. 宣传工作。各施工点，包括漳州、深圳、宁波等外地施工项目，都及时将信息传递到公司，确保公司新闻的全面、及时。

7. 党建工作。新成立南京、宁波项目党支部。南京项目由×××同志任书记，宁波项目由×××同志任书记。

8. 漳州工程开展党员责任区活动。缪书记最近到漳州项目开展思想政治工作调研，今后外地施工点不断增加，如何做好职工的思想政治工作是一个新课题。

9. 民主管理工作，落实职代会精神，推行公司领导干部接待日制度，从4月份起，双月的第一个星期五为公司领导接待日。另外工会的民主管理专门小组去年的工作总结和今年的工作规划工作也基本完成。

10. 关心职工，对生病困难职工的帮困工作，对外地施工点职工家庭有困难的职工及时家访，做好信息沟通工作。

11. 举办了二级工会干部学习班。

12. 党委、团委网站的开通。目前由于公司外部网的容量有限，上述两个网页仅限于公司局域网中浏览，下一步公司外网扩容后，各施工点可以通过互联网浏览。

13. 纪委开展了合同法的培训工作。

二、各支部情况汇报：各支部分别就党员学习、民主评议、积极分子培养、"非典"预防工作进行了汇报。

三、下阶段工作布置：

1. "关于开展争当敬业的电建精英主题"活动。结合"世博会与上海新一轮发展"大讨论活动，主要有三个方面的内容：一是"培育城市精神，争当敬业的电建精英"大讨论；二是"发扬诚信精神，建设用户满意工程"；三是"发扬敬业精神，推进职工素质工程"。

2. 党员民主评议工作。要求5月30日以前结束。7月1日评比优秀党员，每个支部推荐一名。

3. 党员发展工作。二季度要发展的党员，要求6月10日以前完成。

4. 积极分子培训工作。

5. 根据市工业党委的要求开展"组织生活创新实例"活动。

6. 公司控制管理费用，今后各项目购买办公用品、生活用品，发生业务招待费都必须先向办公室提出书面申请，经批准后方可使用，紧急情况可采用电话申请的办法。

7. 项目承包方案的讨论，各部室5月16日前交出讨论意见。

8. 6月份群防群治月，公司将到各施工点开展检查，要求各项目做好自查。

9. 6月下旬将组织一次纪检讲座，请各部门安排出席。

三、简报

（一）简要概述

简报，从字义上说，就是情况的简明报道。它是党政机关、企事业单位、社会团体为及时反映情况、汇报工作、交流经验、揭示问题而编发的一种内部文件。

简报有多种名称，可以叫"××简报"，也可以叫"××动态"、"××简讯"、"情况反映"、"××交流"、"××工作"、"内部参考"等等。

简报具有以下特点：

1．新闻性

简报有些近似于新闻报道，特点主要体现在真、新、快、简四个方面。"真"是内容真实，这是新闻的第一性征。简报所反映的内容、涉及的情况，必须严格遵循真实性原则。"新"指内容的新鲜感。"快"是报道的迅速及时。"简"是指内容集中、篇幅短小、提纲挈领、不枝不蔓。

2．集束性

虽然一期简报中可以只有一篇报道，但更多情况下，一期简报要将若干篇报道集结在一起发表，形成集束式形态。这样做的好处是有点有面、相辅相成，加大信息量，避免单薄感。

3．规范性

从形式上看，简报要求有规范的格式，由报头、目录、编者按、报道正文、报尾等部分组成。其中报头、报道正文、报尾是必不可少的，而且报头和报尾都有固定的格式。

简报的种类繁多，按照不同的分类标准，可以划分为很多不同类型。按时间划分，简报可分为定期简报和不定期简报；按发送范围分，有供领导阅读的内部简报，也有发送较多、阅读范围较广的普发性简报；按内容划分，可以分为工作简报、生产简报、会议简报、信访简报、科技简报、教学简报等等。

（二）写作要点

1．报头

简报的报头有些类似公文的"红头"，一般也是套红印刷，但又有一些不同之处。首页间隔横线以上称为报头，由简报名称、期数、编发机关、日期、保密提示等项目组成。简报除用"××简报"、"××动态"、"情况反映"等常用四字名称之外，还可加上单位名称、专项工作等内容。如《××大学"三讲"教育简报》。简报名称用大号字套红印刷。

期数位于简报名称下方正中，加括号。如果是综合工作简报，一般以年度为单位，统编顺排;如果是专题简报,按本专题统编顺排。如果是增刊,就标明增刊字样。编发机关一般是"××办公室"或"××秘书处",位于期数下面、间隔横线上方左侧。日期位于编发机关右侧。

如果需要保密,在首页报头左上角标明密级或"内部刊物"字样。确有必要,还可在首页报头右上角印上份号。间隔横线一般为红色。

2. 报核

报头以下、报尾以上的部分都是报核。

报核包括以下项目:

(1)目录。集束式的简报可编排目录。由于简报内容单纯,容易查找,目录一般不需标序码和页码,只需将编者按、各篇标题排列出来即可,为避免混淆,可以每项前加一个五星标志。

(2)编者按。必要时可加编者按,主要内容是工作任务来源、本期重点稿件的意义和价值、征稿通知、征求意见等。编者按不可过长,短者三五行,长者半页即可。

(3)报道正文。一期简报可以只有一篇报道,也可以有多篇报道。依次排列即可。

3. 报尾

报尾在简报末页,用间隔横线和报核分开。报尾内容比较简单,只需写明报什么机关、送什么机关、发什么单位即可。

(三)模式应用

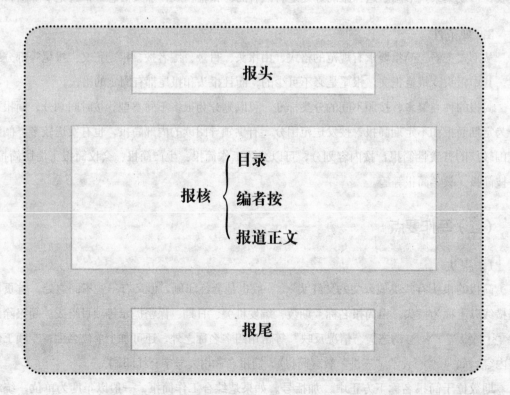

（四）实例示范

工作简报

（第四期）

中共××县委办公室 　　　　　　　　　　　　　　×年×月×日

按：县计生委努力转变工作作风，坚持从实际情况出发，对今年四月份计生宣传月的工作检查不搞兴师动众，不从乡镇和部门抽调人员，全部依靠本单位的干部组织检查，这样既减少了对乡镇和部门工作的牵扯，又全面检查和掌握了全县计生工作情况，受到基层和群众的欢迎。

希全县各部门认真借鉴此经验，进一步加强党风廉政建设，改进工作作风，提高工作效率，以实际行动推动全县两个文明建设的发展。

县计生委改进检查方法转变工作作风成效明显，今年3月下旬至4月下旬，我县集中领导、集中力量、集中时间开展了《四川省计划生育条例》和《中国计划生育发展纲要》宣传活动。县计生委于5月2日至28日，对各乡镇的活动情况进行了全面检查验收。他们切实转变作风，积极改进方法，由本单位干部组成一个检查组，统一思想、统一标准开展检查活动，取得了较好效果。其基本做法是：

一、统一思想，提高认识。计划生育工作政策性强、涉及面广，每年都要进行几次阶段性工作检查。针对今年检查时间在"双抢"期间的新情况，县计生委党组专门召开会议，在认真总结过去工作检查经验的基础上，积极改进检查方法，改过去从乡镇和各相关部门抽人组成检查组为组织县计生委机关干部集中检查。在干部职工会上，明确了这次检查的目的、方法和基本要求，统一了全委从领导到一般干部对这次检查的认识。

二、统一确定检查对象，集中时间开展检查。整个检查时间集中在5月份内进行，采用抽查的方法，对各乡镇随机抽取一个村作为检查对象，并保密封存村名，检查组到达乡镇时再启封公布检查的村，然后分组直接进村入户开展检查。

三、统一检查验收标准。为了杜绝检查中的人为主观因素、减少乡镇对检查结果产生异议，挤干工作中的水分，他们在检查中，严格按照县政府办公室广府办（1995）2号文件《关于对贯彻〈四川省计划生育条例〉集中宣传活动进行考核奖惩的通知》规定，统一检查评分标准，坚持"一把尺子量到底"，直接考核到检查的村社。同时，在检查前，组织检查人员认真学习2号文件和有关的政策规定及业务知识，提高了检查人员的政策水平和业务技能，为公正考核检查奠定了基础。

四、统一口径汇总检查结果。进村分组到户开展检查后，以村为单位，统一口径将各社的情况汇总。然后向乡领导汇报检查情况，交换意见。如乡镇对被查村社的检查结果提出异议，则当场重新核实汇总，对问题比较突出的乡镇，检查人员与乡镇领导、计生办一起，共同分析原因，找出差距，研究补救措施。

小结

（一）指点迷津

会议纪要与会议记录的异同：

会议纪要与会议记录都是会议文书，都具有很强的纪实性。二者的主要区别是：

1．对象不同

会议记录一般是有会必录，凡属正式会议都要作记录，作为内部资料，用于存档备查以及进一步研究问题和检查总结工作的依据；会议纪要主要记述重要会议情况，只有当需要向上级汇报或向下级传达会议精神时，才有必要将会议记录整理成会议纪要。

2．写法不同

会议记录作为客观纪实材料，无选择性、提要性，要求原原本本地记录原文原意，且必须随着会议进程进行，越详细越好；会议纪要则有选择性、提要性，不一定要包容会议的所有内容，而且必须在会议结束后，在会议记录的基础上加工整理而成，它集中反映了会议的精神实质，具有高度的概括性和鲜明的政策性。

3．作用不同

会议记录不具备指导工作的作用，一般不向上级报送，也不向下级分发，只作为资料和凭证保存；会议纪要经过领导机关审批，就可以作为正式文件印发，有的还直接在报刊上发表，让有关单位贯彻执行，因此它对工作有指导作用。

4．性质不同

会议记录是会议情况的记录，只是原始材料，不是正式公文，一般不公开，无须传达或传阅，只作资料存档；会议纪要则是正式的公文文种，通常要在一定范围内传达或传阅，要求贯彻执行。

（二）练习案例

1．你是××单位的人事处工作人员，单位要派你去座谈调研，需要把会议记录下来，应该从哪些方面着手。

2．请你对刚刚结束的党员干部座谈会拟写一份会议纪要。

3．某校的先进班集体，在教务处的指导下每周编一期综合性的班级简报，你作为先进班级的一员，编制其中一期。

（三）错例分析

例1

  会议地点：×××   记录人：×××

  出席与列席会议人员：××× ××× ×××

  缺席人员：××× ×××

  会议主持人：×××   审阅：×××   签字：×××

  主要议题：×××

  发言记录：×××

  （以下略）

[评析] 会议记录中缺少会议的名称和会议的时间。

例2

关于协调解决沙面大街56号首层房屋使用权问题的会议纪要

  市政府办公厅×××主任主持召开会议，协调解决沙面大街56号首层房屋使用权问题。参加会议的有省政府办公厅交际处、广东胜利宾馆、市商委、市国土房管局、工商局、市外轮供应公司等有关部门的负责同志。

  会议认为，沙面大街56号首层房屋使用权的问题，是在过去计划经济和行政决定下形成的历史遗留问题。早几年曾多次协调，虽有进展，但未有结果。最近，按照省、市领导同志"向前看"、"了却这笔历史旧账"的批示精神，在办公厅的协调下，双方本着尊重历史，面对现实，互谅互让的原则，合情合理地提出解决这宗矛盾的方案。

  经过协商、讨论，双方达成了一致的认识。会议决定如下事项：

  一、市外轮供应公司应将沙面大街56号房屋的使用权交给胜利宾馆。

  二、考虑到市外轮供应公司在56号经营了三十多年，已投入了不少资金，退出后，办公地方暂时难以解决，决定给予其商品损耗费、固定资产投资和搬迁费等一次性补偿费用共95万元。其中省政府办公厅和广东胜利宾馆负责80万元；考虑到省政府领导曾多次过问此事和省、市关系，另15万元由广州市政府支持补助。

三、省政府办公厅和胜利宾馆的补偿款于1994年2月7日前划拨给市外轮供应公司。市政府的补助款于3月5日左右划拨，市外轮供应公司应于2月15日开始搬迁，2月20日前搬迁完毕并移交钥匙。

四、市外轮供应公司原搭建的楼阁按房管部门规定不能拆迁。空调器和电话等2月20日前搬迁不了的，由胜利宾馆协助做好善后工作。

××市政府办公厅

×年×月×日

[评析] 1.缺少会议具体召开时间；2.结尾应该提出希望，如"会议强调，双方在房屋使用权移交中要各自做好本单位干部群众的工作，团结协作，增进友谊，保证移交工作顺利进行"。

例3

简 报

（第××期）

在清产核资工作全面展开、新的《企业会计制度》即将实施、主辅分离逐步实施的形势下，12月16～18日，集团公司在××××楼召开了×××集团2006年度财务工作会议。

集团公司总会计师××出席会议并做了重要讲话。在讲话中，××从认清新的财务形势、树立新的财务理念、完善成本管理机制、规范资金运作、实施新《企业会计制度》、做好清产核资工作、做好财务预算工作、做好审计工作、加强会计基础工作、加强财会队伍建设等十个方面分析了公司财务工作的形势和任务，为集团公司下一步的财务工作指明了方向。

集团公司副总会计师、财会部部长×××总结了2006年度×××集团公司财务工作情况，并对下一年度×××集团公司的财务工作作了安排布置，提出了2007年度财务工作九个方面的要点：加强内部资金管理，提高信用意识；加大成本管理工作，探索有效的成本管理途径；严格执行财务预算制度，加大对资本运营中的监控；做好清产核资工作，为全面执行《企业会计制度》奠定基础；执行《企业会计制度》，完善相关的财务配套制度；结合"主辅分离"，紧缩经费开支；开展财会信息化建设，促进财会管理水平的提高；继续加强财会队伍的建设，提高公司的财务管理水平；加强财会学会建设，充分发挥财会学会的作用。

此次财务工作会议全面布置了2006年度财务决算编制工作，提出了2007年财务预算的编制要求，明确了清产核资的步骤和方法，明确了汇总纳税及青藏退税的有关问题，为下一步做好财务结算编制工作，提高财务预算的编制水平，加强国有资产的监控管理，合理筹划纳税工作，全面实施《企业会计制度》打下了基础，作好了准备。

[评析] 1. 没有标题，如"××××集团公司财务工作会议"；2. 应该对会议基本情况作简要说明，如"各子分公司总会计师、财务科长、结算人员、审计人员，各指挥部办事处财务主管等一百三十余人参加了会议"；3. 缺发送单位和人员。

（四）知识链接

1. 会议记录（全球品牌网）

http://www.globrand.com/managetools/huiyi/jilu/geshi.htm

2. 会议纪要格式与范文（幸福文秘网）

http://www.greebox.cn/html/gongwen/tongzhi/20080128/351.html

3. 简报格式与范文（易智办公网）

http://www.officeasy.com/Article/OfficeInfo/ArchivesWrite/PracticalWriting/s9474.htm

第八章　科研文书

科研文书是记录社会科学和自然科学领域在实验、观测和理论探讨等方面具有新的研究成果和创新见解的文章。换言之，科研文书是记录创造性成果的知识载体。它有以下特点：

1．创新性

也称为创造性、新颖性或独特性。创新性是科研文书的灵魂所在，是衡量其价值的根本标准。创新性是指在研究的学科范围内，有新的发现和新的成果，有自己独到的见解，别人尚未提出过的新理论、新方法、新技术或旧的新模仿。所以如此，这是因为科学的本性就是"革命的和非正统的"，"科学方法主要是发现新现象、制订新理论的一种手段……旧的科学理论就必然会不断地为新理论推翻"（斯蒂芬·梅森）。因此，没有创造性，就没有科学价值。

2．科学性

是科研文书的生命，要求作者在立论上不得带有个人好恶的偏见，不得主观臆造，必须切实地从客观实际出发，反映自然、社会、思维等客观规律的分科的知识体系，也就是内容具有客观性，论文内容必须是客观存在的事实，而且具有可重复性。在论据上，应尽可能多地占有资料，以最充分的、确凿有力的论据作为立论的依据。在论证时，必须经过周密的思考，进行严谨的论证，也就是具有极强的逻辑性，文章结构所显现的科学内容必须符合逻辑推理、论证、反驳等思维规律。

3．理论性

理论性是科研文书的关键所在。科研文书不是一般现象和过程的简单描述，也不是一般经验法则的浅显叙写，而是对客观事物的本质及规律的发现和认识。实践是其源泉。但如果缺乏理论性，也就失去了它的基本特性。因为科研文书必须是有自己的理论系统的，不能只是材料的罗列，应对大量的事实、材料进行分析、研究，使感性认识上升到理性认识。故其侧重理论的辩证，一般来说，其具有论证色彩，或具有论辩色彩。

4．现实性

或称实用性、实践性。指的是科研文书的写作要符合社会发展的要求，尤其是要解决社会急需的问题。科研文书的现实意义分两种情况：一是直接的现实意义，如服务于当前的经济建设和社会发展；二是间接的现实意义，如从现实需要出发进行理论上的研究和探讨。

5．平易性

指的是要用通俗易懂的语言表述科学道理，不仅要做到文从字顺，而且要准确、鲜明、和谐，力求生动。科研文书的内容必须符合历史唯物主义和唯物辩证法，符合"实事求是"、"有的放矢"、"既分析又综合"的科学研究方法。

6．规范性

是指科研文书的写作必须遵循有关形式、规格的要求。即科研文书的写作，在形式和规格上要按照国家制订的统一编排标准来表达。科研文书一般包括题目篇名、作者署名、内容摘要、正文部分和参考注释五大块。此外，论文的名词术语、计量单位、符号、代码与缩略语、日期和时间的数字表示方法应符合国家标准。

科研文书根据不同的标准，可有不同的分类。按研究的领域、研究的对象来划分，可分为社会科学和自然科学两大类；按科学研究方法的不同来划分，可分为实验型科研文书、观测型科研文书、理论型科研文书和综述型科研文书四大类；按信息量的变化，科研文书可分为一次文献、二次文献和三次文献。

总之科研文书种类多，范围广。不过，在日常生活中，最常用的主要是学术论文、毕业论文、实验报告、专利申请书等几种。

第一节　学术论文

一、学术论文

（一）简要概述

学术论文，简称为论文，是社会科学和自然科学领域中探讨并表述研究成果的理论性文章，即是以科学、技术为内容，运用一定的思维手段进行分析研究而得出的成果，写出的理论性的文章。

理解这个概念要把握两方面：一是学术论文是进行科学研究的一种手段；二是学术论文是表述科研成果、进行学术交流的一种工具。换言之，学术论文是一种具有创新性的科学研究成果的记录，是进行成果推广和交流的手段。

学术论文属于科研文书，所以它也具有科学性、创造性、理论性、现实性、平易性和规范性特点。

（二）写作要点

1．论文题目

论文题目，是一篇论文给出的涉及论文范围与水平的第一个重要信息，论文的主旨、内容、范围一般都可以从题目中揭示出来。俗话说，题好一半文，因此对论文题目的基本要求就是准确得体、简要精炼、醒目新颖。

2．作者署名

论文署名可以是个人、合作者或团体，是拥有著作权的声明。署名，一是为了表明文责自负；二是表明作者的劳动成果及作者本人都得到了社会的承认和尊重，即作者向社会声明，作者对该作品拥有了著作权；三是便于读者与作者的联系，也表示作者有同读者联系的意愿，同时便于进行文献检索。

3．内容摘要（提要）

内容摘要是以提供文献内容梗概为目的，不加评论和补充解释，简明、确切地记述文献重要内容的短文。其基本要素包括研究目的、方法、结果和结论，有时也包括具有情报价值的其他重要的信息，让读者尽快了解论文的主要内容，以补充题名的不足，为科技情报文献检索数据库的建设和维护提供方便。摘要应具有独立性和自明性，并且拥有与文献同等量的主要信息，即不阅读全文，就能获得必要的信息。对一篇完整的论文都要求写随文摘要。

摘要的写作注意事项：

首先，不得简单重复题名中已有的信息，不要分段、不要列举例证，也不必讲述研究过程，不要使用图表，除了实在无法变通以外，一般不用数学公式和化学结构式，不用引文，除非该文献证实或否定了他人已出版的著作，也不要作自我评价，切忌掺杂作者的主观见解、解释和评论。

其次，采用第三人称撰写，不用"本文"、"作者"等主语，也忌把应在引言中出现的内容写入摘要。

再次，内容应客观真实，应排除本学科领域已成为常识的内容；要使用规范化的名词术语，非公知公认的符号或术语第一次出现时应写全称。新术语或尚无合适中文术语的，可用原文或译出后加括号注明原文。结构严谨，表达简明，语义确切。每句话要表意明白，无空泛、笼统、含混之词。字数一般在 300 字左右。

4．关键词

是为了检索的需要，从论文中选出的最能代表论文中心内容特征的名词和术语。

5．论文本体

论文本体，即学术论文的本身，是论文最重要的部分。在长期的写作实践中，这一部分形成了一套约定俗成的格式，并逐渐成为相对定型化的文章结构程序，通常称之为论文结构的"基本型"。这种基本型的文章结构，包括绪论、本论、结论三大部分，与形式逻辑的三段论推理的结构相似，故被人们称为"三段论式"。而绪论、本论、结论又有各自的特点和不同的要求，下面分别述之。

（1）绪论。绪论是正文的开头，又称引言、前言、引论、序论等，一般综合论述研究这一课题的理由、意义，并针对该论文的主题对前人工作进行总结。论文的绪论在写作上应主要包括下列内容：

一是提出问题。要扣紧主题，提出本文所要论述的问题及基本看法。这是绪论的核心部分，要针对问题的背景、问题的内涵及研究的范围、目的、意义、价值、重要性等，抓住重点，简单扼要、明确具体地说清楚、讲明白，以利自己和他人一开始就知道论文到底要探讨何问题，解决何问题。

二是文献评论。即找出与自己所要研究探讨的问题相关的古今中外既存的研究文献，分析其优缺点，同时针对其所采用的研究途径和研究方法予以批判，进而提出自己的研究途径与方法，以超越他人。

三是研究途径、研究架构及研究方法。研究途径是指选择问题与相关数据的标准，主要是指作者拟从何种角度切入去探讨该主题与相关问题。研究方法是指搜集与处理数据的程序与手段，主要是指作者针对自己所欲探讨之主题与相关问题，如何进行搜集和分析资料。研究架构，也称分析架构，是针对研究主题进行整体思考、研究、分析的架构，此一研究架构是作者解析该主题与相关问题的法宝，最具关键性与重要性。研究途径、研究架构及研究方法三者密切相关，又互有区别，必须分辨清楚，同时考量。这三者是撰写论文的核心，事关一篇学术论文的成败，处理得宜，论文则可顺畅地高质量地完成，若处理不当，常常失败。

四是论文重点说明。绪论中的"论文重点说明"，即主要章节说明，它是根据所探讨的主题、提出的研究架构和论文大纲，作一整体思考而呈现出来的。关键是简单扼要地说明各章节的主要重点，可分成几部分，各个部分分别在研究架构上处于何种区块，要求段落分明，条理清晰，不可长篇大论。

总之，绪论要开门见山，迅速入题。

（2）本论。本论是学术论文的主干、主体部分，是分析问题、论证观点的主要部分，是研究成果的详细的阐述，是体现学术水平的重要部分。一篇论文质量的高低，主要取决于本论部分写得怎样。由于是表达作者的研究成果，阐述自己的观点及其论据，所以本论部分的要求：一是观点和材料相统一；二是论证充分，说服力强；三是结构严谨，条理清楚。

①观点材料统一

本论部分的内容由观点和材料构成，写好本论，就要以观点统帅材料，以材料证明观点。从总体上说，材料应按照各自所要证明的观点来安排，即把所有的材料分别划归到各个小观点之下，随着观点间逻辑关系及排列顺序的明确，材料自然也就各得其位了。然而在同一内容层次中的观点与材料应怎样安排，孰先孰后，这要根据具体情况，具体对待。为了避免雷同，应该有所变化。一般是先摆观点，后列材料；有时也可以先列材料，再摆观点；还可以边摆观点边列材料，夹叙夹议，由浅入深。总之，要把材料和观点有机地统一起来，观点统帅材料，材料证明观点，为表现文章的中心服务。

②论证充分有力

本论部分最主要的任务是组织论证，论证要充满说服力，以理服人。为此，必须围绕论点，运用论据，展开充分的论证。论证就是要用论据来证明论点的正确性或证明敌对论点错误性的过程和方法。从论题的性质来看，论证又可分为立论和驳论两种。

立论就是正面阐述自己的观点，证明它的正确性。常用的方法有例证法、引证法、分析法，此外还有推理论证、因果论证、对比论证、比喻论证等。驳论是通过驳斥敌论点，证明它是错误的、荒谬的，从而证明自己观点正确性的一种论证方法。驳论可分为驳论点、驳论据和驳论证三种。常用的驳论方法有直接反驳、反证法、归谬法等。

论证究竟使用哪一种或哪几种，要根据论证的实际需要来确定。一般来说，单纯地只用一种论证方法是很少见的，在多数情况下，需要将几种论证或反驳的方法结合起来，才能取得更好的论证效果。

③层次结构清晰

本论的篇幅长，容量大，层次较多，头绪纷繁，如果不按一定的次序来安排文章内容，就会层次不清，结构混乱，大大降低表达的效果。本论部分的层次安排有三种类型：一是并列式，它的特点是围绕中心论点划分为几个分论点和层次，各个分论点和层次平行排列，分别从不同角度、不同侧面论证中心论点，使文章呈现出一种多管齐下、齐头并进的格局。二是递进式，它是对需要论证的问题，采取一层深于一层的形式安排结构，使层次之间呈现一种层层展开、步步深入的逻辑关系，从而使中心论点得到深刻透彻的论证。三是混合式，也称并列递进式或纵横交叉式。学术论文的内部结构形式很少是单一的，所以不能只用一种单一的结构形式，需要把并列式和递进式结合起来，形成一种混合的结构形式。各层次之间具有并列关系，而各大层次内部的段落之间，却具有递进关系，或者在彼此之间具有递进关系，而在大层次的内部包含着并列关系。

为了避免由于内容过多而使条理不清，写作本论时，常在各个层次之前加一些外在的标志，这些外在标志的主要形式有小标题、序码、小标题与序码相结合及空行等几种。

（3）结论。结论是学术论文的收尾部分，是全文的概括、总结、强调和提高。它的内容与绪论相照应，是对本论部分展开论证的集中归结。大致包括以下几项内容：一是提出论证结果。在这一部分中，作者对研究论题的总结性的看法，即对全篇文章所论证的内容作一个归纳，提出自己对问题的总体性看法或探讨性的意见；二是对论题研究中尚未解决的问题提出预想，即进一步研究的方向；三是在论文结论部分，作者常常不仅概括自己的研究成果，而且还指出课题研究中所存在的不足，为他人继续研究指明方向、提供线索。

6. 参考文献

"参考文献"这一概念是从国外引进，并首先在自然科学研究中推广的；现引入到社会科学领域有些人还不够适应，因为它跟"注释"容易相混淆。"注释"是中国历来有之，也是中国学术文化的重要传统之一。它最早被用于对儒家经典和释老之说的注释，也用于中国学人自己著书立说时引经据典，避免被人认为离经叛道而带来麻烦。但随着西方学术思想和研究方法的传入，特别是现代国际著作权观念的传入，中国学术传统中的这种"注释"越来越多地带有了西方及前苏联学术著作著录"参考文献"的目的和内容，故有不少中国现代学者的学术著作，其"注释"干脆又叫"注引"。即大多数是标注引文、观点、材料的出处，而这些出"处"自然基本上都是"文献"性质。换句话说，中国现代包括目前学术界大部分学者专家仍在用的"注释"，与 CAJ-CD 要求著录的"参考文献"实际上并无什么大的差别。

（三）模式应用

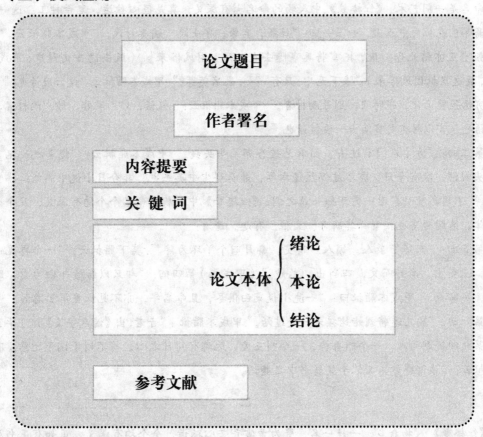

（四）实例示范

浅谈《红楼梦》人物命名艺术

内容提要　《红楼梦》人物命名匠心独运，大有深意，其命名的方法有：谐音法、取形法、取义法、生肖法、拆字法、关系法、随事法、别号法、诗词法等。

关键词　《红楼梦》　人物　命名　艺术

《红楼梦》是古典文学中的杰出长篇小说，作者上至朝廷，下至平民百姓，写了九百多个人物（据红学家徐恭时先生统计，《红楼梦》大大小小写了 975 个人物），称得上典型人物的就有几十个。对于人物形象，人们从多方面进行了研究，但对于人物的命名艺术，虽早有脂砚斋，后也有不少研究者进行研究，但终究是一鳞半爪，全面考察《红楼梦》人物的命名，从多方面进行研究，挖掘其和人物性格、命运的关系，尚显不足。本文试图对《红楼梦》中大部分人物的命名进行全面的考察，结合人物的性格、命运、结局，探索作者所以这样命名的用意，以便更好地领会《红楼梦》更深邃的意义。

一

命名是一门艺术。《红楼梦》中人物的命名大有深义，真是匠心独运，鬼斧神工。这一点，脂砚斋早已在批文中点出。如第一回："姓甄，名费，字士隐，嫡妻封氏。"甲戌本脂批云："真，后之甄宝玉亦借此音。费，托言将真事隐去也。风，因风俗来。"（甄士隐岳丈封肃，甲戌批，风俗，故这里批因风俗来）"膝下无儿，只有一女，乳名英莲。"甲戌本脂批云："设云应怜也。""寄居一穷儒姓贾名化，字时飞，别号雨村者。"甲戌本脂批云："假话，妙。实非，妙。雨村者，村言粗语也，言以村粗之言演出一段假话也。"

第二回："方才在门前过去，因看见娇杏那丫头买线。"甲戌本脂批云："侥幸也。记言当日丫头回顾，故有今日，亦不过偶然侥幸耳，非真得尘中英杰也。非今日小说中满纸红拂紫烟之比。"不用再赘引，尝一脔可知一鼎之调，《红楼梦》中人物的命名个个均有深义，且个个命名得体，连脂砚斋也拍案称其新奇、文雅、有趣。请看：

第五回："只留下袭人、媚人、晴雯、麝月四个丫环为伴。"其下脂批云："一个再见；二新出，三新出，名妙而文，四新出，尤妙。"（甲戌本）第四回："却只以纺绩井臼为要，取名李纨，字宫裁。"甲戌本脂批曰："一洗小说窠臼俱尽，且命名字，亦不见红香翠玉恶俗。"

第六回："狗儿遂将刘姥姥接来一处过活。"甲戌本脂批："音老，出《谐声字笺》称呼毕肖。"

第九回提到两人，一个叫香怜，一个叫玉爱，取都有窈慕之心，将不利于孺子之意。有正本脂批云："诙谐得妙，又似李笠翁书中之趣语。"

二

《红楼梦》人物众多，一姓一名，皆为曹雪芹苦心孤诣，个个均有深义，正如有正书局本戚蓼生序言所说："立意遣词，无一落前人窠臼，此固有目共赏，姑不具论，第观其蕴于心而抒于手也，注彼而写此，目送而手挥，似谲而正，似则而淫，如《春秋》之微词，史家之多曲笔。"

"如捉水月祇把清辉，如雨天花但闻香气，庶得此事弦外音乎。"综观全书人物之命名艺术，有谐音、有字形、有字义、有双关、有拆字、有别名、有特征、有五行、有生肖、有隐喻、有诗歌等等，试分别论述之。

首先人物命名，从文字的音、形、义方面着手。

（一）谐音

上文脂砚斋已经指出：像甄士隐，真事隐去；贾雨村，假语村言。除此而外，还有被薛蟠打死的冯渊者，逢冤也。贾蓉媳妇秦可卿者，情可亲也。秦可卿之弟秦钟者，情种也。贾府的清客相公詹光，沾光也。单聘仁者，善骗人也。卜固修者，不顾羞也。贾芸的舅舅卜世仁者，不是人也。石呆子者，实呆子也。傅试者，附势也。夏秉忠者，瞎秉忠也。至于贾府的四位小姐——元春、迎春、探春、惜春者，四名的开头是取"原应叹息"的谐音。

（二）取形

贾家长晚各支，按辈分排列；按字形命名。书中的第一代水字旁：宁国公贾演、荣国公贾源。第二代人字旁，贾代善、贾代化；第三代文字旁，贾敬、贾赦、贾政是也；第四代玉字旁，贾珍、贾琏、贾琮、贾宝玉、贾环属之；第五代草字头：贾蓉、贾兰、贾芸等等。

（三）取义

如金荣，有正本脂批云："妙名盖云，有金自荣廉耻何益哉！"（第九回）

第十五回："小名金哥。"庚辰本脂砚斋批云："俱从财一字上发出。"

第二回："这林如海姓林名海。"甲戌本脂批云："盖云学海文林也，总是暗写黛玉。"

第四回："原来这李氏即贾珠之妻，父名李守中。"甲戌本脂批云："妙。盖云人能以理自守，安得为情所陷哉。"

第八回："独有一个买办名唤钱华的。"甲戌本脂批："亦钱开花之意，随事生情，因情生文。"

金哥、钱华、林如海等都是从字义方面命名的。

（四）生肖法

生肖法也就是脂砚斋所说十二地支法，如秦可卿死后送殡的客人中有贾府的六家世交：牛清、柳彪、陈翼、马魁、侯晓明、石守业等之孙。

庚辰本脂砚斋眉批云："牛，丑也，清属水，子也。柳，折（拆）卯字，彪折（拆）虎字，寅字寓焉。陈即辰。翼火为蛇，巳字寓焉。马，午也。魁折（拆）鬼字，鬼金羊未字寓焉。侯猴同音，申也。晓鸣，鸡也，酉字寓焉。石即豕，亥字寓焉。其祖曰守业。即守镇也，犬字寓焉，所谓十二支寓焉。"

这里用了贾府六家世交之祖，其中寓着子、丑、寅、卯、辰、巳、午、未、申、酉、戌、亥十二地支，亦即鼠、牛、虎、兔、龙、蛇、马、羊、猴、鸡、狗、猪十二生肖。

（五）拆字法

除了上述讲的柳拆卯字，彪拆虎字，魁拆鬼字外，像凤姐，王熙凤，判词云："凡鸟偏从末世来"，凡鸟拆凤字。再如薛蟠老婆夏金桂，判词拆字为"自从两地生孤木"是两个"土"字，加上木，乃金桂的"桂"字。还有像迎春的丈夫孙绍祖，前判词有"子系中山狼"，"子""系"合成"孙"字。这里用的都是拆字法。

（六）关系法

按一定关系编排人物命名，或飞禽，或花草，或矿物等等，如贾府"四春"的丫环按琴、棋、书、画——抱琴、司棋、侍书、入画。脂批云："贾家四钗之环，暗以琴棋书画列名，省力之甚，醒目之甚，却是俗中不俗之处。"（甲戌本，第七回）再如，人物命名两两相对，宝玉的四个书童，焙茗对锄药，双瑞对寿儿，贾母的丫环，也是这样，第三回："原来这袭人亦是贾母之婢，本名珍珠。"甲戌本脂批云："亦是贾母之文章。前鹦哥已伏下一鸳鸯，今珍珠又伏下一琥珀矣。以下乃宝玉之文章。"

鹦哥对鸳鸯，珍珠对琥珀，后来，鹦哥给了黛玉，改名为紫鹃，与黛玉带来的丫环雪雁相对。还有反训，反其义而用之，如王熙凤的丫头叫善姐，从名字看似乎很好，其实不然，她奉凤姐之命"侍候"尤二姐时有意折磨尤二姐，实在不善。赵姨娘的丫头叫小鹊。名字悦耳动听，且含有报喜之意，然而她一次向怡红院报了一则消息，就致使怡红院一片恐慌，贾宝玉惊怕不已，不得不卧床装病，小鹊无异于报忧。

（七）随事法

随事而命名，信手拈来。如第二回，葫芦庙失火之前，在"因士隐令家人霍启"，脂批云："妙，祸起也"。（此因事而命名）（甲戌本）

第八回："且贾家现今司塾是贾代儒。"甲戌本脂批："随笔命名，省事。"

第十九回："花自芳。"庚辰脂批云："随姓成名，随手成文。"

第三十七回："叫过本处的一个老宋妈妈来。"庚辰本脂砚斋批云："宋，送也。随事生文，妙。"

（八）别号

名字有了，有时起上别号，更令人拍案叫绝。例如，林黛玉戏谑刘姥姥为"母蝗虫"，不仅形象而且令人发笑。其他还有贾宝玉的别号叫"无事忙"，十分贴切。再如像"号山子野者"，庚辰本脂批云："妙号，随事生名。"

在别号或诸多称呼中尤以贾母为甚。如第三十八回："刘姥姥称贾母为老寿星。"脂批："更妙，贾母之号何其多耶，在诸人口中则曰老太太，在阿凤口中则曰老祖宗，在僧尼口中则曰老菩萨，在刘姥姥口中则曰老寿星者，即似有数人，想去则皆贾母，难得如此名尽其妙。"（庚辰本）

（九）诗词法

以诗词为人物命名，如袭人，用"花气袭人知昼暖，飞来飞去依人裙"诗句；湘云，用"湘江水满，云飞天净"诗句，黛玉、宝钗等皆用的唐诗词中的句子，在第七回秦钟名下脂砚斋批云："设云秦钟。古诗云：'未嫁先名，玉来时本姓秦。'二语便是此书大纲目，大比托，大讽刺处。"除了上述九种之外，还有双关法、五行法、隐喻法、直言法等，不再一一加以阐述。

三

《红楼梦》人物的命名，不仅方法多样，而且其命名有的还关系人物的命运发展和结局，如贾母的丫环鸳鸯，名叫鸳鸯应该夫妻和满，成双成对，可鸳鸯却孤独一身，这用的是反义，出乎人们的意料，名为鸳鸯而在那贾府中实难成双。黛玉的丫环紫鹃，一心忠于黛玉，黛玉逝去，悲悲戚戚，使人想到杜鹃啼血紫血。黛玉和宝钗，黛玉使人想到其质本洁来还洁去，冰清玉洁。而宝钗，对宝玉读书取禄位，总脱不了"禄蠹"的性格，玉和钗的性格判然分明。尤二姐、尤三姐，终脱不了"尤物"，是少爷公子哥们的玩物，终究没有好的结局。所以一吞金自杀，一用剑自刎。秦可卿，言情可亲而情不可倾也，其父秦业，现任营缮郎。脂批云："妙名，业者孽也，盖云情因孽而生也，官职更妙，设云因请孽而缮此一书之意。"（第四十八回，甲戌本）情倾必之，这就是"两情相逢必主淫"，情倾必至速亡，百回长卷十三回可卿而亡，实为告诫情即是幻，幻即是情，不可倾也。

史湘云，湘水之云，终究是"云散高唐，水涸湘江"。所以其结局之惨已见之名字，……

（以下略）

一部鸿篇巨制的长篇小说，除了内容和艺术手法之外，人物命名之细之切，令人叹为观止，正如其第一首标题诗所云："满纸荒唐言，一把辛酸泪，都云作者痴，谁解其中味。"《红楼梦》之人物命名也是这样，确实是鬼斧神工，匠心独运，令人解不尽其中味。

参考文献：《红楼梦》（甲戌本）

《红楼梦》（庚辰本）

《红楼梦》（有正本）

[作者：×××，××学院副教授、××大学高级访问学者　　邮编：××××××]

 ## 小结

（一）指点迷津

撰写论文摘要的常见毛病，一是照搬论文正文中的小标题（目录）或论文结论部分的文字；二是内容不浓缩、不概括，文字篇幅过长；三是常用"本文介绍了"、"本文论述了"等词。为了国际交流，科学技术报告、学位论文和学术论文应附有外文（多用英文）摘要。原则上讲，中文摘要编写的注意事项都适用于英文摘要，但英语有其自己的表达方式、语言习惯，在撰写英文摘要时应特别注意。

（二）练习案例

1．选择一篇学术论文，按摘要的要求写一篇论文摘要。

2．搜集资料，写一篇关于曹禺《雷雨》、《日出》戏剧冲突艺术的学术论文。

（三）错例分析

学术论文

论证：

$46+1=47$

$50-3=47$

$17+56-26=47$

$1.6+0.4+45=47$

$23+22+1+1=47$

$$23679-23632=47$$

$$127+8945-9016=47$$

$$1000+(5\times5)-984+6=47$$

$$605+3624-4195+13=47$$

$$28794-25468-3335+56=47$$

$$78-61+463-430-4+1=47$$

因此，可以证明：

数字47是世界上最重要的数字。

[评析] 学术论文最重要的特点，就是科学性。它要客观地反映自然、社会、思维等客观规律的分科的知识体系，简言之，反映各种规律是其本质。而此所谓证明"数字 47 是世界上最重要的数字"，只是罗列一些现象，比如 $46+1=47$ $50-3=47$ $17+56-26=47$……而这些现象是零散的，孤立的，毫无系统可言，也没有一定的逻辑关系，只是一些简单的材料，不能反映其本质，故不能证明"数字 47 是世界上最重要的数字"。

（四）知识链接

1. 论文范文（中华学术论文网）

http://www.59168.net/cn/mflwxs.asp

2. 学术论文各部分的写作要求与写作方法（浩然考试网）

http://www.hrexam.com/advanced1.htm

第二节　毕业论文

一、毕业论文

（一）简要概述

毕业论文是高等院校、中等专业学校毕业生从所学专业的某一方面或某一角度，对某些问题进行研究后写成的，能反映学习阶段成果的文章。它是高校毕业生学习成果的综合展示，不是一般的调查报告、工作总结及文学作品等各类非学术文体的文章。

（二）写作要点

1．文科论文的格式

下面以汉语言文学专业（本科）毕业论文格式为例：

总体要求：汉语言文学专业（本科）毕业论文必须为本专业学术论文，其他内容的论文无效。字数要求在 6000 字以上。页边距上、下、右皆为 2.4cm，左边距为 2.6cm；行距为 1.5 倍；用 A4 纸打印。

详细要求：

（1）开题报告格式（可省略）

毕业论文开题报告（居中，字号为小二号黑体）

毕业论文题目（居中，三黑）

①本课题研究的意义（小四号宋体字，下同）

②本课题的基本内容

③论文提纲

④与本课题相关的主要参考文献（列出作者、论文名称、期刊号、出版年月，参考文献应在 3 篇以上）

（2）目录格式

目录应单占一页，分行排列。包括"内容摘要"、"关键词"字样和正文二至三级标题，后接页码号。"目录"二字中间要有一定间距，使用小 2 号宋体字。"目录"下方可空 1 行，下面的内容为 3 号宋体字。页面行距及页边距可根据文面美观程度进行调整，不可全居上方而下方空余太大。

（3）署名格式

毕业论文的署名置于题目之下，独占一行，居于正中的位置，还要写明所在的学校、系科、专业、班级。导师的署名并列于作者之下，还要署上导师的姓名和学衔，也独占一行。其他人的署名则列于导师的姓名之下，占一行或若干行。

（4）正文格式

此为论文第 1 页，内容包括"内容摘要"、"关键词"和"正文"。大标题。位居此页上方正中，字号为小 2 或 3 号，字体可以为黑体、隶书或楷体。内容摘要。位于论文大标题下空一行处，前空 2 格，"内容摘要"四字用方括号括起来，为小 4 号黑体字。方括号完了不用"："，方括号外的摘要内容为论文核心内容的概括，小 4 号楷体字，不能超过 300 字。关键词。位于内容摘要下一行，前要空 2 格，并用方括号括起来，为小 4 号黑体字。方括号完了不用"："，后面承接的关键词不应超过 7 个词（或短语），词与词（或词与短语、短语与短语）之间要用分号，此处为小 4 号楷体字。关键词要能够揭示论文的中心主题。正文内容。关键词下面空 2 行为正文（此处不可再有大标题）。正文内容皆为小 4 号宋体字。二级标题为 4 号黑体字，上空一行，居中或前空 2 格皆可。文中注释采用尾注，全文连续注码，注码放标点之前。注码号为上标 [ ]。

(5) 注释和参考资料目录格式要求

注释与参考资料不得与正文结尾相接，二者共为一页。

2. 理工科毕业论文的通用格式

理工科毕业论文是科技论文中的一大类别，它的标准格式与科技论文是完全一样的，只是有的项目可以精简和加以合并罢了。根据《科学技术报告、学位论文和学术论文的编写格式》的规定，科技论文（包括理工科毕业论文）由前置部分、主体部分、附录部分、结尾部分及下属若干项目组成。详见下图：

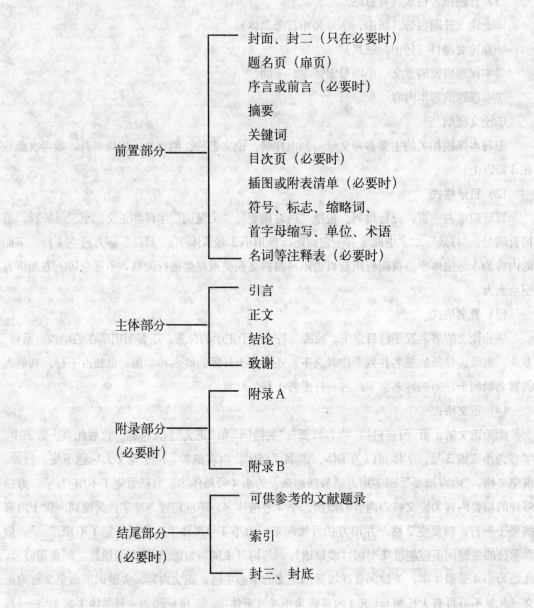

前置部分
- 封面、封二（只在必要时）
- 题名页（扉页）
- 序言或前言（必要时）
- 摘要
- 关键词
- 目次页（必要时）
- 插图或附表清单（必要时）
- 符号、标志、缩略词、首字母缩写、单位、术语
- 名词等注释表（必要时）

主体部分
- 引言
- 正文
- 结论
- 致谢

附录部分（必要时）
- 附录 A
- 附录 B

结尾部分（必要时）
- 可供参考的文献题录
- 索引
- 封三、封底

上述基本的项目即题名、作者及其所在单位、目录和摘要、关键词、引言、正文、结论、致谢、参考文献、附录，有人称此为自然科学学术论文（科技论文）的十大结构程序。理工科毕业论文的完整型标准格式中这些项目是必不可少的。实际上它和文科虽有区别，基本上还是大同小异。

（三）模式应用

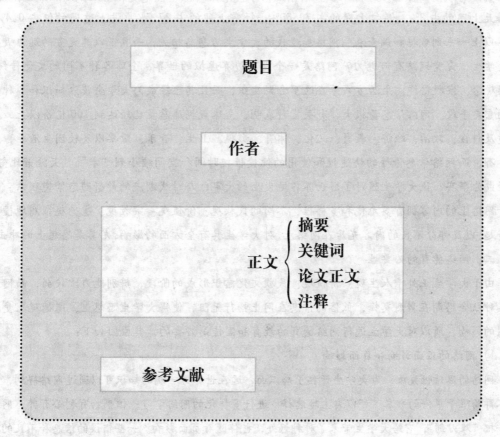

（四）实例示范

浅谈当代大学生的网络德育

×××

摘要：INTERNET是20世纪的一个发明，而它在21世纪爆炸性的发展则是一个奇迹。网络冲击着大学生的学习生活，更影响到大学生的精神思想。互联网上的黑客，垃圾信息，色情网站，暴力新闻，"西化"思想，许许多多的引诱将矛头指向当代的大学生，也给高校的德育工作者带来了极大的挑战。所以网络德育走进了大学生活，它指引着大学生树立正确健康的网络心态，以最科学的思想武装自己，抵御网络上的种种诱惑，使大学生健康成长。

关键词：网络德育 网络心态 虚拟世界 互联网 思想 信息 冲击

一、网络的发展及其内容

20世纪90年代以来，计算机网络在全世界迅猛发展，成为现代信息社会的重要标志之一。今天的互联网正以超乎人们想象的速度向前发展，其中Internet是世界上规模最大，用户最多，影响最广的计算机互联网络。根据中国互联网络信息中心（2003.1）的调查统计：18岁以下的上网者占17.6%，18岁至24岁年龄比例最大，而其主体则是大学生。曾经有研究者在湖南省的几所高校进行抽样调查，结果表明几乎100%的大学生都接触过网络，其中每天上网的占2%，偶尔上网的占70.30%，经常上网的占27.3%，没上过网的仅占0.4%。

以上一系列数据和调查表明网络和现代的大学生活息息相关，而且正以其无穷的魅力吸引着大学生，究竟网络有何魅力？网络是一个没有边界虚拟的世界，全球各种不同的文化传统、思想观念、宗教信仰、生活方式等在这里会聚交织，而且其已经成为大学生获取知识和各种信息的重要手段。网络信息量极大，有关资料表明，全球数据库总量已经达到100亿条以上，内容涉及科技、政治、经济、教育、文化、体育、影视、卫生、音乐、股票以及校园生活等，应有尽有。而网络信息传播的快速性和使用的便捷性把时间和空间缩小到"零"，"天涯若比邻"已经成为事实，让大学生随时了解世界各地发生的大事，与时代潮流的最新动态紧密联系。但由于网络上的内容拥有多元化和多样性，不同的民族观、价值观、宗教观、道德观强烈地撞击在一起，以及部分不良的内容充斥在网络上，对大学生具有全方面的影响，尤其是思想上的冲击。

二、网络德育的必要性

由于大学生正处于人生观、价值观、民族文化意识形成的阶段，辨别能力比较弱，而网络上各种社会思潮在激烈交锋，低俗的信息在网上畅行无阻，使得大学生思想上、道德观上受到强烈的影响，所以对大学生进行网络德育的教育和宣传是必要的，其原因如下：

1）网络的正面影响和负面影响

网络的爆炸性发展，为大学生开拓了知识面，远在世界另一端的知识可以通过网络得到，学习不再局限于单一的书本，可以自主地选择，进行多样化的网络学习；但事物有利必有弊，网络是一把"双刃剑"，它给大学生带来了种种好处，也伴随着负面影响。一些错误的信息和不良的思想对大学生的学习和生活产生不良的影响，东西方价值观念的碰撞，使得大学生在价值观方面表现出自我化和价值目标的模糊。据报道，在2000年，华东理工大学退学试读和转学的237名学生中有80%以上是因为沉迷于网络游戏和看碟片。而在信息高速公路上，五花八门的"垃圾车"里面装满了大量的不客观、不科学的甚至是错误腐朽的东西。目前互联网上90%以上的信息是英文的，西方借助语言优势，依靠其经济实力和科技优势，在"信息自由流通"的原则下，疯狂入侵世界的各个角落。它们既有露骨的教唆和反动宣传，也有潜移默化的渗透。据有关专家调查，网络上非学术信息中，一些迷人的形象、刺激的场面和离奇的情节，对青年大学生有很大的诱惑力，由于他们的阅历有限，好奇心强，求知欲望旺，接受新事物快，容易受到"西化"影响，由欣赏到认同，由无意模仿到有意识的追求。敌对势力正是看准了这一点，竭力利用互联网争夺青少年，致使部分大学生沉迷于网络，荒废了学业，成为网络垃圾的牺牲品。

2）网络对大学生思想道德的影响

网络世界是一个虚拟的世界，不像现实世界中有法律和法纪部门的约束和管理，在其中基本上没有系统的法律规定，很难做到严格审查和责任追究，网络道德规范也是非强制性的，只能依靠个人的道德信念来维持，网络上的人是否遵从良好的道德规范也不易察觉和监督。上网可以以网名代替真实的姓名，也可以在道德行为上漠视权威、忽视规则，这就使得大学生道德意识弱化，责任感淡化。有的大学生不愿意按照道德规范的要求去做"应该做"的事情，只想随心所欲地支配自己的行为，结果就造成了自由意识泛滥和破坏欲望的扩张。而且国际互联网上的电脑黑客、色情内容、网络犯罪急剧上升，不断侵袭和腐蚀着大学生的思想，加上一些大学生自控力弱，往往出于好奇和冲动的心理，刻意寻求色情暴力信息，长期沉迷于互联网中，导致道德意识弱化，形成人格发展障碍，甚至走上不归路。现实生活中的大量事实让我们认识到网络对大学生的思想道德形成了强烈的冲击，也让人们意识到对大学生进行网络道德教育是迫在眉睫，亦是形势所逼。

三、网络德育的开展

网络对大学生思想的影响已让网络德育的开展成为必要，而由于网络信息容量大，开放性强等特点，则对网络德育提出了更新更高更全面的要求。如今许多著名高校都已经意识到如何才能将网络的开放性、流通性等特性利用起来，如何充分利用网络所带来的机遇和有利条件，进一步加强对当代大学生的思想德育的教育呢？以下是几点建议：

1）建立健全的校园网站

校园网站既是网络思想工作者的教育手段，也是网络德育的战斗武器，所以高校思想工作者一直给予高度的重视和了解。因此网络中心应该对校园网的各个板块的建设提出明确的要求，建立明确的管理规范，同时对各类不良的信息进行技术过滤和监督，可以借鉴国外著名高校的管理制度。

建立全面的校园网，开发有校园特色的网站板块，吸引大学生；努力使"两课"教育进网络，发挥网络开放性、传播性等优点；在网上传播马列主义，毛泽东思想，邓小平理论，以及江泽民同志的"三个代表"的重要思想，确保网上主题有正确的政治思想导向；由于过于单调的思想政治宣传往往会引起大学生的反感，所以要适当地结合一些实事问题，开展旗帜鲜明的论辩，引导大学生参加，对大学生思想进行一定的教育。

2）树立健康的网络心态及正确的"三观"

网络道德的遵守是非强制性的，人们可以选择"遵守"或"不遵守"，而近来的网络犯罪日益增多，网络垃圾无处不在，"西化"思想入侵校园，让许多大学生成为这些的牺牲品。所以作为当代大学生，应该有正确健康的网络心态，才能抵御这些"网络鸦片"的诱惑。而且大学时代正是大学生人生观、世界观、价值观的成形稳定的时期，所以可以结合网络上的知识以及广大师生的思想实际进行"三观"教育以及网络心态教育。例如组织网上专题讨论，师生交流，学生交流，自我教育，名人讲座，或者邀请事业有成的师友和海外归来的专家谈自己的经历，以实际感召当代的大学生，让他们清楚认识到网络的优缺点，建立健康的网络心态，树立正确的人身观、世界观、价值观。

3）开展多样的网络德育宣传

网络是一个开放的高度自由的空间，在网上人们可以畅所欲言，所以在网络上更能反映出一个人的精神思想状况，思想工作者可以而且应该在网络上进行思想教育工作。而要开展这项工作，可以通过开展各种各样的活动，在活动中进行思想道德的教育，比如上面提到的专家讨论、师生讨论、学生交流、名人讲座、成功人士介绍，还可以建立校园bbs对时事和校园文化、校园生活中的问题进行讨论等等。

网络是一种全新的媒体介质，它具有"交互性"。德育工作者若能充分利用网络特点，给大学生推荐优秀的网站讨论区，鼓励他们发表自己的观点，开展有益的活动，在大学生思想德育修养方面可取得较好的实效。由于网络的虚拟性，通过网络直接面对学生较实际少了许多约束，在一定程度上能更好地了解学生的真实思想状况，对症下药。所以高校的德育工作者应该具有创新精神，以正确的导向引导学生，以最科学最先进的思想武装学生的头脑，建立良好的师生关系，培养高素质的社会主义现代化事业的接班人。

参考文献：

（略）

 小结

（一）指点迷津

毕业论文写作时要注意：

1. 选题要实际，要适己

不选自己不熟悉或者自己把握不了的题目。

2. 主题要斟酌，要正确

要使论文写得条理清晰、脉络分明，必须要使全文有一条贯穿线，这就是论文的主题。下笔写论文前，谋篇构思一定要围绕主题，构思要为主题服务。

3. 结构要合理，层次要分明

在对一篇论文构思时，有时会发现需要按时间顺序编写，有时又会需要按地域位置（空间）顺序编写，但更多的还是需要按逻辑关系编写，即要求符合客观事物的内在联系和规律，符合科学研究和认识事物的逻辑。但不管属于何种情形，都应合乎情理、连贯完整。有时，构思出现几种写作方案，这就需要进行比较，在比较中，随着思考的不断深化，写作思路又会经历一个由庞杂到单纯，由千头万绪到形成一条明确线索的过程，此时，应适时抓住顿悟之机，确定一种较好方案。论文写好后，要看全文是否连贯一气，是否通畅合理，若不连贯、不通畅，则层次要重新安排，结构要重新调整。

4．语言要准确，要简洁

空话、套话不说，欧式的长话不用，令人生厌的废话毫无保留地删去，只要清楚明白就好。撰写并发表任何一篇论文，其最终目的是让别人读的，因此心中要时时装着读者。

5．引用材料要正确，要合适

千万不能我取我需，断章取义，要交代清楚出处，引用一般不宜过多，说明问题即可。

6．尊重指导老师的意见，接受老师的指导，修正错误，再定稿

（二）练习案例

1．根据你的专业特点，构思一篇与专业相关的毕业论文，拟写出写作提纲。

2．选读一篇论文，分析其论文的主体部分，并列出提纲。

（三）错例分析

试论创作自由在唐诗繁荣发展中的地位

前言：唐诗是我国古典诗歌的杰出代表，唐诗繁荣发展的原因值得探讨。

本论（提纲）

一、破

1．对方论点：经济繁荣导致唐诗的繁荣

2．论据：(1)从古代文艺理论看；(2)从经典理论看；(书)从实际情况看；(4)从论证角度看。

二、立

1．作者论点：创作自由是唐诗繁荣的主要原因。

2．论据：(1)创作自由有助于诗人直抒其情，托情言志，使唐诗以情取胜；(2)创作自由有助于诗人解放思想，促使唐诗题材、风格、流派的多样性，使唐诗以绚丽多姿见长。

结论：创作自由在唐诗繁荣发展中居主导地位，相应地从中看出"经济繁荣"论存在一定的局限性。

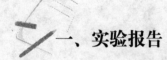

[评析] 从该文的提纲中可以看出，论文的结构安排比较合理，内容也比较充实。但是文学发展同经济发展的关系，经典作家早就阐明了，我国多种版本的《文学概论》也都对此作了深入的论述。何况，经济基础决定着上层建筑，这是历史的必然，是铁的事实。作者选择这种课题来研究，没有多少研究价值。

（四）知识链接

毕业论文范文（毕业论文范文网）

http://www.bylw123.cn/Index.html

第三节　实验报告

一、实验报告

（一）简要概述

实验报告，顾名思义就是在某项科研活动或专业学习中，实验的人把实验的目的、方法、过程、结果等记录下来，经过整理，用简洁的语言写成的书面汇报。

（二）写作要点

1．题目

即实验的名称，就是用简洁的词句把研究问题最重要的特点完整清楚地表达出来。有时，题目字少不容易看懂，可加副标题。

2．前言

一般说明本实验的目的、研究领域及问题的来龙去脉，回顾与本实验研究有关的前人研究的成果、他人研究的现状。

3．正文

就是较详细地从整体上叙写实验的主要内容。这是报告中的最主要内容，也是最重要的部分，是实验报告的关键部分。

正文一般由前言、主体和结论三个部分组成。

前言一般写明实验的目的，即为什么要做这个实验或这个实验为什么服务，要达到什么目的；还要交代本项实验的原理，即实验所依据的定律、公式等，有时还要做必要的图解和论证；最后用简明的语言概述实验方法以及本项实验所用到的实验设备、仪器和用具。

主体的主要内容包括以下几部分：(1)被试：说明被试性别、年龄（段）、职业、文化程度、多少以及如何分组。（2）仪器、材料：把实验中要用的仪器，材料一一写上。标准仪器还要说明生产厂家、型号等。（3）程序，包括作实验的步骤、自变量的确定和如何变化，因变量的指标和如何测量，指示语是什么，实验重复的次数等。

结论部分写经过分析或计算得出的结论性意见。

根据本实验的结果说明证实了什么，或否定了什么。结论一定要恰如其分，不能缩小，也不能扩大。结论中应如实的描述结果，用数量的形式把实验结果呈现出来，当然，也包括对结果进行必要的加工处理。一般来讲，结果只陈述事实，不解释实验结果，更不要夹叙夹议。实验的原始记录如有必要，可附在报告正文的最后。实验结果必须将原始资料整理成图或表的形式呈现，以使读者能一目了然。讨论就是对实验结果所进行的解释和评价，充分发挥自己运用语言文字进行分析综合的能力，来说明结果是不是支持自己要检验的假设。

同时在实验报告撰写过程中自己参考、引用过的文献都罗列出来。要把文献的题目、作者、出版日期都写上，以便查找。

4．参考文献

5．撰写者姓名

6．日期

实验报告的撰写者姓名和报告日期也可写在标题下。

实验报告写作时首先要注意客观、科学，即写进实验报告的现象、数据，必须是实验中真实展现的客观记录，然后由表及里、由现象到本质进行科学缜密的分析，才能保证得出正确的结论，实现实验报告的科学价值。其次要注意条理清晰，要条分缕析地写。再次是注意表达方式以说明为主。实验报告要准确地将实验目的、实验原理、实验步骤、实验结论加以说明，必须以说明为主要表达方式，使读者一目了然。最后要注意文字准确简洁。实验报告不是文艺作品，不求文采，只求文字表述准确、简洁，能说明问题即可。

（三）模式应用

（四）实例示范

棉籽蛋白替代豆粕饲喂奶牛实验

一、实验目的：普通棉籽蛋白质含量比较高，但是由于其中含有棉酚毒素，对奶牛的繁殖产生不利影响。北京中棉紫光生物科技有限公司专利技术生产的脱酚棉籽蛋白，其蛋白含量53.23%，氨基酸组分比较全面，游离棉酚含量133mg/kg，毒性物质含量非常低。为了验证其产品在奶牛饲料中的安全性和对产奶的影响，我场在牛群中做了脱酚棉籽蛋白替代豆粕的实验。

二、材料与方法：实验于2002年2月5日至3月5日，实验期一个月。选择胎次、泌乳月相近的178头牛分成两组，实验组和对照组分别为89头，实验组用棉籽蛋白替代日粮精料中10%的豆粕，其他饲料成分及喂量不变。对照组日粮组成及饲喂量与实验前相同。实验组实验前后精料配方比较：

品种	玉米	麸皮	豆粕	棉籽蛋白	棉粕	胡麻	预混料	钙粉	盐	苏打
实验前	53%	16%	17%		6%	2%	1%	3%	1%	1%
实验期	53%	16%	7%	10%	6%	2%	1%	3%	1%	1%

实验组和对照组牛群平均胎次、泌乳月比较：

	胎次	泌乳月
实验组	3.03	5.6
对照组	3.27	5.2

实验前平均头日产是以 2 月份测的产奶量计算，有关数据见附表。

实验过程中共测奶两次，每头牛每次产奶量见附表。

三、结果：在 30 天的实验期内，通过两次测奶的结果可以看出该产品对奶牛产奶的影响：

两组奶牛平均头日产比较 单位：斤

	参试牛数	实验前	第一次	第二次	两次平均	与试前比较
实验组	89	54.17	56	53.43	54.71	+0.54
对照组	89	60.55	58.94	56.78	57.86	−2.69

从上表看出，实验期结束，实验组比实验前增加 0.54 斤头日产，而对照组比实验前降低了 2.69 斤，这样实验组比对照组净增 3.23 斤头日产，增奶效果比较明显。以上数据来源于附表。

北京××奶牛养殖中心南口分部奶牛二场

2002 年 3 月 29 日

 小结

（一）指点迷津

初学写实验报告，存在的问题不少，最常见的问题有下面几个：

1. 忽视题目

在写实验报告时，要多考虑报告的题目，不要直接把书本上的题目搬抄下来。

2. 引言过于简单

许多同学都把实验目的作为自己的文章引言，这样不妥。

3. 结果部分常出现原始数据

实验手册上往往附有原始数据记录表，因此有的同学把整张表原封不动地搬到实验报告上，作为结果的一部分。

4．结果多是描述统计，缺乏推断统计

在刚写实验报告的时候，常常根据平均数等描述性统计指标得出"某某与某某存在明显差异"等类似的结论。

5．讨论缺乏自己的见解

有些同学刚开始写实验报告的时候，习惯按照实验手册上的提示，以回答问题的形式进行讨论。讨论应根据自己在实验中感兴趣的和发现的问题展开。

（二）练习案例

1．结合自己所学的专业，写一篇实验报告。

2．通过问卷、观察、调查、咨询等多种方式，写一篇关于大学生刚入学或临毕业时状态的心理实验报告。

（三）错例分析

关于鸟和昆虫也有方言的实验报告

一、实验目的、原理——检验鸟和昆虫也有方言

二、实验材料、方法步骤：

1．材料：八哥雌雄两对、百灵鸟雌雄两对、蟋蟀雌雄两对、蚂蚱雌雄两对。分别都是南方一对，北方一对。

2．方法：将南方的一对带到北方，将北方的一对带到南方。反复观察鸟和昆虫的叫声的不同，考察它们能否顺利地交流。

三、结果：

	参加实验鸟数	参加实验的昆虫	第一次交流叫声	第二次交流叫声	两次平均	与第一次比较
实验组	2 只	2 只	4 声	18 声	11 声	+14 声
对照组	10 只	10 只	128 声	126 声	127 声	−2.0

从上表看出，鸟类和昆虫都有方言。第一次交流叫声少，第二次交流叫声多，说明它们逐渐熟悉了方言。

××鸟类昆虫类方言课题实验组

2007年6月18日

[评析] 1. 把鸟类和昆虫类两类实验放在一个实验报告里是错误的。一般是一项实验写一个报告，不能把另类的东西混杂在一块，表格是混乱的，如果真要做鸟类和昆虫类的实验，那也应该分开做，分别写实验报告。2. 结论是错误的。因为在实验的方法、理论等方面都是错误的。单凭几只鸟或者昆虫南北方对照其叫声的数字的多少，就得出鸟类和昆虫都有方言的结论，自然是错误的，因为鸟的叫声多少，与方言没有必然的联系，不能反映客观的实验结果。

（四）知识链接

实验报告范文（第一范文网）

http://www.diyifanwen.com/fanwen/shiyanbaogao/

第九章　申论

从字面上理解，"申"可以理解成申述、申辩、申明，"论"则是议论、论说、论证。所谓申论也就是对某个问题阐述观点、论述理由，合理地推论材料与材料以及观点与材料之间的逻辑关系。

如果从字面的一般意义来讲，"申论"一词肯定是对材料、事件或问题有所说明、有所申述，从而发表见解、进行论证的意思，但"申"字后面既缀上个"论"字，这个词自然就有点像"导论"、"绪论"那样，可理解为"论说"的某种体式。不过，它并非写作理论中的习惯用语，其含义又有特殊之处。

刘勰的《文心雕龙》是我国最早讲文章体式的一本权威著作，其中"论说"篇指出："论者，弥纶群言，而研精一理也。"意思是凡融通种种见解而深入阐发某些道理的文辞，一概都可称之为"论"。纵论时事政治的称之为"政论"，考辨历史的称之为"史论"，总览内容予以阐述的称之为"概论"，评优劣、论得失的称之为"评论"等等，总起来都属于"论"，但每种"论"又各有特点。可见申论考试是针对给定材料，从自身的观点立场出发进行应对表达的一种考查语言表达能力、分析问题和解决问题能力的考试。

任何写作都离不开一定的文体，申论也不例外。申论考试摒弃了原来的简单议论文的模式，强调阅读理解、综合分析、概括能力以及解决实际问题的能力，所以不单单涉及议论文一种文体，而是综合运用说明、议论、评论、扩写、缩写等许多文体。本章主要介绍申论中常用的议论文和说明文的写作方法，以使大家有针对性地提高写作申论的能力。

第一节　议论文

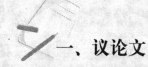

一、议论文

（一）简要概述

议论文也称论说文，这类文章以议论为主要表达方式，用议论或者说理的方式直接表达自己的见解和主张。议论文一般来说有以下几个特点：

1. 内容的理论性

议论文以议论和说理为主，它的内容因此具有一定的理论性。有的议论文直接阐明理论，有的议论文则以某种理论为指导来论述一个问题。

2．语言的概括性

议论文需要对具体事物作理论上的分析，它的语言往往是抽象而概括的。理论性越强，语言的概括性也就越强。

3．写法的逻辑性

议论文是议论和说理的，它的写法就需要有严密的逻辑性。只有把文章写得有条有理，道理讲得头头是道，言之有理，才能说服读者。总之，议论文主要是对客观事物或者存在的问题，用概括的语言，按照一定的理论和逻辑关系，表达自己的见解和主张，使人信服，并受到启发和教育。

议论文的结构方式通常有纵贯式、并列式、递进式、对比式四种。

按照引论（导论、绪论）、本论（正文）、结论三部分组织材料，叫纵贯式结构方式。它大体上是按照提出问题——分析问题——解决问题的逻辑顺序来安排的，又称"三段式结构方式"。

围绕中心论点，从不同角度进行论证，形成若干分论点，几个分论点构成并列关系，共同论证中心论点，这就是议论文的并列式结构方式。

递进式结构方式是在阐述中心论点时，各层次、段落之间的关系，是环环相扣、逐层深入的关系，前一部分论述是后一部分论述的基础，最后推导出文章的结论。

对比式结构方式是把正反两方面的观点、事例，对比地组合在一起的结构方式，以形成强烈的反差，使两种不同的事理在对比中更清晰，从而更有力地突出自己（作者）的论点和主张。

（二）写作要点

1．标题

标题是文章的名称和标志，代表着文章的精华，是"龙眼"。确定文章的标题，必须注意以下几个要点：其一，标题必须紧扣文章的中心和主题，是中心和主题的集中体现。如果标题与主题相脱离或扣得不紧，那么这篇文章肯定是失败的文章，此乃文章写作之大忌。其二，标题的内涵不要太大、太空泛。文章的标题既是文章中心的体现，也是文章的突破口、切入点，如果题目的内涵过于庞大、漫无边际，即使勉强写下去，只能成为空洞无物的泛泛而谈。标题太大、太空泛，此乃通病，是写作的最大忌讳。其三，标题的字句应尽量简短、凝练，避免冗长繁琐。最好能活用警句、名言，语出新奇，不同凡响，使人产生阅读下文的强烈愿望。其四，由于申论是给材料作文，所以文章的标题说到底不能脱离材料内容的文章，即使再好，也不符合要求，自然就跑题了。

2．正文

议论文正文主要由论点、论据和结论构成。

（1）论点。论点一般放在文章的开头。论点的提出最好是简单明快、开门见山，直接点出所要论述的主题。这里最忌讳的是拖泥带水、言不及义，绕来绕去地兜圈子，绕了半天说不到点子上。在提出论点时，用一二个小自然段即可。有时用一个小自然段、几句话点明主题，则效果更佳。论点的提出可以有多种方式，通常可以考虑用"三段式"的方法：首先，从所给材料中的典型事件、基本事实或主要问题入手来开头；而后引出其中蕴含的观点，或表达作者对此问题的看法和主张；再之后，扼要指出这一观点、看法和主张的重要意义。其基本层次就是：事件——论点——意义。例如，如果要求就所给关于某矿安全事故的材料写作议论文，其论点的提出就可以采取这种模式：矿难——安全生产——和谐稳定。

（2）论据。论据就是论点的根据，是论点的展开和延伸。如果说论点是"龙头"，那么论据就是"龙身"，它在文章中所占篇幅较大。文章内容是否深刻，结构是否合理，取决于论据部分的写作。论据由两部分内容构成，一是"为什么"，即为什么论点是正确的，阐明论点所以正确的根据；二是"怎么样"，即怎么样解决论点提出的问题，提出解决问题的对策建议。在阐述"为什么"时，应找出一个或几个理由，说明论点的正确性。在阐述每个理由时，应采取讲道理、摆事实相结合的方式，即先讲道理，然后从所给材料中或社会现实生活中，找出具体事例来证明所讲道理的正确性。如果讲几条道理，则每条道理之后，应尽量配合适当的事例。如果有的道理找不到合适的事例，可罗列材料中或现实生活中的某些现象。如有的道理既找不到合适的事例，也找不到可罗列的现象，则略去亦可。但是，至少有一两个道理后有适当的事例为好。在以议论为主的典型议论文中，"为什么"部分的内容所占比重较大，至少有一两个道理要详写。而"怎么样"部分的对策建议可略写，用一个自然段，罗列几条对策措施，点出题目即可。但对主要论述对策建议的议论文，"为什么"可略写，而"怎么样"则必须详细阐述。

（3）结论。结论指的是经过论证之后，对论点正确性得出的结论。结论一般放在文章的结尾部分。多数文章的结论用一二个自然段，有的仅用一个自然段便能恰到好处。结论部分好比"龙尾"，不可或缺，贵在恰到好处。结论部分一般包括两层：一层是归结全篇，强调和深化主题（论点）；一层是抒发感慨或发出号召等。结论部分的内容，不在多，而在精，关键是情深意切，言简意赅，给人留下回味和联想。

（三）模式应用

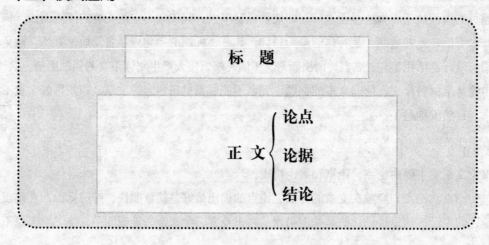

（四）实例示范

2002 年中央、国家机关考试录用机关工作人员和公务员申论试题

给定材料：

（1）"找到网游神，找到幸福，每月 20 台电脑等你拿"。打开任何一个网站，这样的游荡式网络广告几乎随处可见。虽说广告面积有大有小，但广告总是随滚动条一起共同进退，无论是读者在阅读，还是在查找信息，它的突然出现，总是将读者连贯的思路打断。对此，不少读者表示反感。

（2）一天凌晨，王女士正在家中熟睡，突然被一串急促刺耳的电话铃声惊醒，这一突如其来的骚扰大约持续了 2 分钟。年前刚刚看完日本恐怖片《午夜凶铃》的王女士，直吓得心里"突突"乱跳。她壮着胆子，扭开台灯一看，只见电话传真机上传过来两页纸，仔细一看，原来是一家名叫"电子商汇网"的公司发送的一份"第十四期电子商讯"。在传真第二页的最后还写着："如欲取消订阅，可将回复传真给我们"。

（3）据天津市某区检察院的一份调查资料显示，该地区未成年人因迷恋上网聊天而引发的刑事案件已达 8 件，有 28 人涉嫌犯罪。这 8 起案件呈现以下几个特点：一是犯罪低龄化；二是文化水平普遍偏低；三是均以侵犯财产为目的；四是团伙作案，在犯罪手段上，呈现出计划性和有组织性；五是女性犯罪嫌疑人占一定比例。

（4）北京作为中国互联网中心的地位仍是不可撼动的，虽然网民的限定比过去更严格了，但是网民人数比上半年增长 33%，并保持一种稳步发展的态势。我国女性网民的比例继续增长，已达到 30.44%，已接近全球互联网女性用户 33% 的比例。56% 的网民仍是 24 岁以下的年轻人，学生依旧为网络的主要使用者之一，约占 20% 以上。

（5）从用户上网的主要目的可以看出，获取信息是绝大多数网民的主要目的（68.44%），而休闲娱乐也成为一个普遍选择（51.37%）。在最常用的网络服务中，电子邮箱的使用率最高（95.07%）。零点调查公司最新公布的数据表明，受访者被要求说出"当前中国最为流行的词语"，五分之一受访者提到了"网络术语"，包括网络、互联网、互联网经济、在线、新经济、IT、信息时代等。以"酷"、"作秀"、"前卫"、"新人类"等为代表的时尚名词，则以两个百分点之差屈居第二位。

（6）吴先生所住的小区安装有局域宽带网，为方便家人上网，他特意购买了一台电脑。但近半个月来，他发现自己的计算机在使用完毕后常有异常响动。想到自己存在电脑里的个人信息能如此轻易地被"邻居"看到，吴先生十分苦恼："买电脑就想给生活提供方便，没想到却引来意外的麻烦！"

（7）我国《计算机信息网络国际联网安全保护管理办法》第 7 条明确规定："任何单位和个人不得违反法律规定，利用国际互联网侵犯用户的通信自由和通信秘密。"局域网"黑客"在未经同意的情况下私自翻阅、篡改他人信息，也在一定程度上侵犯了他人的隐私权。隐私权

具体到网络上主要包括：个人隐私不被窥视；个人信箱、网上账户等不被侵入；使用信箱交流信息及从事交易活动的安全保密性不被干扰等。

(8) 在新的世纪里，一个山里娃将可以通过电子信息网络，像城里孩子一样聆听著名教师的教诲；一个缺医少药的山村，可以请名医通过网络来诊断病情；一个残疾人可以足不出户，上网从事他力所能及的工作……在网络经济时代，网络成为重要的基础设施，而信息则成为商品。

(9) 中关村科技园区海淀园的网上办公系统几乎完成了园区内所有企业80%以上的业务流程。它完成了5大类64个小项的政府服务，包括企业入园申报和审批、高新技术企业认证、年审、企业统计、财政月报、季报等项目。目前，中关村企业在办理这些业务时，几乎完全在网上进行了。数字表明，中关村园区的电子政务真正"跑"了起来。

(10) 2001年9月26日，来自西藏自治区各行各业的160名学生作为网上中国人民大学西藏学区第一批学生，开始通过互联网接受先进的教育理念和教育科学知识。由于历史遗留、地理特点、交通状况等原因，造成我国东西部教育资源分布不平衡，使得西藏人民很少能够接受国内重点高校所传授的先进文化和科学知识，这在一定程度上制约了西藏地区的教育及经济发展。如今在国家西部大开发战略中，现代远程教育成为西部大发展中的一个重要部分。

申论要求：

1. 给定资料反映了网络给社会生活带来的种种影响，用不超过200字对这些影响进行概括。要求：全面，有条理，有层次。

2. 从政府制定政策的角度，就如何克服资料所反映的种种弊端，提出对策建议。要求：有针对性，有条理，切实可行。字数400左右。

3. 就所提出的对策建议进行论证，既可全面论证，也可就某一方面重点论证。要求：自拟标题，字数800左右。

答案示范：

建设稳定安全正常的网络社会

计算机与网络在当今已经成为大众并不陌生的字眼与概念。据有关方面的说法，在21世纪不懂计算机与网络运用的人就是新型的文盲。适应时代与社会发展要求，人们纷纷坐在计算机前，点击鼠标，进行信息交流与沟通，为我们进入网络社会开启了大门。

就目前网络发展给人们带来的社会问题而言，主要是涉及人们社会生活秩序与安全的一系列问题。网络在给人们的社会生活提供了极大便利的同时，也在一定程度上干扰和影响了人们原来无此烦恼的正常生活：网上不良广告、个人隐私泄露，更有因网络犯罪带来的伤害与损失。因此，人们在充分享受网络"甜果"的同时，也明显体会到建设一个稳定、安全、正常有序的网络社会的必要性。

政府在推进建设稳定、安全而正常的网络社会中负有必须又必然的责任。从扮演决策者与实施者的政府职能上看，要建设安全稳定、有条不紊的网络社会，政府应当首先着眼于网络社会中关于网络信息安全的"规则"建设。没有规矩，不成方圆。网络社会的正常有序运作，除配套建设自不待言外，仅就网络本身而言，涉及网络信息安全的法规就如拳坛上的围栏一样不可或缺。网络用户上网浏览信息，抑或是进行外向交流，如果有"黑客"挡道，那这种交流是不会成功的。

影响和破坏网络社会安全和稳定的另一隐患是网络诱发的社会违法犯罪行为。网络型犯罪具有不同于一般社会犯罪的特点与社会危害性。据调查，网上黄色不健康信息以及暴露的隐蔽资讯为有犯罪动机甚至是原无犯罪动机的人提供了诱因。鉴于此，政府不可忽视对网络信息、网站建设的管理与监督，应当采取法制手段与行政手段从立法到执法，从监督到约束与控制，进行全面深入的规范与管理。

针对社会主义市场经济条件下网络的社会经济效用，不少商家与网站建设者滥发网上广告，或利用网络便利干扰他人正常生活秩序。这种谋私的做法事件虽不具严重的社会危害，但如果不予制止，那么部分网民的利益必然得不到保障，整个网络社会的正常秩序也就必然不稳定，建设理想的网络社会的责任也就必然存在。

 小结

（一）指点迷津

写作申论议论文有"九要"和"九不要"。"九要"：

1. 要有正确的分析视角——（符合题目要求的）公务员的视角；

2. 对策的提出要全面、深入、准确而且一定要有切合实际的可操作性；

3. 要对如何才能实施好对策进行深入分析；

4. 议题要鲜明、准确、新颖；

5. 要有理智、郑重的写作态度；

6. 要条理清晰，文章要具有较强的层次性、逻辑性；

7. 语言要丰富有文采，可以适当运用比喻、引用、排比等修辞手法；

8. 要"一分为二"地全面把握问题的实质；

9. 要主次得当，文章要突出和把握好重点。

"九不要"：

1. 不要过多的"标语口号"、"漫谈"式的空话套话；

2. 不要通篇仅仅是发人深省，而应该重点分析解决办法；

3. 不要将一些存在较大争议的观点牵强地引入文中，千万不能出现认识上的错误；

4. 不要有非理性的或是夸张的感情色彩；

5. 不要使用牵强的修辞（修辞运用不恰到好处还不如不用）；

6. 不要有过分的长句和长篇段落；

7. 不要有绝对化的、偏激的语言；

8. 不要有过多的描述性、记叙性语言；

9. 不要字迹潦草或进行过多的涂改。

（二）练习案例

以下资料反映了网络给中学生带来的种种影响，用不超过 200 字对这些影响进行分析讨论并对如何防止和消除其中的负面影响给出合理建议。

调查数据显示，学习成绩分别属于中下等、中等、中上等和上等的青少年中，网民所占比例相差不大，成绩上等的青少年中三分之二上网，比例最高，成绩中下等的上网比例最低，为 58.5%。上网也并没有挤占青少年做作业的时间，青少年网民一周平均每天做作业时间为 150 分钟，而非网民为 144 分钟，同样，青少年网民上特长班或家教课的时间也比非网民要长。

（三）错例分析

> ### "2002年中央、国家机关考试录用机关工作人员和公务员申论试题"的一份答卷
>
> 该资料反映了网络建设的问题。互联网是20世纪后半期新科技革命的产物。它的出现和迅速扩展带来了人类信息传播领域的一次革命性飞跃，深深影响着人类生活的各个层面，包括精神层面。互联网作为信息技术革命的产物，具有两重性。对我国社会主义精神文明建设来说，它是把双刃剑。一方面，互联网的发展和普及有助于我国社会主义精神文明水平的提高；另一方面，由于网络信息传播的全球性、交往行为的虚拟性等特征，它也会给我国社会主义精神文明建设带来巨大的挑战。

[评析] 应该说，这份答卷的内容没有多大失误，但从语言角度来看：1. 文章的标点符号使用有些不当，如"互联网是 20 世纪后半期新科技革命的产物"后的句号改为逗号较好；"它是把双刃剑"后的句号改为冒号较好。2. 有些地方含义不明，如"互联网作为信息技术革命的产物，具有两重性"，"两重性"具体所指不明确。3. "另一方面，由于网络信息传播的全球性、交往行为的虚拟性等特征，它也会给我国社会主义精神文明建设带来巨大的挑战"这句话内在的因果逻辑关系也值得商榷。4. 缺少对策。

（四）知识链接

1. 2009年公务员申论热点：热情迎圣火激情办盛会（中国教育在线公务员频道）

    http://www.eol.cn/shen_lun_5718/20080702/t20080702_306313.shtml

2. 申论辅导（搜狐教育频道）

    http://learning.sohu.com/s2005/0576/s240430658.shtml

第二节　说明文

一、说明文

（一）简要概述

说明文是一种应用十分广泛的文体，目的是向读者提供知识，使之了解客观世界、掌握解决问题的方法。常见的说明文有解说词、说明书、书文简介、内容提要、科普小品文、生产工艺介绍、操作规程和对景物的介绍等。写申论说明文必须注意事实正确、表达清晰、条理清楚、层次分明，语言要简练，用词要准确。

说明文主要有以下特点：

1．知识性

即着眼于解说和传播某种已经得到公众认可的知识，而不像议论文体着眼于通过论证或争辩以确立论点，也不像记叙文着眼于叙述事件和表情达意。

2．科学性

即在介绍、解说、传播知识时必须科学准确地反映客观事物的实际及其规律性——不允许任何的主观随意性。通过准确的定义、恰当的论断、合理的区分、明确的解说，给读者以科学的知识。

3．说明性

即以说明为主要表达方式。说明的语言比起记叙的个别性来说，它注意的是普遍性；比起议论的抽象性来说，它注意的是具体性；比起记叙的可感性和议论的逻辑性来说，它注意的是明白性。说明是具体而明白无误地介绍、解说某种客观事物的语言形式。说明性还体现了说明文体的目的，即通过如实的解说，让人明白事物的本质，而不是像议论文通过论证，晓之以理、动之以情，也不像记叙文通过形象刻画，导人以行、示人以范。

4．实用性

说明文的目的在于把事物解说明白，以最省力的方式理解知识，因而说明文要求语言浅显、简明、平实。说明文也最注意条理性，一般不像记叙文那样讲究技巧，在结构上搞些"花样"，也不像议论文那样在论证上征引发挥。说明文也有不少办法，但一般都较简单。申论说明文更注意按事物固有的条理和读者容易接受的方式，清清楚楚地将事物说明白，结构越简单越好，手法越简化越好，尽量避免人为的复杂性。

说明文的方法一般分为分类说明法、分解说明法、举例说明法、比较说明法、比喻说明法、定义说明法、诠释说明法、数字说明法、换算说明法、分析说明法、描述说明法等几种。

说明文从写作目的来分，可分为阐释性说明文、述说性说明文、实用性说明文。

（二）写作要点

说明文的顺序一般分为以下几种：

1. 按照"总——分——总"的结构方式说明，如茅以升《中国石拱桥》，先总说中国石拱桥特点，接着以赵州桥和卢沟桥为例，具体说坚固和美观的特点，最后总说我国石拱桥有光辉成就的原因，以及社会主义时期石拱桥的发展。

2. 以时间的先后顺序来说明客观对象。

3. 从事物的性质、状态、结构、制作、用途等几方面依次说明事物的特征。如华罗庚《统筹方法》，开头对统筹方法进行诠释，接着把诠释里的语义和内容阐释明白。

4. 按照事物内在逻辑顺序来说明事物，如由现象到本质，由原因到结果，由结果推及原因，由概括到具体，由浅入深等。

5. 以说明的角度的变化为序说明事物。

（三）模式应用

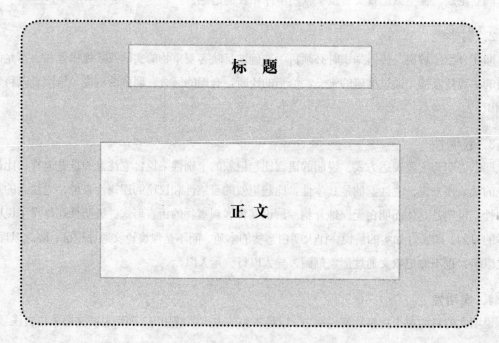

（四）实例示范

关于治理霸王条款问题的探讨

1. 问题

消费者在电信、邮政、公共运输、商品房、家庭装修、物业服务、金融、保险等领域因"霸王条款"的存在无法维护自身利益，有苦说不出的事件时有发生。

霸王条款集中在两类行业：一类是垄断行业，比如银行、电信、铁路、民航等行业，它们脱胎于计划经济下的国有企业，目前尽管已经或正在进行改制，但仍居于垄断地位。这些行业的格式合同本来就是相关主管部门制定或审批认可的，片面强调企业的权益，而忽视消费者的权益。另一类则是与官员政绩有密切关系的行业，比如房地产业。在消费者与其发生纠纷时，企业往往可以轻易地借助权力摆平消费者。

2. 原因

第一，垄断行业大都处于垄断地位，缺乏竞争，因此它们敢"店大欺客"，将"霸王条款"以部门规定甚至法律形式体现出来，强加于消费者，侵害消费者权益。

第二，没有专门的反垄断机构，权力分散。反垄断职责分散于工商、卫生、贸易和质量监督等部门。这就导致了执法力量难以协调，执法效率低之又低。消费者协会没有执法权、行政权，对"霸王条款"只能起到舆论监督作用。

第三，信息不对称。经营者拥有比消费者更多的信息（包括专业知识），房地产商总是比购房者更清楚房屋的质量，保险合同中多有消费者难以理解的生涩词汇；经营者又总是试图夸大对自己有利的信息，如不实的价格折扣；同时，隐瞒对消费者不利的信息，如旅游景点和酒店的服务水准。因此，经营者就利用信息不对称，炮制了一系列"霸王条款"。

第四，利益驱动。（略）

3. 对策

第一，政府要加强对垄断行业的监管。大概有三种模式可循：以美国日本为代表设立准司法性质的专门机构，如美国的联邦贸易委员会，该委员会具有相当的权威性，直接向国会负责，不受总统指挥，执法中完全独立行使权力而不受其它机构干预；第二种是设立行政机关专门执法，欧洲各国大多采取这种模式；第三种是司法机关执法，为行政机关提供司法支持。

第二，建立统一的反垄断专门机构行使执法权。目前情况下，政府要加强与消费者管理协会的协作，共同监督。

第三，加强消费者的维权意识。通过媒体等多种途径向消费者宣传"霸王条款"的表现形式，及维权方法和途径。提高消费者的维权意识。

第四，工商部门可以组织各行业（尤其是制定"霸王条款"的商家）以建立"公平竞争的市场环境"为目的进行服务教育学习。对于继续延用"霸王条款"，没有改善的商家，严厉处罚。

第五，由于信息不对称、不确定性造成的"霸王条款"，主要将依靠以合约管理为核心的制度建设，做到信息发布、信息透明、信息公正、不确定性后果承担等的制度化，以解决各种形式的商业欺诈和不公平待遇。

第六，建立反垄断立法。强化对不平等格式条款的强制性规范，严肃处理对不平等格式条款拒不改正、拖延推诿的经营者。

 小结

（一）指点迷津

学会分析一般性说明文语言的准确性、平实性、简明性。准确性是说明文语言最突出的特点，因为准确的语言才能反映说明对象的真实面貌。分析说明文语言的准确性，专业术语必须恰当、准确，语句合乎语法，说明事物、事理要实事求是，不夸张渲染，以求科学性。平实性是用明白、平实的语言对事物进行客观的反映，浅显易懂，大众化，清楚明白。说明文语言的简明性是指简练、明确，不啰唆，不含糊，用最少的文字把意思说明白，专业术语要尽可能化为易于理解的语词，达到最准的说明效果。

（二）练习案例

根据给定材料，概述近年来农村扶贫工作的基本方针政策。文字要简明扼要，不超过200字。

2000～2006年占我国农户总数20%的低收入户人均纯收入增长了46%（其中政策性支出减少和政策性收入增加贡献了近1/3），比收入最高的20%高收入农户少增长20个百分点，收入差距显著拉大。从国家统计局公布的全国农村住户调查数据来看，2006年底层20%低收入农户的人均纯收入仅能支付他们当年生活消费支出的72%，也就是说平均每户需要通过其他方式（如借贷、变卖家产、动用以前的积蓄等）再筹集到2034元才能弥补生活消费支出的亏空。这部分农户中的绝大多数都很难依靠自身的力量参与全国或地区的经济循环，很难从全国经济增长中直接受益。

（三）错例分析

关于突发公共事件问题的探讨

一、存在问题及危害

突发公共事件是指突然发生，造成或者可能造成重大人员伤亡、财产损失、生态环境破坏和严重社会危害，危及公共安全的紧急事件。

根据突发公共事件的发生过程、性质和机理，突发公共事件主要分为以下四类：

1. 自然灾害。主要包括水旱灾害，气象灾害，地震灾害，地质灾害，海洋灾害，生物灾害和森林草原火灾等。

2. 事故灾难。主要包括工矿商贸等企业的各类安全事故，交通运输事故，公共设施和设备事故，环境污染和生态破坏事件等。

3. 公共卫生事件。主要包括传染病疫情，群体性不明原因疾病，食品安全和职业危害，动物疫情，以及其他严重影响公众健康和生命安全的事件。

4. 社会安全事件。主要包括恐怖袭击事件，经济安全事件和涉外突发事件等。

我国每年因突发公共事件造成的损失惊人。2003年，我国因生产事故损失2500亿、各种自然灾害损失1500亿元、交通事故损失2000亿元、卫生和传染病突发事件的损失500亿元，以上共计达6500亿元人民币，相当于损失我国GDP的6%。2004年，全国发生各类突发事件561万起，造成21万人死亡、175万人受伤。全年自然灾害、事故灾难和社会安全事件造成的直接经济损失超过4550亿元。突发公共事件造成的间接损失同样不可忽视。比如说，事故灾害发生之后，公众的生活节奏被打乱，公众心理也会受到巨大冲击。此外，有一些突发公共事件是由于管理不当、玩忽职守所引发，在处理过程中当地政府又存在"捂盖子"的行为，例如广西南丹县的矿井事故。当此类事件尘埃落定，真相大白之后，政府的公信力会遭受严重损伤。总而言之，这类损失虽然是软性的、不可量化的，但其伤害和长远的影响甚至可能超过直接损失。

二、对策

2006年1月8日国务院发布《国家突发公共事件总体应急预案》，我国应急预案框架体系初步形成。

1. 各地区、各部门要针对各种可能发生的突发公共事件，完善预测预警机制，建立预测预警系统，开展风险分析，做到早发现、早报告、早处置。

2. 突发公共事件的信息发布应当及时、准确、客观、全面。事件发生的第一时间要向社会发布简要信息，随后发布初步核实情况、政府应对措施和公众防范措施等，并根据事件处置情况做好后续发布工作。

3. 特别重大或者重大突发公共事件发生后，各地区、各部门要立即报告，最迟不得超过4小时，同时通报有关地区和部门。突发公共事件发生后，事发地的省级人民政府或者国务院有关部门在报告特别重大、重大突发公共事件信息的同时，要根据职责和规定的权限启动相关应急预案，及时、有效地进行处置，控制事态。

　　4.各有关部门要按照职责分工和相关预案做好突发公共事件的应对工作，同时根据总体预案切实做好应对突发公共事件的人力、物力、财力、交通运输、医疗卫生及通信保障等工作

　　5.各地区、各部门要结合实际，有计划、有重点地组织有关部门对相关预案进行演练。

　　6.宣传、教育、文化、广电、新闻出版等有关部门要通过图书、报刊、音像制品和电子出版物、广播、电视、网络等，广泛宣传应急法律法规和预防、避险、自救、互救、减灾等常识，增强公众的忧患意识、社会责任意识和自救、互救能力。

[评析] 在文中应该分析突发公共事件发生的原因，才能有效地提出对策。

（四）知识链接

1.申论议论文、说明文、应用文的注意事项（模考网）

　http://www.kaogo.com/learning/html/2007-3/200732220505288028694.html

2.2008年国家公务员考试申论答案提纲（人民网教育频道）

　http://edu.people.com.cn/GB/6632472.html

附录

国家行政机关公文处理办法

(国务院2000年8月24日发布，2001年1月1日起施行)

第一章 总则

第一条 为使国家行政机关(以下简称行政机关)的公文处理工作规范化、制度化、科学化，制定本办法。

第二条 行政机关的公文(包括电报，下同)，是行政机关在行政管理过程中形成的具有法定效力和规范体式的文书，是依法行政和进行公务活动的重要工具。

第三条 公文处理指公文的办理、管理、整理(立卷)、归档等一系列相互关联、衔接有序的工作。

第四条 公文处理应当坚持实事求是、精简、高效的原则，做到及时、准确、安全。

第五条 公文处理必须严格执行国家保密法律、法规和其他有关规定，确保国家秘密的安全。

第六条 各级行政机关的负责人应当高度重视公文处理工作，模范遵守本办法并加强对本机关公文处理工作的领导和检查。

第七条 各级行政机关的办公厅(室)是公文处理的管理机构，主管本机关的公文处理工作并指导下级机关的公文处理工作。

第八条 各级行政机关的办公厅(室)应当设立文秘部门或者配备专职人员负责公文处理工作。

第二章 公文种类

第九条 行政机关的公文种类主要有：

(一)命令(令)
适用于依照有关法律公布行政法规和规章；宣布施行重大强制性行政措施；嘉奖有关单位及人员。

(二)决定

适用于对重要事项或者重大行动做出安排，奖惩有关单位及人员，变更或者撤销下级机关不适当的决定事项。

(三)公告

适用于向国内外宣布重要事项或者法定事项。

(四)通告

适用于公布社会各有关方面应当遵守或者周知的事项。

(五)通知

适用于批转下级机关的公文，转发上级机关和不相隶属的机关的公文，传达要求下级机关办理和需要有关单位周知或者执行的事项，任免人员。

(六)通报

适用于表彰先进，批评错误，传达重要精神或者情况。

(七)议案

适用于各级人民政府按照法律程序向同级人民代表大会或人民代表大会常务委员会提请审议事项。

(八)报告

适用于向上级机关汇报工作，反映情况，答复上级机关的询问。

(九)请示

适用于向上级机关请求指示、批准。

(十)批复

适用于答复下级机关的请示事项。

(十一)意见

适用于对重要问题提出见解和处理办法。

(十二)函

适用于不相隶属机关之间商洽工作，询问和答复问题，请求批准和答复审批事项。

(十三)会议纪要

适用于记载、传达会议情况和议定事项。

第三章　公文格式

第十条　公文一般由秘密等级和保密期限、紧急程度、发文机关标识、发文字号、签发人、标题、主送机关、正文、附件说明、成文日期、印章、附注、附件、主题词、抄送机关、印发机关和印发日期等部分组成。

(一) 涉及国家秘密的公文应当标明密级和保密期限，其中，"绝密"、"机密"级公文还应当标明份数序号。

(二) 紧急公文应当根据紧急程度分别标明"特急"、"急件"。其中电报应当分别标明"特提"、"特急"、"加急"、"平急"。

(三) 发文机关标识应当使用发文机关全称或者规范化简称；联合行文，主办机关排列在前。

(四) 发文字号应当包括机关代字、年份、序号。联合行文，只标明主办机关发文字号。

(五) 上行文应当注明签发人、会签人姓名。其中，"请示"应当在附注处注明联系人的姓名和电话。

(六) 公文标题应当准确简要地概括公文的主要内容并标明公文种类，一般应当标明发文机关。公文标题中除法规、规章名称加书名号外，一般不用标点符号。

(七) 主送机关指公文的主要受理机关，应当使用全称或者规范化简称、统称。

(八) 公文如有附件，应当注明附件顺序和名称。

(九) 公文除"会议纪要"和以电报形式发出的以外，应当加盖印章。联合上报的公文，由主办机关加盖印章；联合下发的公文，发文机关都应当加盖印章。

(十) 成文日期以负责人签发的日期为准，联合行文以最后签发机关负责人的签发日期为准。电报以发出日期为准。

(十一) 公文如有附注(需要说明的其他事项)，应当加括号标注。

(十二) 公文应当标注主题词。上行文按照上级机关的要求标注主题词。

(十三) 抄送机关指除主送机关外需要执行或知晓公文的其他机关，应当使用全称或者规范化简称、统称。

(十四) 文字从左至右横写、横排。在民族自治地方，可以并用汉字和通用的少数民族文字(按其习惯书写、排版)。

第十一条　公文中各组成部分的标识规则，参照《国家行政机关公文格式》国家标准执行。

第十二条　公文用纸一般采用国际标准A4型(210mm×297mm)，左侧装订。张贴的公文用纸大小，根据实际需要确定。

第四章　行文规则

第十三条　行文应当确有必要，注重效用。

第十四条　行文关系根据隶属关系和职权范围确定，一般不得越级请示和报告。

第十五条　政府各部门依据部门职权可以相互行文和向下一级政府的相关业务部门行文；除以函的形式商洽工作、询问和答复问题、审批事项外，一般不得向下一级政府正式行文。

部门内设机构除办公厅(室)外不得对外正式行文。

第十六条　同级政府、同级政府各部门、上级政府部门与下一级政府可以联合行文；政府与同级党委和军队机关可以联合行文；政府部门与相应的党组织和军队机关可以联合行文；政府部门与同级人民团体和具有行政职能的事业单位也可以联合行文。

第十七条　属于部门职权范围内的事务，应当由部门自行行文或联合行文。联合行文应当明确主办部门。须经政府审批的事项，经政府同意也可以由部门行文，文中应当注明经政府同意。

第十八条　属于主管部门职权范围内的具体问题，应当直接报送主管部门处理。

第十九条　部门之间对有关问题未经协商一致，不得各自向下行文。如擅自行文，上级机关应当责令纠正或撤销。

第二十条　下级机关或者本系统的重要行文，应当同时抄送直接上级机关。

第二十一条　"请示"应当一文一事；一般只写一个主送机关，需要同时送其他机关的，应当用抄送形式，但不得抄送其下级机关。

"报告"不得夹带请示事项。

第二十二条　除上级机关负责人直接交办的事项外，不得以机关名义向上级机关负责人报送"请示"、"意见"和"报告"。

第二十三条　受双重领导的机关向上级机关行文，应当写明主送机关和抄送机关。上级机关向受双重领导的下级机关行文，必要时应当抄送其另一上级机关。

第五章 发文办理

第二十四条 发文办理指以本机关名义制发公文的过程，包括草拟、审核、签发、复核、缮印、用印、登记、分发等程序。

第二十五条 草拟公文应当做到：

(一) 符合国家的法律、法规及其他有关规定。如提出新的政策、规定等，要切实可行并加以说明。

(二) 情况确实，观点明确，表述准确，结构严谨，条理清楚，直述不曲，字词规范，标点正确，篇幅力求简短。

(三) 公文的文种应当根据行文目的、发文机关的职权和与主送机关的行文关系确定。

(四) 拟制紧急公文，应当体现紧急的原因，并根据实际需要确定紧急程度。

(五) 人名、地名、数字、引文准确。引用公文应当先引标题，后引发文字号。引用外文应当注明中文含义。日期应当写明具体的年、月、日。

(六) 结构层次序数，第一层为"一、"，第二层为"(一)"第三层为"1."，第四层为"(1)"。

(七) 应当使用国家法定计量单位。

(八) 文内使用非规范化简称，应当先用全称并注明简称。使用国际组织外文名称或其缩写形式，应当在第一次出现时注明准确的中文译名。

(九) 公文中的数字，除成文日期、部分结构层次序数和在词、词组、惯用语、缩略语、具有修辞色彩的语句中作为词素的数字必须使用汉字外，应当使用阿拉伯数字。

第二十六条 拟制公文，对涉及其他部门职权范围内的事项，主办部门应当主动与有关部门协商，取得一致意见后方可行文；如有分歧，主办部门的主要负责人应当出面协调，仍不能取得一致时，主办部门可以列明各方理据，提出建设性意见，并与有关部门会签后报请上级机关协调或裁定。

第二十七条 公文送负责人签发前，应当由办公厅(室)进行审核。审核的重点是：是否确需行文，行文方式是否妥当，是否符合行文规则和拟制公文的有关要求，公文格式是否符合本办法的规定等。

第二十八条 以本机关名义制发的上行文，由主要负责人或者主持工作的负责人签发；以本机关名义制发的下行文或平行文，由主要负责人或者由主要负责人授权的其他负责人签发。

第二十九条　公文正式印制前，文秘部门应当进行复核，重点是：审批、签发手续是否完备，
　　　　　　附件材料是否齐全，格式是否统一、规范等。

　　　　　　经复核需要对文稿进行实质性修改的，应按程序复审。

第六章　收文办理

第三十条　收文办理指对收到公文的办理过程，包括签收、登记、审核、拟办、批办、承办、
　　　　　催办等程序。

第三十一条　收到下级机关上报的需要办理的公文，文秘部门应当进行审核。审核的重点是：
　　　　　　是否应由本机关办理；是否符合行文规则；内容是否符合国家法律、法规及其他
　　　　　　有关规定；涉及其他部门或地区职权的事项是否已协商、会签；文种使用、公文
　　　　　　格式是否规范。

第三十二条　经审核，对符合本办法规定的公文，文秘部门应当及时提出拟办意见送负责人批
　　　　　　示或者交有关部门办理，需要两个以上部门办理的应当明确主办部门。紧急公
　　　　　　文，应当明确办理时限。对不符合本办法规定的公文，经办公厅(室)负责人批准
　　　　　　后，可以退回呈报单位并说明理由。

第三十三条　承办部门收到交办的公文后应当及时办理，不得延误、推诿。紧急公文应当按时
　　　　　　限要求办理，确有困难的，应当及时予以说明。对不属于本单位职权范围或者不
　　　　　　宜由本单位办理的，应当及时退回交办的文秘部门并说明理由。

第三十四条　收到上级机关下发或交办的公文，由文秘部门提出拟办意见，送负责人批示后办理。

第三十五条　公文办理中遇有涉及其他部门职权的事项，主办部门应当主动与有关部门协商；
　　　　　　如有分歧，主办部门主要负责人要出面协调，如仍不能取得一致，可以报请上级
　　　　　　机关协调或裁定。

第三十六条　审批公文时，对有具体请示事项的，主批人应当明确签署意见、姓名和审批日
　　　　　　期，其他审批人圈阅视为同意；没有请示事项的，圈阅表示已阅知。

第三十七条　送负责人批示或者交有关部门办理的公文，文秘部门要负责催办，做到紧急公文
　　　　　　跟踪催办，重要公文重点催办，一般公文定期催办。

第七章　公文归档

第三十八条　公文办理完毕后，应当根据《中华人民共和国档案法》和其他有关规定，及时整理(立卷)、归档。

个人不得保存应当归档的公文。

第三十九条　归档范围内的公文，应当根据其相互联系、特征和保存价值等整理(立卷)，要保证归档公文的齐全、完整，能正确反映本机关的主要工作情况，便于保管和利用。

第四十条　联合办理的公文，原件由主办机关整理(立卷)、归档，其他机关保存复制件或其他形式的公文副本。

第四十一条　本机关负责人兼任其他机关职务，在履行所兼职务职责过程中形成的公文，由其兼职机关整理(立卷)、归档。

第四十二条　归档范围内的公文应当确定保管期限，按照有关规定定期向档案部门移交。

第四十三条　拟制、修改和签批公文，书写及所用纸张和字迹材料必须符合存档要求。

第八章　公文管理

第四十四条　公文由文秘部门或专职人员统一收发、审核、用印、归档和销毁。

第四十五条　文秘部门应当建立健全本机关公文处理的有关制度。

第四十六条　上级机关的公文，除绝密级和注明不准翻印的以外，下一级机关经负责人或者办公厅(室)主任批准，可以翻印。翻印时，应当注明翻印的机关、日期、份数和印发范围。

第四十七条　公开发布行政机关公文，必须经发文机关批准。经批准公开发布的公文，同发文机关正式印发的公文具有同等效力。

第四十八条　公文复印件作为正式公文使用时，应当加盖复印机关证明章。

第四十九条　公文被撤销，视作自始不产生效力；公文被废止，视作自废止之日起不产生效力。

第五十条　不具备归档和存查价值的公文，经过鉴别并经办公厅(室)负责人批准，可以销毁。

第五十一条　销毁秘密公文应当到指定场所由二人以上监销，保证不丢失、不漏销。其中，销毁绝密公文(含密码电报)应当进行登记。

第五十二条　机关合并时，全部公文应当随之合并管理。机关撤销时，需要归档的公文整理(立卷)后按有关规定移交档案部门。

工作人员调离工作岗位时，应当将本人暂存、借用的公文按照有关规定移交、清退。

第五十三条　密码电报的使用和管理，按照有关规定执行。

第九章　附则

第五十四条　行政法规、规章方面的公文，依照有关规定处理。外事方面的公文，按照外交部的有关规定处理。

第五十五条　公文处理中涉及电子文件的有关规定另行制定。统一规定发布之前，各级行政机关可以制定本机关或者本地区、本系统的试行规定。

第五十六条　各级行政机关的办公厅(室)对上级机关和本机关下发公文的贯彻落实情况应当进行督促检查并建立督查制度。有关规定另行制定。

第五十七条　本办法自2001年1月1日起施行。1993年11月21日国务院办公厅发布，1994年1月1日起施行的《国家行政机关公文处理办法》同时废止。

国务院办公厅关于实施《国家行政机关公文处理办法》涉及的几个具体问题的处理意见

国办函〔2001〕1号

各省、自治区、直辖市人民政府，国务院各部委、各直属机构：

为确保国务院发布的《国家行政机关公文处理办法》(国发〔2000〕23号)的贯彻施行，现就所涉及的几个具体问题提出如下处理意见：

1．关于"意见"文种的使用。"意见"可以用于上行文、下行文和平行文。作为上行文，应按请示性公文的程序和要求办理。所提意见如涉及其他部门职权范围内的事项，主办部门应当主动与有关部门协商，取得一致意见后方可行文；如有分歧，主办部门的主要负责人应当出面协调，仍不能取得一致时，主办部门可以列明各方理据，提出建设性意见，并与有关部门会签后报请上级机关决定。上级机关应当对下级机关报送的"意见"作出处理或给予答复。作为下行文，文中对贯彻执行有明确要求的，下级机关应遵照执行；无明确要求的，下级机关可参照执行。作为平行文，提出的意见供对方参考。

2．关于"函"的效力。"函"作为主要文种之一，与其他主要文种同样具有由制发机关权限决定的法定效力。

3．关于"命令"、"决定"和"通报"三个文种用于奖励时如何区分的问题。各级行政机关应当依据法律的规定和职权，根据奖励的性质、种类、级别、公示、范围等具体情况，选择使用相应的文件。

4．关于部门及其内设机构行文问题。政府各部门(包括议事协调机构)除以函的形式商洽工作、询问和答复问题、审批事项外，一般不得向下一级政府正式行文；如需行文，应报请本级政府批转或由本级政府办公厅(室)转发。因特殊情况确需向下一级政府正式行文的，应当报经本级政府批准，并在文中注明经政府同意。部门内设机构除办公厅(室)外，不得对外正式行文的含义是：部门内设机构不得向本部门机关以外的其他机关(包括本系统)制发政策性和规范性文件，不得代替部门审批下达应当由部门审批下达的事项；与相应的其他机关进行工作联系确需行文时，只能以函的形式行文。"函的形式"是指公文格式中区别于"文件格式"的"信函格式"。以"函的形式"行文应注意选择使用与行文方向一致、与公文内容相符的文种。

5．关于联合行文时发文机关的排列顺序和发文字号。行政机关联合行文，主办机关排列在前。行政机关与同级或相应的党的机关、军队机关、人民团体联合行文，按照党、政、军、群的顺序排列。行政机关之间联合行文，标注主办机关的发文字号；与其他机关联合行文原则上应使用排列在前机关的发文字号，也可以协商确定，但只能标注一个机关的发文字号。

6．关于联合行文的会签。联合行文一般由主办机关首先签署意见，协办单位依次会签。一般不使用复印件会签。

7．关于联合行文的用印。行政机关联合向上行文，为简化手续和提高效率，由主办单位加盖印章即可。

8．关于保密期限的标注问题。涉及国家秘密的公文如有具体保密期限应当明确标注，否则按照《国家秘密保密期限的规定》(国家保密局1990年第2号令)第九条执行，即"凡未标明或者未通知保密期限的国家秘密事项，其保密期限按照绝密级事项三十年、机密级事项二十年、秘密级事项十年认定"。

9．关于"附注"的位置。"附注"的位置在成文日期和印章之下，版记之上。

10．关于"主要负责人"的含义。"主要负责人"指各级行政机关的正职或主持工作的负责人。

11．关于公文用纸采用国际标准A4型问题。各省(区、市)人民政府和国务院各部门已做好准备的，公文用纸可于2001年1月1日起采用国际标准A4型；尚未做好准备的，要积极创造条件尽快采用国际标准A4型。省级以下人民政府及其所属机关和国务院各部门所属单位何时采用国际标准A4型，由各省(区、市)人民政府和国务院各部门自行确定。

国务院办公厅

二OO一年一月一日

中国共产党机关公文处理条例

(中共中央办公厅一九九六年五月三日发布)

第一章　总则

第一条　为适应中国共产党机关(以下简称党的机关)工作的需要，实现党的机关公文处理工作的科学化、制度化、规范化，制定本条例。

第二条　党的机关的公文，是党的机关实施领导、处理公务的具有特定效力和规范格式的文书，是传达贯彻党的路线、方针、政策，指导、布置和商洽工作，请示和答复问题，报告和交流情况的工具。

第三条　公文处理是包括公文拟制、办理、管理、立卷归档在内的一系列衔接有序的工作。

第四条　公文处理应当坚持实事求是、按照行文机关要求和公文处理规定进行的原则，做到准确、及时、安全、保密。

第五条　党的机关的办公厅(室)主管本机关的公文处理工作，并对下级机关的公文处理工作进行业务指导。

第六条　党的机关的办公厅(室)应当设立秘书部门或者配备秘书人员具体负责公文处理工作，并逐步改善办公手段，努力提高工作效率和质量。秘书人员应当具有较高的政治和业务素质，工作积极，作风严谨，遵守纪律，恪尽职守。

第二章　公文种类

第七条　党的机关公文种类主要有：

(一) 决议用于经会议讨论通过的重要决策事项。

(二) 决定用于对重要事项做出决策和安排。

(三) 指示用于对下级机关布置工作，提出开展工作的原则和要求。

(四) 意见用于对重要问题提出见解和处理办法。

(五) 通知用于发布党内法规、任免干部、传达上级机关的指示、转发上级机关和不相隶属的机关的公文、批转下级机关的公文、发布要求下级机关办理和有关单位共同执行或者周知的事项。

(六) 通报用于表彰先进、批评错误、传达重要精神、交流重要情况。

（七）公报用于公开发布重要决定或者重大事件。

（八）报告用于向上级机关汇报工作、反映情况、提出建议，答复上级机关的询问。

（九）请示用于向上级机关请求指示、批准。

（十）批复用于答复下级机关的请示。

（十一）条例用于党的中央组织制定规范党组织的工作、活动和党员行为的规章制度。

（十二）规定用于对特定范围内的工作和事务制定具有约束力的行为规范。

（十三）函用于机关之间商洽工作、询问和答复问题，向无隶属关系的有关主管部门请求批准等。

（十四）会议纪要用于记载会议主要精神和议定事项。

第三章 公文格式

第八条 党的机关公文由版头、份号、密级、紧急程度、发文字号、签发人、标题、主送机关、正文、附件、发文机关署名、成文日期、印章、印发传达范围、主题词、抄送机关、印制版记组成。

（一）版头 由发文机关全称或者规范化简称加"文件"二字或者加括号标明文种组成，用套红大字居中印在公文首页上部。联合行文，版头可以用主办机关名称，也可以并用联署机关名称。在民族自治地方，发文机关名称可以并用自治民族的文字和汉字印制。

（二）份号 公文印制份数的顺序号，标注于公文首页左上角。秘密公文应当标明份号。

（三）密级 公文的秘密等级，标注于份号下方。

（四）紧急程度 对公文送达和办理的时间要求。紧急文件应当分别标明"特急"、"加急"，紧急电报应当分别标明"特急"、"加急"、"平急"。

（五）发文字号 由发文机关代字、发文年度和发文顺序号组成，标注于版头下方居中或者左下方。联合行文，一般只标明主办机关的发文字号。

（六）签发人 上报公文应当在发文字号右侧标注"签发人"，"签发人"后面标注签发人姓名。

（七）标题 由发文机关名称、公文主题和文种组成，位于发文字号下方。

（八）主送机关 主要受理公文的机关。主送机关名称应当用全称或者规范化简称或者同类型机关的统称，位于正文上方，顶格排印。

（九）正文 公文的主体，用来表述公文的内容，位于标题或者主送机关下方。

（十）附件 公文附件，应当置于主件之后，与主件装订在一起，并在正文之后、发文机关署名之前注明附件的名称。

(十一) 发文机关署名　应当用全称或者规范化简称，位于正文的右下方。

(十二) 成文日期　一般署会议通过或者领导人签发日期；联合行文，署最后签发机关领导人的签发日期；特殊情况署印发日期。成文日期应当写明年、月、日，位于发文机关署名右下方。决议、决定、条例、规定等不标明主送机关的公文，成文日期加括号标注于标题下方居中位置。

(十三) 印章　除会议纪要和印制的有特定版头的普发性公文外，公文应当加盖发文机关印章。

(十四) 印发传达范围　加括号标注于成文日期左下方。

(十五) 主题词　按上级机关的要求和《公文主题词表》标注，位于抄送机关上方。

(十六) 抄送机关　指除主送机关以外的其他需要告知公文内容的上级、下级和不相隶属机关。抄送机关名称标注于印制版记上方。

(十七) 印制版记　由公文印发机关名称、印发日期和份数组成，位于公文末页下端。

第九条　公文汉字从左至右横排；少数民族文字按其书写习惯排印。公文用纸幅面规格可采用16开型(长260毫米，宽184毫米)，也可采用国际标准A4型(长297毫米，宽210毫米)。左侧装订。

第十条　党的机关公文版头的主要形式及适用范围：

(一)《中共××文件》用于各级党委发布、传达贯彻党的方针、政策，做出重要工作部署，转发上级机关的文件，批转下级机关的重要报告、请示。

(二)《中国共产党××委员会(××)》用于各级党委通知重要事项、任免干部、批复下级机关的请示，向上级机关报告、请示工作。

(三)《中共××办公厅(室)文件》、《中共××办公厅(室)(××)》用于各级党委办公厅(室)根据授权，传达党委的指示，答复下级党委的请示，转发上级机关的文件，批转下级机关的报告、请示，发布有关事项，向上级机关报告、请示工作。

(四)《中共××部文件》、《中共××部(××)》用于除办公厅(室)以外的党委各部门发布本部门职权范围内的事项，向上级机关报告、请示工作。

第四章　行文规则

第十一条　行文应当确有需要，注重实效，坚持少而精。可发可不发的公文不发，可长可短的公文要短。

第十二条　党的机关的行文关系，根据各自的隶属关系和职权范围确定。

（一）向上级机关行文，应当主送一个上级机关；如需其他相关的上级机关阅知，可以抄送，不得越级向上级机关行文，尤其不得越级请示问题；因特殊情况必须越级行文时，应当同时抄送被越过的上级机关。

（二）向下级机关的重要行文，应当同时抄送发文机关的直接上级机关。

（三）党委各部门在各自职权范围内可以向下级党委的相关部门行文。党委办公厅(室)根据党委授权，可以向下级党委行文；党委的其他部门，不得对下级党委发布指示性公文。部门之间对有关问题未经协商一致，不得各自向下行文。

（四）同级党的机关、党的机关与其他同级机关之间必要时可以联合行文。

（五）不相隶属的机关之间一般用函行文。

第十三条　受双重领导的机关向上级机关行文，应当写明主送机关和抄送机关，由主送机关负责答复其请示事项。上级机关向受双重领导的下级机关行文，应当抄送其另一上级机关。

第十四条　向上级机关请示问题，应当一文一事，不应当在非请示文中夹带请示事项。

请示事项涉及其他部门业务范围时，应当经过协商并取得一致意见后上报；经过协商未能取得一致意见时，应当在请示中写明。除特殊情况外，请示应当送上级机关的办公厅(室)按规定程序处理，不应直接送领导者个人。

党委各部门应当向本级党委请示问题。未经本级党委同意或授权，不得越过本级党委向上级党委主管部门请示重大问题。

第十五条　对不符合行文规则的上报公文，上级机关的秘书部门可退回下级呈报机关。

第五章　公文起草

第十六条　起草公文应当做到：

（一）符合党的路线、方针、政策和国家的法律、法规及上级机关的指示，完整、准确地体现发文机关的意图，并同现行有关公文相衔接。

（二）全面、准确地反映客观实际情况，提出的政策、措施切实可行。

（三）观点明确，条理清晰，内容充实，结构严谨，表述准确。

（四）开门见山，文字精炼，用语准确，篇幅简短，文风端正。

（五）人名、地名、时间、数字、引文准确。公文中汉字和标点符号的用法符合国家发布的标准方案，计量单位和数字用法符合国家主管部门的规定。

（六）文种、格式使用正确。

（七）杜绝形式主义和繁琐哲学。

第十七条　起草重要公文应当由领导人亲自动手或亲自主持、指导,进行调查研究和充分论证,征求有关部门意见。

第六章　公文校核

第十八条　公文文稿送领导人审批之前,应当由办公厅(室)进行校核。公文校核的基本任务是协助机关领导人保证公文的质量。公文校核的内容是:

(一) 报批程序是否符合规定;

(二) 是否确需行文;

(三) 内容是否符合党的路线、方针、政策和国家的法律、法规及上级机关的指示精神,是否完整、准确地体现发文机关的意图,并同现行有关公文相衔接;

(四) 涉及有关部门业务的事项是否经过协商并取得一致意见;

(五) 所提措施和办法是否切实可行;

(六) 人名、地名、时间、数字、引文和文字表述、密级、印发传达范围、主题词是否准确、恰当,汉字、标点符号、计量单位、数字的用法及文种使用、公文格式是否符合本条例的规定。

第十九条　文稿如需作较大修改,应当与原起草部门协商或请其修改。

第二十条　已经领导人审批过的文稿,在印发之前应再作校核。校核的内容同第十八条(六)款。经校核如需作涉及内容的实质性修改,须报原审批领导人复审。

第七章　公文签发

第二十一条　公文须经本机关领导人审批签发。重要公文应当由机关主要领导人签发。联合发文,须经所有联署机关的领导人会签。党委办公厅(室)根据党委授权发布的公文,由被授权者签发或者按照有关规定签发。领导人签发公文,应当明确签署意见,并写上姓名和时间。若圈阅,则视为同意。

第八章　公文办理和传递

第二十二条　公文办理分为收文办理和发文办理。收文办理包括公文的签收、登记、拟办、请办、分发、传阅、承办和催办等程序。公文经起草、校核和领导审批签发后转入发文办理，发文办理包括公文的核发、登记、印制和分发等程序。

(一) 签收　收到有关公文并以签字或盖章的方式给发文方以凭据。签收公文应当逐件清点，如发现问题，应当及时向发文机关查询，并采取相应的处理措施。急件应当注明签收的具体时间。

(二) 登记　公文办理过程中就公文的特征和办理情况进行记载。登记应当将公文标题、密级、发文字号、发文机关、成文日期、主送机关、份数、收发文日期及办理情况逐项填写清楚。

(三) 拟办　秘书部门对需要办理的公文提出办理意见，并提供必要的背景材料，送领导人批示。

(四) 请办　办公厅(室)根据授权或有关规定将需要办理的公文注请主管领导人批示或者主管部门研办。对需要两个以上部门办理的，应当指明主办部门。

(五) 分发　秘书部门根据有关规定或者领导人批示将公文分送有关领导人和部门。

(六) 传阅　秘书部门根据领导人批示或者授权，按照一定的程序将公文送有关领导人阅知或者批示。办理公文传阅应当随时掌握公文去向，避免漏传、误传和延误。

(七) 承办　主管部门对需要办理的公文进行办理。凡属承办部门职权范围内可以答复的事项，承办部门应当直接答复呈文机关；凡涉及其他部门业务范围的事项，承办部门应当主动与有关部门协商办理；凡须报请上级机关审批的事项，承办部门应当提出处理意见并代拟文稿，一并送请上级机关审批。

(八) 催办　秘书部门对公文的承办情况进行督促检查。催办贯穿于公文处理的各个环节。对紧急或者重要公文应当及时催办，对一般公文应当定期催办，并随时或者定期向领导人反馈办理情况。

(九) 核发　秘书部门在公文正式印发前，对公文的审批手段、文种、格式等进行复核，确定发文字号、分送单位和印制份数。

(十) 印制　应当做到准确、及时、规范、安全、保密。秘密公文应当由机要印刷厂(或一般印刷厂的保密车间)印制。

第二十三条　公文处理过程中，应当使用符合存档要求的书写材料。需要送请领导人阅批的传真件，应当复制后办理。

第二十四条　秘密公文应当通过机要交通(或机要通信)传递、密电传输或者计算机网络加密传输，不得密电明传、明电密电混用。

第九章　公文管理

第二十五条　党的机关公文应当发给组织，由秘书部门统一管理，一般不发给个人。秘书部门应当切实做好公文的管理工作，既发挥公文效用，又有利于公文保密。

第二十六条　党的机关秘密公文的印发传达范围应当按照发文机关的要求执行，下级机关、不相隶属机关如需变更，须经发文机关批准。

第二十七条　公开发布党的机关公文，须经发文机关批准。经批准公开发布的公文，同发文机关正式印发的公文具有同等效力。

第二十八条　复制上级党的机关的秘密公文，须经发文机关批准或者授权。翻印件应当注明翻印机关名称、翻印日期和份数；复印件应当加盖复印机关戳记。复制的公文应当与正式印发的公文同样管理。

第二十九条　汇编上级党的机关的秘密公文，须经发文机关批准或者授权。公文汇编本的密级按照编入公文的最高密级标注并进行管理。

第三十条　　绝密级公文应当由秘书部门指定专人管理，并采取严格的保密措施。

第三十一条　秘书部门应当按照规定对秘密公文进行清理、清退和销毁，并向主管机关报告公文管理情况。
　　　　　　销毁秘密公文，必须严格履行登记手续，经主管领导人批准后，由二人监销，保证不丢失、不漏销。个人不得擅自销毁公文。

第三十二条　机关合并时，全部公文应当随之合并管理。机关撤销时，需要归档的公文立卷后按照有关规定移交档案部门，其他公文按照有关规定登记销毁。工作人员调离工作岗位时，应当将本人保管、借用的公文按照有关规定移交、清退。

第十章　公文立卷归档

第三十三条　公文办理完毕后，秘书部门应当按照有关规定将公文的定稿、正本和有关材料收集齐全，进行立卷归档。个人不得保存应当归档的公文。

第三十四条　两个以上机关联合办理的公文，原件由主办机关立卷归档，相关机关保存复制件。机关领导人兼任其他机关职务的，在履行其所兼职务过程中形成的公文，由其兼职的机关立卷归档。

第十一章　公文保密

第三十五条　公文处理必须严格遵守《中华人民共和国保守国家秘密法》及有关保密法规，遵守党的保密纪律，确保党和国家秘密的安全。

凡泄露或出卖党和国家秘密公文的，依照有关法律、法规的规定进行处理。

第三十六条　党内秘密公文的密级按其内容及如泄露可能对党和国家利益造成危害的程度划分为"绝密"、"机密"、"秘密"。不公开发表又未标注密级的公文，按内部公文管理。

第三十七条　发文机关在拟制公文时，应当根据公文的内容和工作需要，严格划分密与非密的界限；对于需要保密的公文，要准确标注其密级。公文密级的变更和解除由发文机关或其上级机关决定。

第十二章　附则

第三十八条　本条例适用于中国共产党各级机关。

第三十九条　本条例由中共中央办公厅负责解释。

第四十条　　本条例自发布之日起施行。

国务院公文主题词表

(一九九七年十二月修订)

01. 综合经济(77个)

01A　计划

规划	统计	指标	分配	统配	调拨

01B　经济管理

经济	管理	调整	控制	结构	制度
所有制	股份制	责任制	流通	产业	行业
改革	改造	竞争	兼并	开放	开发
协作	资源	土地	资产	资料	产权
物价	价格	投资	招标	经营	生产
转产	项目	产品	质量	承包	租赁
合同	包干	国有	国营	私营	集体
个体	企业	公司	集团	合作社	普查
工商	商标	注册	广告	监督	增产
效益	节约	浪费	破产	亏损	特区
开发区	保税区	展销	展览	**商品化**	
横向联系	**第三产业**	**生产资料**			

02. 工交、能源、邮电 (69个)

02A　工业

冶金	钢铁	地矿	机械	汽车	电子
电器	仪器	仪表	化工	航天	航空
核工	船舶	兵器	军工	轻工	有色金属
盐业	食品	印刷	包装	手工业	纺织
服装	丝绸	设备	原料	材料	

02B　交通

铁路	公路	桥梁	民航	机场	航线
航道	空中管制	飞机	港口	码头	口岸
车站	车辆	运输	旅客		

02C　能源

石油	煤炭	电力	燃料	天然气	煤气
沼气					

02D　邮电

通信	电信	邮政	网络	数据	**民品**
厂矿	**空运**	**三线**	**通讯**	**水运**	**运费**

03. 旅游、城乡建设、环保(42个)

03A　旅游

03B　服务业

饮食业	宾馆

03C　城乡建设

城市	乡镇	基建	建设	建筑	建材
勘察	测绘	设计	市政	公用事业	监理
环卫	征地	工程	房地产	房屋	住宅
装修	设施	出让	转让	风景名胜	园林
岛屿					

03D　环保

保护区	植物	动物	污染	生态	生物
风景	**饭店**	**城乡**	**国土**	**沿海**	

04. 农业、林业、水利、气象(56个)

04A　农业

农村	农民	农民负担	农场	农垦
粮食	棉花	油料	生猪	蔬菜
糖料	烟草	水产	渔业	水果
经济作物	农副产品	副业	畜牧业	乡镇企业
农膜	种子	化肥	农药	饲料
灾害	以工代赈	扶贫		

04B　林业

绿化	木材	森林	草原	防沙治沙

04C	水利				
河流	湖泊	滩涂	水库	水域	流域
水土保持	节水	防汛	抗旱	三峡	

04D	气象				
气候	预报	预测	**烟酒**	**土特产**	
有机肥	**多种经营**	**牧业**			

05．财政、金融(57个)

05A	财政				
预算	决算	核算	收支	财务会计	
税务	税率	审计	债务	积累	经费
集资	收费	资金	基金	租金	拨款
利润	补贴	折旧费	附加费	固定资产	

05B	金融				
银行	货币	黄金	白银	存款	贷款
信贷	贴现	通货膨胀	交易	期货	利率
利息	贴息	外汇	外币	汇率	债券
证券	股票	彩票	信托	保险	赔偿
信用社	**现金**	**留成**	**流动资金**	**储蓄**	
费用	**侨汇**	**折旧率**			

06．贸易(52个)

06A	商业				
商品	物资	收购	定购	购置	市场
集贸	酒类	副食品	日用品	销售	消费
批发	供应	零售	拍卖	专卖	订货
营业	仓库	储备	储运	货物	

06B	外贸				
对外援助	军贸	进口	出口	引进	
海关	缉私	仲裁	商检	外商	
外资	合资	合作	关贸	许可证	
驻外企业	**贸易**	**倒卖**	**外向型**	**议购**	
议售	**垄断**	**经贸**	**贩运**	**票证**	

外经　　　　交易会

07．外事(42个)

07A　外交

对外政策	对外关系	领土	领空	领海
外交人员	建交	公约	大使	领事
条约	协定	协议	议定书	备忘录
照会	国际	涉外事务	抗议	

07B　外事

国际会议	国际组织	对外宣传	出访	出国
出入境	签证	护照	邀请	来访
谈判	会谈	会见	接见	招待会
宴会	外国人	外宾	对外友协	外国专家

涉外

08．公安、司法、监察(46个)

08A　公安

警察	武警	警衔	治安	非法组织
安全	保卫	禁毒	消防	防火
检查	扫黄	案件	处罚	户口
证件	事件	危险品	游行	海防
边防	边界	边境		

08B　司法

政法	法制	法律	法院	律师	检察
程序	公证	劳改	劳教	监狱	

08C　监察

廉政建设	审查	纪检	执法	行贿	受贿
贪污	处分	**侦破**			

09．民政、劳动人事(85个)

09A　民政

基层政权	选举	行政区划	地名	人口
双拥工作	社会保障	社团	救灾	救济

募捐	婚姻	移民	抚恤	慰问	
调解	老龄问题	烈士	纠纷	残疾人	
墓地	殡葬	社区服务			

09B 机构

驻外机构	体制	职能	编制	精简	更名

09C 人事

行政人员	干部	公务员	考核	录用
职工	家属	子女	知识分子	专家
参事	院士	文史馆员	履历	聘任
任免	辞退	退职	职称	待遇
离休	退休	交流	安置调配	模范
表彰奖励				

09D 劳动

就业	失业	招聘	合同制	工人
保护	劳务	第二职业	事故	

09E 工资

津贴	奖金	福利	收入	**老年**
简历	**劳资**	**人才**	**招工**	**待业**
补助	**拥军优属**	**丧葬**	**奖惩**	

10. 科、教、文、卫、体(73个)

10A 科技

科学	技术	科普	科研	鉴定	标准
计量	专利	发明	实验	情报	计算机
自动化	信息	卫星	地震	海洋	

10B 教育

学校	教师	招生	学生	培训	毕业
学位	留学	教材	校办企业	院校	校舍

10C 文化

文字	文史	文学	语言	艺术	古籍
图书	宣传	广播	电视	电影	出版

版权	报刊	新闻	音像	文物	古迹
纪念物	电子出版物		**地方志**	**软科学**	**社科**

10D 卫生

医院	中医	医疗	医药	药材	防疫
疾病	计划生育	妇幼保健	检验	检疫	

10E 体育

运动员	教练员	运动会	比赛	**馆所**

11. 国防(24个)

11A 军事

军队	国防	空军	海军	征兵	服役
转业	民兵	预备役	军衔	复员	文职
后勤	装备	战备	作战	训练	防空
军需	武器	弹药	人武	**退伍**	

12. 秘书、行政(74个)

12A 文秘工作

机关	国旗	国徽	机要	印章	信访
督查	保密	公文	档案	会议	文件
秘书	电报	提案	议案	谈话	讲话
总结	批示	汇报	建议	意见	文章
题词	章程	条例	办法	细则	规定
方案	布告	决议	命令	决定	指示
公告	通告	通知	通报	报告	请示
批复	函	会议纪要			

12B 行政事务

行政	工作制度	纪念活动	庆典活动		
休假	节假日	着装	参观	接待	措施
调查	视察	考察	礼品	馈赠	服务
出席	**发言**	**转发**	**名单**	**批准**	**审批**
信函	**事务**	**活动**	**纪要**	**督察**	

13. 综合党团(55个)

13A　党派团体
共产党	民主党派	共青团	团体	工会	
协会	学会	民间组织	文联	学联	妇女
儿童	基金会				

13B　统战
政协　　　　民主人士　　爱国人士

13C　民族
民族区域自治　民族事务

13D　宗教
寺庙

13E　侨务
外籍华人　　归侨　　　　侨乡

13F　港澳台
香港问题　　澳门问题　　台湾问题

13G　综合
整顿	形势	社会	精神文明	法人	发展
其他	试点	**推广**	**青年**	**政治**	**范围**
党派	**组织**	**领导**	**方针**	**政策**	**党风**
事业	**咨询**	**中心**	**清除**		

　　(说明：①《国务院公文主题词表》之附表，即所列中国行政区域、世界行政区域共298个主题词未编入本书；②列在区域分类最后，用黑体标出的主题词只供检索用，不再用作标引。)

科学技术报告、学位论文和
学术论文的编写格式

GB 7713-87

1 引言

1.1 制订本标准的目的是为了统一科学技术报告、学位论文和学术论文(以下简称报告、论文)的撰写和编辑的格式，便利信息系统的收集、存储、处理、加工、检索、利用、交流、传播。

1.2 本标准适用于报告、论文的编写格式，包括形式构成和题录著录，及其撰写、编辑、印刷、出版等。

本标准所指报告、论文可以是手稿，包括手抄本和打字本及其复制品；也可以是印刷本，包括发表在期刊或会议录上的论文及其预印本、抽印本和变异本；作为书中一部分或独立成书的专著；缩微复制品和其他形式。

1.3 本标准全部或部分适用于其他科技文件，如年报、便览、备忘录等，也适用于技术档案。

2 定义

2.1 科学技术报告

科学技术报告是描述一项科学技术研究的结果或进展或一项技术研制试验和评价的结果，或是论述某项科学技术问题的现状和发展的文件。

科学技术报告是为了呈送科学技术工作主管机构或科学基金会等组织或主持研究的人等。科学技术报告中一般应该提供系统的或按工作进程的充分信息，可以包括正反两方面的结果和经验，以便有关人员和读者判断和评价，以及对报告中的结论和建议提出修正意见。

2.2 学位论文

学位论文是表明作者从事科学研究取得创造性的结果或有了新的见解，并以此为内容撰写而成、作为提出申请授予相应的学位时评审用的学术论文。

学士论文应能表明作者确已较好地掌握了本门学科的基础理论、专门知识和基本技能，并具有从事科学研究工作或担负专门技术工作的初步能力。

硕士论文应能表明作者确已在本门学科上掌握了坚实的基础理论和系统的专门知识，并对所研究课题有新的见解，有从事科学研究工作或独立担负专门技术工作的能力。

博士论文应能表明作者确已在本门学科上掌握了坚实宽广的基础理论和系统深入的专门知识，并具有独立从事科学研究工作的能力，在科学或专门技术上做出了创造性的成果。

2.3　学术论文

学术论文是某一学术课题在实验性、理论性或观测性上具有新的科学研究成果或创新见解和知识的科学记录，或是某种已知原理应用于实际中取得新进展的科学总结，用以提供学术会议上宣读、交流或讨论，或在学术刊物上发表，或作其他用途的书面文件。

学术论文应提供新的科技信息，其内容应有所发现、有所发明、有所创造、有所前进，而不是重复、模仿、抄袭前人的工作。

3　编写要求

报告、论文的中文稿必须用白色稿纸单面缮写或打字；外文稿必须用打字。可以用不褪色的复制本。

报告、论文宜用A4(210mm×297mm)标准大小的白纸，应便于阅读、复制和拍摄缩微制品。

报告、论文在书写、打字或印刷时，要求纸的四周留足空白边缘，以便装订、复制和读者批注。每一面的上方(天头)和左侧(订口)应分别留边25mm以上，下方(地脚)和右侧(切口)应分别留边20mm以上。

4　编写格式

4.1　报告、论文章、条的编号参照国家标准CB1.1《标准化工作导则　标准编写的基本规定》第8章"标准条文的编排"的有关规定，采用阿拉伯数字分级编号。

4.2　报告、论文的构成(略)

5　前置部分

5.1　封面

5.1.1　封面是报告、论文的外表面，提供应有的信息，并起保护作用。

封面不是必不可少的。学术论文如作为期刊、书或其他出版物的一部分，无需封面；如作为预印本、抽印本等单行本时，可以有封面。

5.1.2　封面上可包括下列内容：

a. 分类号　在左上角注明分类号，便于信息交换和处理。一般应注明《中国图书资料分类法》的类号，同时应尽可能注明《国际十进分类法UDC》的类号。

b. 本单位编号　一般标注在右上角。学术论文无必要。

c. 密级　视报告、论文的内容，按国家规定的保密条例，在右上角注明密级。如系公开发行，不注密级。

d. 题名和副题名或分册题名　用大号字标注于明显地位。

e. 卷、分册、篇的序号和名称　如系全一册，无需此项。

f. 版本　如草案、初稿、修订版等。如系初版，无需此项。

g. 责任者姓名　责任者包括报告、论文的作者，学位论文的导师、评阅人、答辩委员会主席，以及学位授予单位等。必要时可注明个人责任者的职务、职称、学位、所在单位名称及地址；如责任者系单位、团体或小组，应写明全称和地址。

在封面和题名页上，或学术论文的正文前署名的个人作者，只限于那些对于选定研究课题和制订研究方案、直接参加全部或主要部分研究工作并作出主要贡献，以及参加撰写论文并能对内容负责的人，按其贡献大小排列名次。至于参加部分工作的合作者、按研究计划分工负责具体小项的工作者、某一项测试的承担者，以及接受委托进行分析检验和观察的辅助人员等，均不列入。这些人可以作为参加工作的人员一一列入致谢部分，或排于脚注。

如责任者姓名有必要附注汉语拼音时，必须遵照国家规定，即姓在名前，名连成一词，不加连字符，不缩写。

h. 申请学位级别　应按《中华人民共和国学位条例暂行实施办法》所规定的名称进行标注。

i. 专业名称　系指学位论文作者主修专业的名称。

j. 工作完成日期　包括报告、论文提交日期，学位论文的答辩日期，学位的授予日期，出版部门收到日期(必要时)。

k. 出版项　出版地及出版者名称，出版年、月、日(必要时)。

5.2　封二

报告的封二可标注送发方式，包括免费赠送或价购，以及送发单位和个人，版权规定，其他应注明事项。

5.3　题名页

题名页是对报告、论文进行著录的依据。

学术论文无需题名页。

题名页置于封二和衬页之后，成为另页的右页。

报告、论文如分装两册以上，每一分册均应各有其题名页。在题名页上注明分册名称和序号。

题名页除5.1规定封面应有的内容并取得一致外，还应包括下列各项：

单位名称和地址，在封面上未列出的责任者职务、职称、学位、单位名称和地址，参加部分工作的合作者姓名。

5.4　变异本

报告、论文有时适应某种需要，除正式的全文正本以外，要求有某种变异本，如：节本、摘录本、为送请评审用的详细摘要本、为摘取所需内容的改写本等。

变异本的封面上必须标明"节本"、"摘录本"或"改写本"字样，其余应注明项目，参见5.1的规定执行。

5.5　题名

5.5.1　题名是以最恰当、最简明的词语反映报告、论文中最重要的特定内容的逻辑组合。

题名所用每一词语必须考虑到有助于选定关键词和编制题录、索引等二次文献可以提供检索的特定实用信息。

题名应该避免使用不常见的缩略词、首字母缩写字、字符、代号和公式等。

题名一般不宜超过20字。

报告、论文用作国际交流，应有外文(多用英文)题名。外文题名一般不宜超过10个实词。

5.5.2　下列情况可以有副题名：

题名语意未尽，用副题名补充说明报告论文中的特定内容；

报告、论文分册出版，或是一系列工作分几篇报道，或是分阶段的研究结果，各用不同副题名区别其特定内容；其他有必要用副题名作为引伸或说明者。

5.5.3　题名在整本报告、论文中不同地方出现时，应完全相同，但眉题可以节略。

5.6　序或前言

序并非必要。报告、论文的序，一般是作者或他人对本篇基本特征的简介，如说明研究工作缘起、背景、宗旨、目的、意义、编写体例，以及资助、支持、协作经过等；也可以评述和对相关问题研究阐发。这些内容也可以在正文引言中说明。

5.7　摘要

5.7.1　摘要是报告、论文的内容不加注释和评论的简短陈述。

5.7.2　报告、论文一般均应有摘要，为了国际交流，还应有外文(多用英文)摘要。

5.7.3　摘要应具有独立性和自含性，即不阅读报告、论文的全文，就能获得必要的信息。摘要中有数据、有结论，是一篇完整的短文，可以独立使用，可以引用，可以用于工艺推广。摘要的内容应包含与报告、论文同等量的主要信息，供读者确定有无必要阅读全文，也供文摘等二次文献采用。摘要一般应说明研究工作目的、实验方法、结果和最终结论等，而重点是结果和结论。

5.7.4　中文摘要一般不宜超过200—300字；外文摘要不宜超过250个实词。如遇特殊需要字数可以略多。

5.7.5　除了实在无变通办法可用以外，摘要中不用图、表、化学结构式、非公知公用的符号和术语。

5.7.6　报告、论文的摘要可以用另页置于题名页之后，学术论文的摘要一般置于题名和作者之后、正文之前。

5.7.7　学位论文为了评审，学术论文为了参加学术会议，可按要求写成变异本式的摘要，不受字数规定的限制。

5.8　关键词

关键词是为了文献标引工作从报告、论文中选取出来用以表示全文主题内容信息款目的单词或术语。

　　每篇报告、论文选取3—8个词作为关键词，以显著的字符另起一行，排在摘要的左下方。如有可能，尽量用《汉语主题词表》等词表提供的规范词。

　　为了国际交流，应标注与中文对应的英文关键词。

5.9　目次页

长篇报告、论文可以有目次页，短文无需目次页。

　　目次页由报告、论文的篇、章、条、附录、题录等的序号、名称和页码组成，另页排在序之后。

　　整套报告、论文分卷编制时，每一分卷均应有全部报告、论文内容的目次页。

5.10　插图和附表清单

报告、论文中如图表较多，可以分别列出清单置于目次页之后。

　　图的清单应有序号、图题和页码。表的清单应有序号、表题和页码。

5.11　符号、标志、缩略词、首字母缩写、计量单位、名词、术语等的注释表

符号、标志、缩略词、首字母缩写、计量单位、名词、术语等的注释说明汇集表，应置于图表清单之后。

6　主体部分

6.1　格式

主体部分的编写格式可由作者自定，但一般由引言(或绪论)开始，以结论或讨论结束。

　　主体部分必须由另页右页开始。每一篇(或部分)必须另页起。如报告、论文印成书刊等出版物，则按书刊编排格式的规定。

　　全部报告、论文的每一章、条的格式和版面安排，要求划一，层次清楚。

6.2　序号

6.2.1　如报告、论文在一个总题下装为两卷(或分册)以上，或分为两篇(或部分)以上，各卷或篇应有序号。可以写成：第一卷、第二分册；第一篇、第二部分等。用外文撰写的报告、论文，其卷(分册)和篇(部分)的序号，用罗马数字编码。

6.2.2　报告、论文中的图、表、附注、参考文献、公式、算式等，一律用阿拉伯数字分别依序连续编排序号。序号可以就全篇报告、论文统一按出现先后顺序编码，对长篇报告、论文也可以分章依序编码。其标注形式应便于互相区别，可以分别为：图1、图2.1；表2、表3.2；附注1)；文献[4]；式(5)、式(3.5)等。

6.2.3　报告、论文一律用阿拉伯数字连续编页码。页码由书写、打字或印刷的首页开始，作为第1页，并为右页另页。封面、封二、封三和封底不编入页码。可以将题名页、序、目次页等前置部分单独编排页码。页码必须标注在每页的相同位置，便于识别。

　　力求不出空白页，如有，仍应以右页作为单页页码。

如在一个总题下装成两册以上，应连续编页码。如各册有其副题名，则可分别独立编页码。

6.2.4　报告、论文的附录依序用大写正体 A，B，C，…编序号，如：附录 A。

附录中的图、表、式、参考文献等另行编序号，与正文分开，也一律用阿拉伯数字编码，但在数码前冠以附录序码，如：图A_1；表B_2；式(B_3)；文献[A_5]等。

6.3　引言(或绪论)

引言(或绪论)简要说明研究工作的目的、范围、相关领域的前人工作和知识空白、理论基础和分析、研究设想、研究方法和实验设计、预期结果和意义等。应言简意赅，不要与摘要雷同，不要成为摘要的注释。一般教科书中有的知识，在引言中不必赘述。

比较短的论文可以只用小段文字起着引言的效用。

学位论文为了需要反映出作者确已掌握了坚实的基础理论和系统的专门知识，具有开阔的科学视野，对研究方案作了充分论证，因此，有关历史回顾和前人工作的综合评述，以及理论分析等，可以单独成章，用足够的文字叙述。

6.4　正文

报告、论文的正文是核心部分，占主要篇幅，可以包括：调查对象、实验和观测方法、仪器设备、材料原料、实验和观测结果、计算方法和编程原理、数据资料、经过加工整理的图表、形成的论点和导出的结论等。

由于研究工作涉及的学科、选题、研究方法、工作进程、结果表达方式等有很大的差异，对正文内容不能作统一的规定。但是，必须实事求是，客观真切，准确完备，合乎逻辑，层次分明，简练可读。

6.4.1　图

图包括曲线图、构造图、示意图、图解、框图、流程图、记录图、布置图、地图、照片、图版等。

图应具有"自明性"，即只看图、图题和图例，不阅读正文，就可理解图意。

图应编排序号(见6.2.2)。

每一图应有简短确切的题名，连同图号置于图下。必要时，应将图上的符号、标记、代码，以及实验条件等，用最简练的文字，横排于图题下方，作为图例说明。

曲线图的纵横坐标必须标注"量、标准规定符号、单位"。此三者只有在不必要标明(如无量纲等)的情况下方可省略。坐标上标注的量的符号和缩略词必须与正文中一致。

照片图要求主题和主要显示部分的轮廓鲜明，便于制版。如用放大缩小的复制品，必须清晰，反差适中。照片上应该有表示目的物尺寸的标度。

6.4.2　表

表的编排，一般是内容和测试项目由左至右横读，数据依序竖排。表应有自明性。

表应编排序号(见6.2.2)。

每一表应有简短确切的题名，连同表号置于表上。必要时，应将表中的符号、标记、代码，以及需要说明事项，以最简练的文字，横排于表题下，作为表注，也可以附注于表下。附注序号的编排，见6.2.2。表内附注的序号宜用小号阿拉伯数字并加圆括号置于被标注对象的右上角，如：×××¹⁾，不宜用星号"*"，以免与数学上共轭和物质转移的符号相混。

表的各栏均应标明"量或测试项目、标准规定符号、单位"。只有在无必要标注的情况下方可省略。表中的缩略词和符号，必须与正文中一致。

表内同一栏的数字必须上下对齐。表内不宜用"同上"、"同左"、"，，"和类似词，一律填入具体数字或文字。表内"空白"代表未测或无此项，"—"或"…"（因"—"可能与代表阴性反应相混）代表未发现，"0"代表实测结果确为零。

如数据已绘成曲线图，可不再列表。

6.4.3 数学、物理和化学式

正文中的公式、算式或方程式等应编排序号（见6.2.2），序号标注于该式所在行（当有续行时，应标注于最后一行）的最右边。

较长的式，另行居中横排。如式必须转行时，只能在$+$，$-$，$\times$，$\div$，$<$，$>$处转行。上下式尽可能在等号"$=$"处对齐。（示例略）

小数点用"."表示。大于999的整数和多于三位数的小数，一律用半个阿拉伯数字符的小间隔分开，不用千位撇。对于纯小数应将0列于小数点之前。

示例：应该写成94 652.023 567；   0.314 325

     不应写成94,652.023，567；   .314,325

应注意区别各种字符，如：拉丁文、希腊文、俄文、德文花体、草体；罗马数字和阿拉伯数字；字符的正斜体、黑白体、大小写、上下角标（特别是多层次，如"三踏步"）、上下偏差等。（示例略）

6.4.4 计量单位

报告、论文必须采用1984年2月27日国务院发布的《中华人民共和国法定计量单位》，并遵照《中华人民共和国法定计量单位使用方法》执行。使用各种量、单位和符号，必须遵循国家标准的规定执行。单位名称和符号的书写方式一律采用国际通用符号。

6.4.5 符号和缩略词

符号和缩略词应遵照国家标准的有关规定执行。如无标准可循，可采纳本学科或本专业的权威性机构或学术团体所公布的规定；也可以采用全国自然科学名词审定委员会编印的各学科词汇的用词。如不得不引用某些不是公知公用的、且又不易为同行读者所理解的、或系作者自定的符号、记号、缩略词、首字母缩写字等时，均应在第一次出现时一一加以说明，给以明确的定义。

6.5 结论

报告、论文的结论是最终的、总体的结论，不是正文中各段的小结的简单重复。结论应该准确、完整、明确、精炼。

如果不可能导出应有的结论，也可以没有结论而进行必要的讨论。

可以在结论或讨论中提出建议、研究设想、仪器设备改进意见、尚待解决的问题等。

6.6　致谢

可以在正文后对下列方面致谢：

国家科学基金、资助研究工作的奖学金基金、合同单位、资助或支持的企业、组织或个人；

协助完成研究工作和提供便利条件的组织或个人；

在研究工作中提出建议和提供帮助的人；

给予转载和引用权的资料、图片、文献、研究思想和设想的所有者；

其他应感谢的组织或个人。

6.7　参考文献表

按照GB 7714-87《文后参考文献著录规则》的规定执行。

7　附录

附录是作为报告、论文主体的补充项目，并不是必需的。

7.1　下列内容可以作为附录编于报告、论文后，也可以另编成册。

a．为了整篇报告、论文材料的完整，但编入正文又有损于编排的条理和逻辑性，这一类材料包括比正文更为详尽的信息、研究方法和技术更深入的叙述，建议可以阅读的参考文献题录，对了解正文内容有用的补充信息等；

b．由于篇幅过大或取材于复制品而不便于编入正文的材料；

c．不便于编入正文的罕见珍贵资料；

d．对一般读者并非必要阅读，但对本专业同行有参考价值的资料；

e．某些重要的原始数据、数学推导、计算程序、框图、结构图、注释、统计表、计算机打印输出件等。

7.2　附录与正文连续编页码。每一附录的各种序号的编排见4.2和6.2.4。

7.3　每一附录均另页起。如报告、论文分装几册。凡属于某一册的附录应置于该册正文之后。

8　结尾部分(必要时)

为了将报告、论文迅速存储入电子计算机，可以提供有关的输入数据。

可以编排分类索引、著者索引、关键词索引等。

封三和封底(包括版权页)。